劉備
by 李傲

황제
유비

리아오 지음 ｜ 홍순도 옮김

산수야

황제 유비

초판 인쇄	2013년 11월 1일
초판 발행	2013년 11월 5일

지은이	리아오
옮긴이	홍순도
발행인	권윤삼
발행처	도서출판 산수야

등록번호	제1-1515호
주소	서울시 마포구 망원동 472-19호
전화	02-332-9655
팩스	02-335-0674

ISBN 978-89-8097-276-0   03320

이 도서의 국립중앙도서관 출판시도서목록(CIP)은
서지정보유통지원시스템 홈페이지(http://seoji.nl.go.kr)와
국가자료공동목록시스템(http://www.nl.go.kr/kolisnet)에서 이용하실 수 있습니다.
(CIP제어번호: CIP2013020404)

서문

인의와 인화로 인생 역전을 일군 드라마의 주인공

유비(劉備)의 삶은 드라마틱하다. 정사와 소설에서도 모두 그렇다. 먼 선조가 되는 유방(劉邦)은 저리 가라고 해도 좋다. 멍석을 짜서 파는 쇠락한 귀족이라는 신분은 유방의 휘하에서 활약했던 온갖 잡다한 천민 출신들과 비교해도 전혀 뒤지지 않는다. 그럼에도 그는 성공했다. 천하를 삼분하고, 정사와 소설에서 모두 주역으로 활약했다.

그는 그렇다면 어떻게 성공했을까? 요인은 많으나 대체로 몇 가지로 나눌 수 있다. 우선 프로파간다(propaganda, 어떤 것의 존재나 효능 또는 주장 따위를 남에게 설명하여 동의를 구하는 일이나 활동을 말하며, 주로 사상이나 교의 따위의 선전을 이른다.)에 능했다. 그는 늘 자신을 유황숙(劉皇叔)이라고 자칭했다. 그건 유방의 자손이 당시에 최소 수만 명 이상이었다는 사실을 감안하면 완전 코미디라고 해도 좋앉다. 하지만 어쨌든 오로지 그만 통했다. 프로파간다에 일가견이 있었다고 인정해 주지 않을 수 없다.

그는 유가의 경전들이 가르치는 덕목도 충실하게 따랐다. 예컨대 인의(仁義)에 대해서는 철저했다. 때로는 손해도 감수했다. 이런 원칙하에 주변의 반대를 무릅쓰고 서서(徐庶)를 조조(曹操)의 진영으로 보내는 파격을 단행했다. 또 결정적인 순간마다 유학의 중요성을 강조했다.

인의를 강조하는 사람답게 어질고 너그러웠다. 힘으로 남을 일방적으로 제압하기를 싫어했다. 여기에 정의도 중요하게 생각했다. 무엇보다 도원결의(桃園結義)는 이 정의의 핵심이었다.

자신의 강점을 실력으로 연결시킬 수 있었다는 사실 역시 무시하기 어렵다. 실제로 그는 자신의 강점을 바탕으로 모략과 인재 등용에서 탁월한 능력을 발휘했다. 인재를 등용하는 과정에서는 그 특유의 인화 역시 이용했다. 한마디로 어느 정도 성공할 수 있는 요인은 그의 DNA 속에 잠재돼 있었다고 해도 좋다.

미세한 분석을 통해 각론으로 들어가면 그의 성공 요인은 더욱 뚜렷해진다. 그는 무엇보다 얼굴이 두꺼웠다. 자신의 속마음을 잘 드러내지 않았다. 이른바 후흑(厚黑)의 대가였다. 좋은 말로 심모원려, 나쁜 말로 꿍꿍이속이 많은 사람이었다.

유비는 또 세상 물정에 정통한 사람이었다. 그는 말재주가 뛰어나 몇 마디로 조조의 신뢰를 얻을 수 있었다. 유표(劉表)의 마음도 얻었다. 나중에는 제갈량(諸葛亮)까지 자신의 말로 스카우트했다.

유비는 사람의 심리도 지극히 정확하게 헤아릴 수 있었다. 아들 아두(阿斗)를 한 번 내던짐으로써 조운(趙雲)을 감복시켰다. 동생들인 관우(關羽)

와 장비(張飛)에게는 "형제는 수족과 같고 처자는 의복과 같다."라는 말로 그들의 오장육부까지 움직였다.

사람을 알아보는 타고난 생래적인 능력 역시 그 누구도 따를 사람이 없었다고 할 수 있나. 조조는 의심이 많았다. 늘 주위의 사람들에게 부담을 가져야 했다. 유비는 이런 염려가 전혀 없었다. 왜 그랬을까? 유비는 정의로 부하들과 관계를 맺었다. 부하들의 마음이나 몸을 모두 얻을 수 있었다. 이에 반해 조조는 이익과 법률로 부하들과 관계를 맺었다. 부하들의 몸만 얻을 수 있었다. 마음을 얻을 수는 없었다. 유비는 주동적이고 조조는 피동적이었다. 유비는 감성적이고 조조는 무서웠다. 이는 사람을 쓰는 두 사람의 가장 큰 차이점이었다.

당연히 유비에게도 결점은 있었다. 그의 결점은 아무래도 그의 장점과 밀접한 관계가 있었다. 지나치게 정의를 중요하게 생각하면 사적인 것을 공적인 것으로 대신하게 된다. 지나치게 인애를 강조하면 나약하고 무기력함을 시위하는 것과 같다. 또 지나치게 인의를 표방하는 것은 허위에 가깝다는 사실을 웅변하는 것과 다르지 않다. 지나치게 정통을 강조하면 사악함에 가까워질 수 있다. 그는 아두의 우둔함을 분명히 알고 있었다. 그럼에도 불구하고 총명한 제갈량에게 아들을 보좌해 달라고 했다. 비록 제갈량에게 자립해도 된다는 말을 했으나 마음속에는 요행을 바라는 마음이 분명히 있었다. 이에 반해 조조는 후계자를 세우는 문제에 대해 심사숙고했다. 그런 다음에야 조비(曹丕)를 선택하게 되었다.

그러나 유비의 단점은 그의 인성이 발하는 광채를 가릴 수 없다. 삼국 시대에는 포악무도한 짓이 곳곳에서 일어났다. 유비는 이런 와중에서도 사람을 근본으로 삼았다. 이런 생각은 마치 한 숨의 밝은 공기처럼 사람들의 마음을 뒤흔들었다. 혼란스러운 난세에 시달리는 백성들에게 희망을 보게 했다. 큰 뜻을 품고 나라에 보답하겠다는 선비들에게 선명한 기치로 떠올랐다.

지금은 경쟁이 치열한 사회다. 이른바 '늑대 문화'가 갈수록 사람들에게 당연하게 받아들여지고 있다. 대부분 사람들 마음속의 조조는 점점 간교한 간웅이 아니라 영웅이 되고 있다. 이런 현실 속에서 우리가 유비를 연구하고 토론하는 것은 아주 중요한 의미가 있다. 지난 5, 60년대에서 금세기 초까지 한국이나 일본의 재계는 유비의 충의 정신을 본격적으로 연구했다. 이어 그것을 기업의 정신, 기업 문화의 영혼으로 삼았다. 이 결과 놀라운 효과를 거둘 수 있었다. 이는 유비가 제창한 인의가 시대에 뒤떨어지지 않는 덕목이라는 사실을 설명한다. 유비의 왕도 정신은 이 복잡다단한 사회에 정의의 씨앗, 이성의 희망이라고 해도 좋다. 왕도의 찬란한 빛은 비록 먹구름으로 덮여도 곧 자욱한 안개를 뚫고 지나갈 수 있다. 망망한 땅을 비추고 사람들의 마음속에 뿌리를 내린다. 꽃을 피우고 열매를 맺는다. 왜 지금 우리가 유비에 포커스를 맞춰야 하는지는 분명해지는 것 같다.

리아오
샤오탕산(小湯山)에서

차례

제1장
한나라를 진흥시킨 왕도의 신봉자

유비는 한나라 황실의 후예라는 자존심이 강했다. 또 한나라의 천하를 지키려는 왕도(王道)의 수호신으로 자칭해 왔다. 그의 이런 처세는 서산낙일 같은 유명무실한 동한 정권의 사회에서는 일정한 호소력을 가질 수 있었다. 그는 이를 통해 성공을 위한 절호의 출발점을 찾았다고 해도 좋았다. 이 출발점이 있었기 때문에 그는 대대적으로 인마(人馬)를 결집시켜 세력을 확충할 수 있었다. 나아가 문인이나 유사(儒士)를 자기편으로 끌어들이는 것이 가능했다. 궁극적으로는 이른바 패도(覇道)가 아닌 왕도(王道)의 군대를 확고하게 창설할 수도 있었다.

촉나라에서 휘날린 도덕의 기치

오늘날 사람들이 가지는 유비에 대한 일반적인 인상은 자상한 연장자의 이미지에 클로즈업된다. 사람들은 대체로 유비를 옹호한다. 반면 조조에 대해서는 극도의 반감을 가진다. 이런 전통 관념이 형성된 데에는 이유가 있다. 유비가 충성과 정의를 우선하는 긍정적인 인물로 고착돼 있기 때문이다. 이것은 그의 인생 경력과 밀접한 관련이 있다고 해야 한다.

유비는 황실의 일원이라고는 하나 빈한한 가문에서 태어났다. 더 솔직하게 말하면 하류 사회 출신이라고 단정해도 좋다. 실제로 유비는 초창기에 자본이 거의 없었다. 굳이 찾으라면 딱 두 가지를 거론할 수 있었다. 하나는 한나라 황실의 후예라는 애매모호한 지위였다. 다른 하나는 도원에서 맺은 의형제라고 할 수 있었다. 하지만 이 두 가지는 묘하게도 강력한 힘을 가졌다. 그나마 이것들이 유비를 버티게 한 힘의 원천이 아니었을까.

· · ·

조조가 이끄는 위나라의 군대는 한마디로 말해 정규군이라고 할 수 있었다. 이에 반해 유비가 이끈 촉나라의 군대는 떠돌아다니는 거지 군대와 비슷했다. 더 나쁘게 말하면 도적 떼였다고 해도 할 말이 없다. 그러나 이런 유형의 조직은 서로 간의 유대 관계가 몹시 끈끈하다. 또 감정의 교류를 우선시한다. 바로 이런 이유 때문에 도원에서 의형제를 맺은 주인공들은 유비의 군대에서 지고지상의 지위를 가질 수 있었다.

유비 군대의 특징은 관우가 살해를 당했을 때 극명하게 표출되었다. 그들은 서로 간의 정과 의리를 생명보다도 중요하게 여긴다는 사실을 분명하게 보여 줬다. 제갈량 역시 마찬가지였다. 유비가 죽은 다음 촉나라가 약함에도 불구하고 강력한 위나라를 토벌하려고 여섯 번이나 기산(祈山)을 넘어 출병한 것은 유비와의 정과 의리를 중요하게 생각하지 않았다면 불가능한 일이었다. 마지막에 오장원(五丈原)에서 세상을 떠난 것 역시 비슷했다. 유비가 자기를 알아준 데 대한 은혜를 갚기 위한 것이었다고 단언해도 괜찮다.

조운(趙雲)이 장판파(長坂坡)에서 보인 행동이라고 다르다 할 수 있을까. 그렇지 않다. 그는 유비가 자신이 사경에서 구해 온 아들을 땅에 던져 버리는 것을 보고 주군을 위해 목숨을 버려도 그럴 만한 가치가 있다는 생각을 하기에 이르렀다.

이런 사례들은 분명한 사실 하나를 말해 준다. 유비가 개인감정으로 단체정신을 대체하고 형제 간의 의협심으로 조직 원칙을 대체했다는 사실을 말이다. 이런 방식은 유비가 정권을 쟁취하는 과정에 있어서는 당연히 엄청난 효과를 발휘했다. 그러나 유비가 죽자마자 내부적 위기가 바로 나타났다. 제갈량이 엄청난 힘을 쏟아야만 할 상황이 도래하게 되었다. 실제로 제갈량은 유비가 죽은 다음, 위나라 토벌에 나섰을 때 나라에 쓸 만한 인재가 갈수록 적어지는 것을 절감했다. 그래서 온갖 방법을 다해 인물을 찾아냈다. 이때 발굴된 인물이 바로 강유(姜維)였다.

유비의 조직 관리 방법에 비하면 조조의 그것은 구체적이고도 실무적이었다. 그 역시 기본적으로 혈연관계를 전혀 이용하지 않은 것은 아니었다. 조씨와 하후(夏侯)씨 두 가문의 인물들을 대거 발탁하기는 했다. 하지만 결코 자신의 가문을 집단의 핵심으로 삼지는 않았다. 그가 장수(張繡)를 공격할 때였다. 당시 후방을 지키던 하후돈(夏侯惇)과 우금(于禁)은 서로 갈등을 일으켰다. 심지어 무력 충돌까지 벌였다. 조조는 이를 용납하지 않았다. 조사를 실시한 다음 자신에게는 형제나 다름없는 하후돈에게 혹독한 비평을 가했다. 반면 규율과 원칙을 고수한 우금에게는 큰 포상을 내렸다. 이는 조조가 자기에게 가까운 관계보다 능력을 더 중요하게 생각했다는 사실을 분명히 보여 준다.

다시 유비에게로 돌아가야 하겠다. 유비는 진짜 평생을 충의와 도덕의 기치를 버리지 않았다. 자신에게 다른 장점이 없다는 사실을 잘 알고 있었다는 얘기인 셈이다. 사례를 들어보면 확연하게 이해가 된다. 유비가 신야(新野)에서 조조의 대군이 곧 공격해 온다는 소식을 들었을 때였다. 그는 제갈량에게 바로 물었다.

"무슨 대책이 있습니까?"

제갈량이 대답했다.

"신야는 작은 성인 탓에 오래 머무를 수 없습니다. 유표(劉表)는 지금 병이 위독합니다. 이 기회를 빌려 형주(荊州)를 취해야 합니다. 그래야 조조에게 저항할 수 있습니다."

제갈량의 건의는 최상의 선택이었다. 그러나 익히 아는 대로 유비는 엉뚱한 말을 했다.

"나는 죽을지언정 배은망덕한 짓은 하지 않겠습니다."

유비의 성격을 잘 아는 제갈량은 바로 자신의 다음 말을 삼켰다. 이런 유비의 도덕의 기치는 당시 사회로부터 좋은 명성을 얻었다. 맹우나 적들 중에서 그를 경시한 사람이 거의 없었던 데에는 다 이유가 있었다. 예컨대 관우, 장비, 조운, 손건(孫乾), 미축(糜竺) 등은 평생 그를 따르면서 충성을 다했다. 공융(孔融), 진등(陳登) 같은 친구도 크게 다르지 않았다. 한결같이 그에게 탄복했다.

대표적인 케이스도 찾을 수 있다. 원환(袁渙)이라는 사람이 있었다. 그는 유비가 서주목(徐州牧)으로 있을 때 등용한 사람으로 나중에 조조에게 힘을 보태다 위나라의 명신이 되었다. 당시 한때 유비가 죽었다는 소문이 퍼진 적이 있었다. 조조의 신하들은 모두 축하를 보내려고 조정에 나왔다. 그러나 그만은 오지 않았다. 그가 적이라도 유비를 얼마나 높이 평가했는지를 단적으로 말해 주는 사실이라고 할 수 있다.

그는 주변에서 높은 인정도 받았다. 그를 처음으로 인정한 사람은 바로 도겸(陶謙)이었다. 유비는 도겸이 절체절명의 위기 순간에 그를 구해 주는 은혜를 베푼 적이 있었다. 도겸으로서는 유비를 기본적으로 신뢰할 수밖에 없었다. 서주를 맡긴 것은 아주 자연스러운 순리였다.

그는 놀랍게도 적이었던 원소(袁紹)와 여포(呂布)로부터도 인정을 받았다. 특히 여포는 그를 대단히 존경하기까지 했다. 여포는 한때 궁지에 몰려 유비에게 몸을 의탁한 적이 있었다. 이때 유비는 적이었던 그를 흔쾌히 받아들였다. 진수(陳壽)의 정사『삼국지(三國志)』에도 이에 대한 기록은 나온다. 물론 당시 유비는 여포에게 한방을 먹는다. 여포가 술을 마시고 나서 그를 동생이라고 부른 것이다. 그는 하지만 이때에도 기분 나쁜 마음을 속으로만 삼켰을 뿐 밖으로 나타내지 않았다.

이렇듯 유비의 인과 도덕의 기치는 상당한 효과가 있었다. 그가 새로운 세력으로 갑자기 대두하는 데 있어 대단히 중요한 추진력을 발휘했다. 이에 반해 당시의 기타 세력들은 그와는 반대로 나갔다. 오로지 권력의 창출에만 매달렸다. 유비의 여론 조작은 더욱 빛을 발할 수밖에 없었다.

기회를 만들어 주는 인의의 카드

기회를 얻을 가능성에 대해 말하면 유비는 거의 참담했다고 할 수 있다. 조조나 손권에게는 비할 바가 못 되었다. 막강한 집안의 배경이 일단 없었고, 정치적인 경험 역시 전무했다. 그렇다고 재력이 있는 것도 아니었다. 당연히 인간관계가 좋을 까닭이 없었다. 그에게 있는 것이라고는 오로지 한나라 황실 후예라는 명분이었다. 하지만 유비는 전혀 낙담하지 않았다. 그는 진짜 자신의 인의의 카드로 노력만 하면 기회는 언제나 주어진다는 사실을 증명했다.

· · ·

주지하다시피 조조는 '협천자, 영제후(挾天子, 令諸侯)'라는 모토를 실행에 옮겼다, 즉 천자를 옆에 끼고 제후들을 호령했다. 손권은 그 누구도 넘보지 못할 강동(江東)이라는 지역을 독점하고 있었다. 이에 반해 유비는 진짜 적수공권이었다. 특별한 의미라고 할 것이 없는 황실 후예라는 허울이 그가 가진 전부였다. 그러나 그는 정말 끈질기게 이 알량한 명분을 적극적으로 활용했다. 부단히 "한나라 황실을 진흥시키겠다."라는 말을 부르짖었다. 놀랍게도 이 단순한 캐치프레이즈는 효과가 있었다. 그는 일부 사람의 눈에 의해서이기는 했으나 서서히 정통이 돼 갔다. 이에 반해 조조 등은 국권을 찬탈한 도둑으로 변해 갔다. 더 놀라운 사실은 당시 백성들한테도 그의 이 조그마한 자본이 먹혀들었다는 사실이었다.

그가 어느 정도로 자신의 명분에 집착했는지는 처음으로 만나는 사람에게 늘 했던 말에서 무엇보다 확연하게 드러난다. "저는 원래 황실이 종친입니다."라거나 "저는 한실의 후예지만 덕이 없고 공이 미흡합니다."라는 말들이 그랬다. 심지어 그는 보잘것없는 인물인 독우(督郵)를 만날 때도 "저는 중산정왕의 후손입니다."라는 말로 자신을 소개했다. 그가 첫 번째 제갈량의 초려에 방문했을 때 역시 다르지 않았다. 그는 문을 열어 주는 하인에게 "황숙(皇叔) 유비가 특별히 선생님을 뵈러 왔습니다."라고 자신을 소개했다. 완전히 시대 분위기와는 다른 이른바 인의라는 색다른 브랜드를 만들어 온 천하를 도모하려는 생각이 아니었나 싶다.

『삼국연의(三國演義)』 제61회의 내용은 이런 그의 생각을 잘 말해 준다.

당시 방통(龐統)과 법정(法正)은 "밥을 먹을 때 유장(劉璋)을 죽이면 서천(西川)을 손쉽게 얻을 수 있습니다."라고 말하면서 유비에게 유장을 제거할 것을 건의했다. 그러나 그는 이에 동의하지 않았다. 자신의 브랜드를 헌신짝 버리듯 하지 않겠다는 의지였다. 60회에 나오는, 유비가 방통에게 건넨 말 역시 크게 다르지 않다. "유장은 나와는 같은 집안입니다. 나를 정성껏 대해 주죠. 그런데도 인의에 벗어나는 이런 짓을 하면 하늘이 용납하지 않을 것입니다. 백성도 원망할 것입니다. 성공하고 싶지만 어쩔 수 없습니다."

『삼국지』의 「선주전(先主傳)」에도 이에 대한 내용은 대략 다음과 같이 나온다.

"유비와 유장이 만나자 서로 기뻐했다. 장송(張松)이 법정을 보내 유비에게 방통의 모략을 쓰면 이번 기회에 유장을 공격해 이길 수 있다는 제안을 했다. 유비는 이 일은 큰일이므로 급히 서두르지 말라고 대답했다."

역시 유비가 인의를 중요하게 생각했다는 사실을 보여 주는 기록이라고 볼 수 있다. 그는 하지만 인의라는 카드를 내세운 자신에 대한 프로파간다의 효과가 극대화됐다고 판단하면 행동으로 옮기기도 했다. 실제로 그는 주변의 말을 물리친 지 얼마 안 돼 유장의 요충지를 빼앗았다. 이때 유장은 투항을 결심한다. 그는 이때에도 인의라는 가면을 벗지 않았다. 유장의 손을 잡고 울면서 "제가 인의를 행하지 않은 것이 아닙니다. 상황이 이렇게 돼서 어쩔 수가 없습니다."라는 변명을 한 것이다.

물론 당시의 모든 사람들이 유비의 이런 트릭에 넘어간 것은 아니었다. 예컨대 원술(袁術)은 "멍석을 엮어 먹고 사는 놈이 어째 나를 경시하는가."라고 욕을 하면서 그의 자산인 인의의 카드를 깔아뭉개는 태도를 보였다. 제갈량이 강동에서 설전을 벌였을 때에도 오나라의 육적(陸績)은 다음과 같은 요지의 말을 하면서 유비의 가면을 벗기려고 했다.

"인의를 중시한다는 유비는 사실 그럴 만한 명분이 없습니다. 그가 중산정왕의 후손이라는 근거는 그 어디에도 없습니다. 눈에 보이는 것은 멍석을 엮는 농부뿐입니다."

이에 대해 제갈량은 분명하게 반박했다.

"그분이 황실의 혈통이라는 사실은 너무나 분명합니다. 황제가 족보대로 작위를 내려 주시지 않았습니까? 그런데 근거가 없다고 하다니 그 무슨 말입니까."

제갈량 역시 이미 이때에는 유비가 내세운 인의의 카드를 완벽하게 파악하고 있었다. 더불어 열렬한 신봉자가 돼 있었다. 그는 221년에는 이런 생각에 입각해 허정(許靖)과 함께 당시 한중왕(漢中王)이던 유비의 자립을 건의했다. 황제가 되라는 얘기였다. 인의를 중요하게 생각하는 유비에게는 말도 안 되는 말이라고 해도 좋았다. 그는 때문에 놀란 어조로 자신의 입장을 밝혔다.

"경들이 나를 인의를 저버리는 불충불의한 사람으로 만들고 싶은 것이요?"

이에 공명은 즉각 반론을 제기했다.

"그것이 아닙니다. 지금 조비(曹丕)가 황위를 찬탈했습니다. 정통성이 끊어지게 됐습니다. 그 때문에 왕께서 황실의 후예로 황위를 계승하는 것은 당연한 것입니다. 절대로 인의라는 명분을 해치는 것이 아닙니다."

유비는 그래도 강경했다. 뜻을 굽히지 않았다.

"나는 인의를 저버리는 역적 짓을 절대 할 수 없습니다."

제갈량 역시 물러서지 않았다.

"조비가 한나라를 멸망시킨 지금 문무백관들은 모두 대왕을 황제로 받들고 싶어 합니다. 우리가 흩어지면 오나라와 위나라가 공격해 올 것입니다. 그러면 촉나라는 위험에 빠집니다. 저로서는 걱정을 하지 않을 수가 없습니다."

유비는 제갈량의 거듭된 간청에 뜻을 다소 꺾을 수밖에 없었다.

"나로서는 백성들이 어떻게 생각할 것인지 두렵기만 할 뿐이오."

제갈량은 한 발 물러선 유비에게 결정타를 날렸다.

"명분이 정당하지 않으면 말도 이치에 맞지 않습니다. 지금 왕께서는 명분도 정당하고 말도 이치에 맞습니다. 어찌 황제 자리에 오르는 것이 문제가 되겠습니까. 하늘이 내려주는 것을 받아들이지 않으면 오히려 벌을 받습니다."

이렇게 해서 유비는 황제를 칭할 수 있었다. 하지만 그는 백성들로부터 크게 욕을 먹지 않았다. 조조의 잔혹함과 교활함에 반해 그가 일관되게 보여 준 인의의 태도나 너그러움이 백성들에게 흡인력을 가지고 있었던 탓이었다.

유비는 황제 자리에 오르기까지의 과정만 보면 성공한 인생을 살았다고 단언해도 괜찮다. 그의 사례는 좋은 조건을 가지고 있지 않아도 성공할 기회는 얼마든지 있다는 사실을 잘 말해 준다. 또 자신의 장점과 결점을 잘 파악하면 누구라도 충분히 성공의 길로 나갈 수 있다는 사실 역시 보여 준다. 사람들은 대체로 기회가 없다거나 운명이 공평하지 않

20

다는 불평을 자주 읊조린다. 남의 성공을 보고는 운이 좋아서 그렇다고 결론도 내린다. 그러나 객관적으로 말하면 기회는 모든 사람에게 공평하다. 유비처럼 일관되게 긍정적인 카드를 쓰면 그 기회는 더욱 가깝게 다가온다. 큰 성공은 하루아침에 이루어지는 것이 아니다. 오로지 불요불굴의 정신으로 기회를 잡아야 성공의 길로 접어드는 것이 가능하다.

간언을 듣는 것은 성공의 보증수표

최고 지도자가 권력을 공고하게 하려면 간언을 잘 받아들여야 한다. 그러나 그게 쉽지는 않다. 누구나 세상만사에 대한 인식이 제한적인 탓에 주관적인 아집이 생기기 쉽기 때문이 아닐까 싶다. 하지만 아집에 의해 정책을 결정하면 종종 실수를 초래한다. 따라서 아집을 제거하는 것은 성공에 이르기 위한 보증수표라고 해도 과언이 아니다. 당연히 이 경우 권력은 공고해진다. 결론적으로 언로를 열어놓고 간언을 잘 듣는 것이 권력을 공고하게 하는 가장 쉬운 일이다. 시쳇말로 소통이 모든 것에 우선하는 금과옥조라는 말이 될 수 있다.

• • •

삼국 시대 당시 형주 지방에는 유파(劉巴)라는 사람이 있었다. 자(字)가 자초(子初)인 사람이었다. 그는 젊을 때 다재다능했다. 이름 역시 전국적으로 널리 날렸다. 그러나 유파는 대단히 거만했다. 남에게 절대로 고분고분하게 굴복하지 않았다. 말도 적극적으로 했다.

조조가 형주에 대한 정벌에 나섰을 때 유비는 적극적인 저항을 하지 못했다. 어쩔 수 없이 강남으로 도주를 해야 했다. 형주의 많은 인재들은 이때 당연히 유비와 행동을 같이했다. 그러나 유파는 엉뚱하게 조조의 품으로 날아들었다. 조조는 이때 이이제이의 수법을 동원했다. 그를 연관(掾官)으로 임명한 다음 장사(長沙), 영릉(零陵), 계양(桂陽) 등을 수복하라는 명령을 내린 것이다. 이때 유비는 이미 이 세 군을 확고하게 점거하고 있었다. 유파는 세 군으로 달려가 조조에게 투항하도록 권고했다. 그러나 대번에 거절을 당했다. 그는 어쩔 수 없이 다시 조조에게 돌아가기로 했다. 이때 제갈량이 그에게 은근하게 권했다.

"유현덕 그분은 오늘날 천하의 영웅이오. 형주를 차지하고 있소. 그런데도 그분에게 다시 귀부하지 않는다면 누구에게 가겠소?"

유파는 즉각 제갈량의 권고에 답을 했다.

"저는 명령을 받아 투항을 권고하러 왔습니다. 그러나 성공하지 못했습니다. 그러면 즉시 돌아가야 되지 않겠습니까? 이것은 저의 신용입니다. 헛소리는 그만하도록 하십시오."

유비는 유파의 말을 전해 듣고 매우 화가 났다. 그러나 동시에 그에 대한 탄복도 잊지 않았다. 사실 유파는 유비에게 강렬한 인상을 남긴 적이 한두 번이 아니었다. 유장이 유파를 수하로 두고 있을 때였다. 당시 법정은 유장에게 유비를 받아들이라는 건의를 했다. 그러나 유파는 "유비는 보통 사람이 아닙니다. 이 사람을 받아들이면 나중에 후환이 끝이 없게 됩니다."라면서 법정의 의견에 반대하는 간언을 올렸다. 그러나 유장은 유파의 진언을 받아들이지 않았다. 대신 유비에게 장로(張魯)를 토벌하도록 했다. 그럼에도 유파는 계속 유장에게 진언을 올리는 것을 잊지 않았다.

"유비를 보내 장로를 토벌하는 것은 범을 산으로 돌려보내는 것과 같습니다. 절대로 그렇게 하지 마십시오."

유비는 바로 목숨을 걸어놓고 하는 이런 유파의 간언 정신을 높이 산 것이다. 아무튼 유장은 유파의 간언을 귀담아듣지 않았다. 급기야 자신의 땅을 유비에게 빼앗기고 말았다. 이처럼 유장은 정치가의 통찰력과 간언을 귀담아듣는 도량이 없었다. 유비한테 지는 것은 너무나 당연한 일이었다.

반면 유비는 달랐다. 유파와의 관계를 계속 살펴보면 잘 알 수 있다. 유파는 유비가 가는 길을 끊임없이 방해했다. 나중에는 아예 길을 훼방하기 위해 큰 걸림돌을 계속 가져다놓고는 했다. 유비로서는 그를 죽여도 시원치 않을 상황에까지 이르게 되었다. 그러나 나중에는 그에 대한 존경의 마음을 품게 되었다. 유파의 말은 자신이 섬기는 주군들에 대한 충성스러운 마음이 시킨 간언이었던 때문이었다. 나중에는 조조의 사신으로 왔을 때 느꼈던 것처럼 분노도 풀게 되었다. 게다가 제갈량 역시 옆에서 계속 유파 대신 용서를 구했다. 급기야 유비는 성도(成都)를 공격할 때 휘하의 대군에게 "유파를 살해하지 말라. 살해하는 사람은 삼족까지 처형한다."라는 명령을 내리기까지 했다. 그가 얼마나 간언을 중요하게 생각했는지를 알게 하는 대목이 아닐까 싶다.

이 때문에 유비는 나중에 다시 유파를 얻을 수 있었다. 당연히 그의 간언을 많이 들었다. 익주에 진군할 때 그를 좌장군서조연(左將軍西曹掾)으로 임명한 것은 다 이유가 있었다. 또 한중왕이라고 일컬었을 때 그를 상서로 임명한 것도 크게 다르지 않았다. 간언을 듣기 위해서였다고 할 수 있다. 유비는 이후 제위에 오른 다음에도 촉나라의 모든 문서들을 유파가 작성하도록 했다. 간언으로 유명한 그가 사사롭게 공문서를 취급하지 않을 것이라는 믿음이 있었던 것이다.

유비는 말년에 관우의 복수를 위해 오나라를 토벌하는 전쟁을 일으켰다. 이때 그는 출정을 반대하는 제갈량의 말을 듣지 않았다. 아마도 이게 그가 제갈량의 간언을 듣지 않은 유일한 경우가 아니었나 싶다. 그러나 그는 이릉(夷陵)에서 오나라의 화공에 당해 참패하고 말았다. 아마 이때 다른 군주들 같았다면 "네가 반대했기 때문에 내가 패했다."라면서 책임을 뒤집어씌워 화풀이를 했을지도 모른다. 그러나 그는 이렇게 하지 않았다. 제갈량의 말을 듣지 않은 것을 몹시 후회했다. 이처럼 간언을 잘 듣는 사람은 나중에라도 자신의 과오를 뉘우치는 법이다. 이 점에서 보면 유비는 아마도 당나라 때의 태종(太宗) 이세민(李世民)과 더불어 간언을 잘 받아들인 역사상 최고의 군주였다고 해도 틀리지 않을 듯하다.

관용도 융통성을 보여라

청나라의 조익(趙翼)은 삼국 군주의 용인술(用人術)의 특징에 대해 논했다. 이에 따르면 조조는 권모술수로 부하들을 통제했다. 반면 유비는 충의라는 덕목으로 관계를 맺었다. 또 오나라의 손(孫)씨 형제는 의기로 사람을 끌어들였다. 실제로 그런 것 같다. 무엇보다 유비의 경우 관우나 장비 등과 함께 간담상조(肝膽相照)했다. 제갈량과는 물과 물고기처럼 친밀했다. 그는 그러나 모든 부하들에게 다 그렇지는 않

24

았다. 일부 부하들에게는 관용에도 제한을 뒀다. 심지어는 까칠한 일면도 있었다. 사실 이렇게 하는 것이 최고 지도자의 덕목이라고 해야 한다. 융통성이 없는 무골호인은 결과적으로 아무 생각도 하지 않는 무능한 군주의 표본이라고 할 수 있다는 얘기다.

. . .

유비가 사천(四川)을 공략할 때 유장과 부현(涪縣)에서 만난 적이 있었다. 이때 유장의 부하 장유도 함께 있었다. 유비는 장유의 수염이 촘촘하게 생긴 모양을 보고 농담을 건넸다.

"제가 옛날 고향인 탁현(涿縣)에 있을 때였습니다. 그곳에 성이 모(毛)인 사람이 많이 있었습니다. 성 주변이 모두 모씨 집안사람들일 정도였습니다. 당시 현령(縣令)은 이에 대해 이렇게 말했습니다. '그 모들은 어째서 다 탁(涿, 탁의 중국어 발음은 튄뺴임. 다시 말해 엉덩이의 발음과 같음)을 둘러싸서 사는가?'라고 말입니다."

그러자 장유가 즉시 대꾸했다.

"옛날에 어떤 사람이 상당(上黨)군 노(潞)현의 현장이 됐습니다. 그러다 탁현의 현장으로 이동하게 됐습니다. 그는 이동하는 길에 잠깐 집에 들렀습니다. 바로 그때에 어떤 사람이 그에게 편지를 쓰려고 했습니다. 그러나 그는 고민에 빠졌습니다. '노장(潞長, 노현의 수장이라는 의미)'이라고 쓰면 '탁령(涿令)'이라는 호칭이 빠지고 '탁령'이라고 쓰면 '노장'이라는 호칭이 빠지기 때문이었습니다. 한참을 생각하다 그는 '노탁군(潞涿君, 노는 노출을 뜻하는 노露의 의미, 탁은 엉덩이를 뜻하므로 엉덩이를 노출한다는 뜻. 다시 말해 엉덩이인 유비 얼굴에 수염이 없

^{는 사실을 비꼰 것임}'이라고 썼습니다. 어떻습니까? 재미있죠."

당시 사대부들은 서로 만나서 농담을 하는 것이 일상사였다. 그 때문에 유비가 농담의 기세에서 조금 밀렸다고 해서 큰 문제가 될 것은 없었다. 더구나 그는 자신이 먼저 농담을 꺼냈다. 그럼에도 그는 그 사실을 늘 마음에 두고 있었다.

얼마 후 장유는 유비에게 몸을 의탁하게 되었다. 그러다 천문과 점치기에 능통한 장유가 한번은 한중을 취하려는 그를 말렸다. 별로 이익이 될 것이 없다는 얘기였다. 하지만 그는 이때 이미 장유에 대한 신뢰를 버리고 있었다. 장유의 말을 간언으로조차 생각하지 않았다. 심지어 그는 장유의 예언이 정확하지 않다는 사실을 증명하기 위해 한중을 공격하기까지 했다. 결국 그는 220년에 장유가 천기를 누설했다는 죄를 뒤집어씌워 죽이는 그답지 않은 모험을 강행했다. 자신이 한없이 관용을 베푸는 군주가 아니라는 사실을 확실하게 보여 준 것이다.

팽양(彭羕) 역시 장유와 비슷한 희생양이 아닌가 싶다. 원래 유장 밑에서 활약하던 그는 방통의 소개로 유비의 진영에 법정과 함께 합류했다. 이후 그는 자신의 직무를 훌륭히 수행했다. 유비가 그를 중용한 것은 당연할 수밖에 없었다. 유장을 토벌한 다음에는 익주의 치중종사(治中從事)로 삼기까지 했다. 하지만 팽양은 곧 교만해지기 시작했다. 이에 제갈량은 유비에게 은근하게 권고했다.

"팽양은 야심이 큰 자입니다. 옆에 두고 편히 쓰기에는 문제가 있는 인물입니다. 조치를 취하십시오."

당시 유비 역시 팽양에게 손을 조금 봐야 한다는 생각을 하고 있었다. 그는 제갈량의 말에 팽양을 즉각 강양(江陽)의 태수로 좌천시켰다. 팽양은 자신의 좌천에 불만이 많았다. 그는 214년의 어느 날 표기(驃騎)대장군 마초(馬超)의 집을 찾아갔다. 바로 술상이 차려졌다. 술기가 오른 그는 평소의 불만을 여과 없이 털어놨다.

"나는 그 늙은이가 너무 황당해서 말을 하고 싶지 않소. 도저히 수하들과 말이 통하지 않소. 그러나 이 말만은 해야 하겠소. 그대가 밖(군사)을 장악하고 내가 안(내정)을 틀어쥐면 천하도 노릴 수 있다는 사실을 말이오. 우리는 못할 것이 없소."

마초는 깜짝 놀랐다. 팽양의 말은 쿠데타를 하자는 제의였다. 하지만 마초는 선동에 넘어가지 않았다. 그는 즉각 이 사실을 유비에게 알렸다. 유비는 안 그래도 팽양의 행동이 마음에 들지 않던 차였다. 바로 팽양을 투옥시킨 것은 이상할 것이 하나 없었다. 팽양은 감옥에 들어가서는 비굴한 모습을 보였다. 제갈량에게 글을 올려 자신에 대한 변명을 늘어놓았다. 자신의 말은 쿠데타 모의가 아니라 마초에게 주군인 유비를 위해서로 노력하자는 뜻이었다고. 그러나 소용이 없었다. 유비는 관용을 보여 주지 않았다. 곧 그를 사형에 처했다.

유비라는 인물은 관용의 대명사라고 해도 틀리지 않는다. 손에 한없이 피를 묻힌 조조나 손권과는 확실히 많이 달랐다. 그러나 그는 결정적인 순간에는 과감했다. 관용도 한계가 있다는 사실을 몇 차례나 보여 줬다. 그가 우유부단하다는 이미지에도 불구하고 조조나 손권과 함께 천하를 삼분할 수 있었던 것은 분명 충분한 이유가 있었다고 해도 괜찮을 듯하다.

불인불의한 일은 하지 않는다는
이미지 정치의 귀재, 유비

중국 고대 사회에서 '인의'라는 두 글자는 금 같은 희귀한 금속과 다름없었다. 얼굴에다 붙이면 얼굴을 빛나게 할 수 있었다. 그러나 부담도 될 수 있다. 인의라는 것이 윤리, 도덕적인 무거운 짐이 돼 함부로 행동을 하지 못하게 하기 때문이 아닌가 싶다. 유비가 주창한 인의가 양날의 칼인 것은 그래서 별로 이상할 것이 없다. 그러나 놀랍게도 유비는 이미지 조작에 능했다. 마지막에 가서는 윤리, 도덕에 비춰볼 때 문제가 있는 행동들을 많이 했으나 외견적으로는 불인불의한 일은 하지 않는다는 이미지가 자신에게 강하게 남도록 처신했다. 이 점에서 보면 그는 타고난 이미지 정치의 귀재였다고 할 수 있다.

· · ·

한때 유비의 밑에 백성으로 있었던 유평(劉平)은 평소 유비를 무시했다. 유비의 통치를 받게 된 것을 수치로 여겼을 정도였다. 그가 자객을 보내 유비를 죽이려 한 것은 다 이런 그의 평소 생각과 관련이 있었다.

유비는 아무런 내막을 모르는 상태에서 자객을 맞았다. 그것도 아주 잘 대해 줬다. 이에 자객은 상당한 감격을 했고, 급기야 자신이 온 목적을 털어놨다. 유비는 횡액을 가볍게 모면할 수 있었다. 얼마 후에는 전국적으로 기근이 들었다. 백성들은 버티다 못해 적지 않은 수가 강도로 전락하지 않으면 안 되었다. 이에 유비는 강도들을 공격하는 선택을 했다. 대신 백성들에게는 강도들에게 회수한 재물들을 나눠줬다. 심지어 그는 일반 백성이 찾아와도 같은 식탁에서 함께 식사하는 파격도 보였다. 모두들 유비의 행동을 칭송할 수밖에 없었다. 한번은 장비가 여포와 전투를 치르다 하비(下邳)성을 빼앗긴 것도 모자라 유비의 부인까지 잃어버리는 어처구니없는 실수를 저질렀다. 이에 관우가 장비를 꾸짖었다. 장비는 수치심을 이기지 못하고 자결을 하려고 했다. 그러자 유비가 장비를 만류하면서 말했다.

"옛사람이 '형제는 수족과 같고 처자는 의복과 같다. 옷은 떨어지면 다시 지을 수 있으나 손발이 끊어지면 어찌 이를 다시 이을 수가 있겠는가?'라고 했어. 우리 셋은 도원에서 결의형제를 했어. 한 부모에게서 태어나지는 않았으나 형제야. 또 같이 태어나지는 못했으나 함께 죽기는 바라는 바야. 비록 지금 성과 내 가솔을 잃었다고는 하나 그 일로 어찌 형제의 의를 끊을 수가 있겠어? 더구나 그 성은 원래 우리 것이 아니었어. 가솔이 갇혀 있다고 하나 여포가 당장 죽이지는 않을 거야. 그들을 구할 방도를 찾으면 되는 거야. 한때의 실수로 목숨까지 버리는 것이 말이 되는가?"

유비는 서서를 조조에게 보낼 때도 비슷한 모습을 보였다. 당시 조조는 서서의 어머니를 허창(許昌)으로 납치했다. 서서로서는 조조에게 가지 않으면 안 되었다. 그러자 손건이 유비에게 말했다.

"원직(元直)은 천하의 인재입니다. 또 신야에 오래 있었던 탓에 우리의 상황을 다 알고 있습니다. 지금 조조한테 가면 틀림없이 중용을 받을 것입니다. 그러면 우리는 위험에 빠지게 됩니다. 그러나 주공이 만약에 그를 보내지 않으면 그의 어머니가 위험에 처하게 됩니다. 아마도 조조는 그녀를 죽일 것입니다. 원직은 어머니의 죽음을 알게 되면 반드시 복수하려고 할 것입니다. 우리를 위해 전력을 다할 것으로 보입니다."

유비는 손건의 말에 즉각 반론을 제기했다.

"절대로 그렇게 해서는 안 돼. 조조로 하여금 원직의 어머니를 죽이게 하고 그를 쓰는 것은 불인한 짓이야. 또 그를 가지 못하게 만들어 모자 관계를 틀어지게 하는 것도 불의한 짓이야. 나는 죽으면 죽었지 불인불의한 짓은 하지 못하겠어."

유비의 말에 주변 사람들은 모두 찬탄을 금치 못했다. 유비는 서서를 그냥 보내지도 않았다. 잔치를 마련해 주고 함께 성을 나가 전송까지 했다. 이에 서서는 한참을 달려가다 다시 돌아와 말했다.

"이 지역에 뛰어난 인재가 있습니다. 주군께서는 그를 찾아가 도움을 구하십시오. 그가 도와주려고 하면 천하를 얻을 수 있습니다."

서서는 조조에게 가면서까지 제갈량을 천거했다. 이로써 유비는 서서를 잃는 대신 제갈량을 얻게 되었다. 별로 손해 보는 거래가 아니었다.

이뿐만이 아니었다. 유비는 형주를 세 차례나 양보했다. 이 중 유표가 죽음 직전에 그에게 형주를 부탁할 때의 전후 상황은 단연 압권이었다. 당시 조조는 형주로 진격하고 있었다. 형주목인 유표는 이때 죽을병에 걸려 있었다. 그 때문에 조조의 진격 소식을 듣고는 부랴부랴 유비를 불러서 자신의 사후 문제를 부탁했다.

"나는 곧 세상을 떠날 걸세. 그러니 이참에 현제(賢弟)에게 탁고(託孤)를 하려고 부른 것이네. 내 자식들 중에는 내 기업을 물려받을 만한 재주를 가진 녀석이 없어. 나 떠난 후에는 현제가 아무래도 형주목을 맡는 것이 가장 탁월한 선택일 것 같아."

유비는 유표의 간절한 당부에도 눈물을 흘리면서 엉뚱한 대답을 했다.

"저는 힘을 다해 조카들을 보좌하겠습니다. 그러니 형님께서는 마음을 놓으십시오. 어찌 제가 욕심을 품을 수 있겠습니까?"

유비는 이처럼 형주를 세 번이나 양보함으로써 커다란 대가를 지불했다. 계속 독립을 하지 못하고 세상을 전전하는 신세가 된 것이다. 그러나 그는 이런 행동들을 통해 자신이 불인불의한 일은 하지 않는 사람이라는 인식을 주변에 심어줬다. 나중에는 수하들의 이해와 지지를 얻게 되었다. 패배를 승리로 반전시키기도 했다.

불인불의한 일은 하지 않는다는 그의 이미지 정치와 관련한 행동은 타고난 성격에 따른 것일 수도 있다. 그러나 아무래도 후천적인 노력의 결과일 가능성이 더 높다. 이미지 정치가 주는 효과를 그 누구보다도 잘 알고 있었다는 얘기다. 그는 실제로 이렇게 함으로써 결과적으로는 실보다 득을 많이 봤다. 아무것도 가진 게 없었으면서도 나중에는 독립을 하게 된 것 역시 이런 이미지 조작의 결과가 아니었나 생각된다.

제2장
전쟁터에서는 부지런한 투사

엄격히 말해 유비는 결코 우수한 전략가가 아니었다. 그가 직접 지휘했던 전투가 거의 다 실패한 사실만 봐도 이 단점은 바로 증명된다. 유비 자신 역시 본인의 약점을 잘 알고 있었다. "용병에 우둔해 싸울 때마다 진다."라는 말은 그저 겸양의 미덕을 발휘할 요량으로 내뱉은 말이 아니었다. 하지만 유비는 싸울 때마다 져도 절대로 호락호락 물러나지는 않았다. 그가 이렇게 할 수 있었던 바탕은 무엇이었을까? 바로 승리를 위해 꾸준히 도전하는 신념이었다. 그렇다면 이 신념은 무엇에 근거한 것인가? 하나는 사회의 추세에 대한 판단이었다. 둘은 삼분천하(三分天下)에 대한 자신감이었다. 마지막으로는 주변 인재들에 대한 신뢰와 과감하게 발탁하는 용병술이었다. 그는 이 세 가지를 가지고 천하를 쉽게 얻을 수 있었다.

끊임없이 도전하는 진취적 기상과
잘못을 인정하는 과감한 성품

유비는 소설 『삼국연의』에서는 긍정적으로 묘사되는 가장 중요한 인물 중 한 명으로 손꼽힌다. 그는 빈한한 집안에서 태어났다. 그래서 처음에는 폭넓은 인간 관계도 없었다. 든든한 군사적인 실력은 더 말할 것이 없었다. 그 때문에 제후들의 분쟁과 군벌들의 혼전이 벌어지는 열악한 환경에서 겨우 살아가야 했다. 또 자신의 세력을 조금씩 발전시킬 수 있었다. 급기야 나중에는 정권까지 세우게 되었다. 이는 그의 정치적인 소질과 뛰어난 리더십과 밀접한 관계가 있었다. 그리고 그의 이 장점은 끊임없이 도전하는 진취적 기상의 영향이 컸다.

유비는 지도자로서 결코 뒤로 물러서지 않는 진취적인 기상이 있었다. 어려서부터도 그랬다. 피죽을 못 먹을 정도로 가난했으나 가슴속에는 언제나 큰 포부가 있었다. 소설의 제1회를 보면 알 수 있다. 유비의 집 남동쪽에는 큰 뽕나무 한 그루가 있었다. 높이가 5장(丈) 정도로 아주 무성하게 자라 있었다. 멀리서 보면 수레 덮개와 비슷했다. 유비는 이웃 아이들과 놀 때마다 늘 자신의 야심을 거침없이 말했다.

"내가 천자가 되면 이것으로 수레 덮개를 만들 거야."

그의 말에 놀란 것은 정작 동네 아이들이 아니었다. 그를 너무나 잘 아는 삼촌이었다. 그러나 그의 말은 점차 현실로 드러나기 시작했다. 그는 28세에 기병해 63세로 세상을 떠날 때까지 어떤 상황에서도 자신의 자본인 진취적 기상을 잃지 않았다. 그랬으니 통치의 방침이 명확할 수밖에 없었다. 집단의 목표도 명확해졌다. 그 때문에 그는 전쟁을 치르면서도 일시적인 이익에 얽매이지 않을 수 있었다. 이로써 더 높은 차원의 취사선택이 가능하게 되었다. 이뿐만이 아니었다. 집단 내부에서도 서로에 대한 감정에 더 높은 순위를 뒀다. 내부의 조화를 중요하게 생각했다. 또 백성들의 마음을 얻는 것이 성공의 지름길이라는 사실 역시 확실하게 알았다.

그는 이른바 보국(報國)에 대한 일념도 있었다. 그의 언행에서도 이 사실은 확실하게 드러난다. 그는 유표에게 몸을 의탁했을 때 몇 년 동안 형주에서 머문 적이 있었다. 어느 날 그는 유표의 초대를 받았다. 그러다 화장실에서 자신의 허벅지 부분에 살이 많이 붙은 것을 목격했다. 그는 이때 한숨을 내쉬면서 눈물을 흘렸다. 그가 돌아와 자리에 앉자 유표가 물었다.

"현제는 기분 나쁜 일이 있소? 몹시 우울해 보이오."

유비가 말했다.

"이 아우, 형님의 은덕을 입어 편하게 잘 지내고는 있습니다. 그러나 여러 해 동안 말을 멀리했습니다. 그 탓에 허벅지에 살이 많이 올랐습니다. 세월만 흘려보내면서 늙어가고 있습니다. 그런데도 아직 이룬 공이 없으니 어찌 슬프지 않겠습니까?"

그는 동오에서 손권과 만났을 때에도 자신의 기상을 분명하게 보여 줬다. 하루는 그가 전(殿) 앞을 거닐고 있었다. 얼마 후 그의 눈에 돌 하나가 들어왔다. 그는 곁을 따르던 수하의 검을 뽑아 하늘을 우러러보면서 말했다.

"만약에 내가 형주로 돌아가서 패업을 이룰 수 있다면 단번에 이 돌을 두 토막으로 쪼갤 수 있을 것이다. 그러나 여기에서 죽으면 쪼갤 수 없을 것이다."

유비는 말을 마치기 무섭게 검을 휘둘러 돌을 쪼갰다. 그 과정에서 강렬한 불꽃도 튀었다. 손권이 그 모습을 보면서 물었다.

"현덕 공께서는 어떻게 그리 돌을 미워하십니까?"

유비가 바로 대답했다.

"지금 내 나이 50세가 넘었습니다. 그럼에도 나라를 위해 국적 조조를 없애지 못했습니다. 마음속에는 늘 한이 많아 남아 있을 수밖에 없습니다. 이런 저를 대왕의 어머니는 예쁘게 봐서 사위로 맞이하셨습니다. 이건 정말 저의 행운이라고밖에는 말할 수 없습니다. 지금 제가 한 행동은 다른 것이 아닙니다. 저에게 조짐을 보여 달라고 한 것입니다. 만약 제가 조조를 이겨 한나라를 다시 일으켜 세울 수 있다면 이 돌이 쪼개지게 해 달라고 한 것이죠. 제 말대로 이뤄졌습니다."

이처럼 그는 적진에 가 있어도 호방한 기상은 잃지 않았다. 그런데 당시 유비가 잘랐던 이 돌은 한석(恨石)으로 불리면서 지금까지 남아 있다고 한다. 후세 사람들은 이 돌을 보고 다음과 같은 시를 남겼다.

검이 휘둘러져 산석(山石)이 갈라지고
금환(金環)이 울린 곳에 화광(火光)이 생겼네.
양조(兩朝)의 흥망이 하늘에 달려 있으니
이때부터 건곤(乾坤)은 정립(鼎立)이 됐구나.

물론 유비가 언제나 기상에 충만한 것은 아니었다. 또 그의 생각이 언제나 상식적으로 맞는 것도 아니었다. 그 역시 실수할 때가 있었다. 그러나 그는 실수를 즉시 깨달을 줄도 알았다. 이럴 경우 순순히 잘못을 시인하기도 했다. 동오에서 손권의 누이와 결혼을 한 다음이었다. 그는 완전히 이 미인에 푹 **빠졌다**. 나중에는 아예 형주에 돌아갈 생각조차 하지 않았다. 중국을 통일하겠다는 포부는 눈 녹듯이 사라질 상황에 직면했다. 이때 제갈량은 그에게 전달이 되도록 조운에게 우회적으로 이해관계를 설명했다. 유비는 즉각 제갈량의 말을 들었다.

당 태종 이세민 역시 그와 비슷한 면모가 없지 않았다. 어느 날이었다. 그는 이부상서(吏部尙書) 당검(唐儉)과 바둑을 두고 있었다. 당검은 성격이 솔직한 편이었다. 그래서 군주를 존중한다는 뜻에서 적당하게 져줘도 괜찮은데도 태종을 참패시켜 버렸다. 태종은 굳이 이기려고 한 그에 대한 분노를 억누를 길이 없었다. 급기야 그를 담주(潭州) 자사로 강등시키는 무리수를 뒀다. 태종은 그래도 분노를 가라앉히지 못했다. 그는 다시 위지공(魏遲恭)을 불러 말했다.

"당검이 나를 존경하지 않소. 짐이 그의 사례를 통해 백관(百官)들에게 경고를 보내려고 하오. 그러나 구체적인 죄명이 없소. 그대는 그의 집에 가서 그가 내 처사에 대해 원망하는지를 알아보시오. 만약에 나를 원망하면 바로 사형을 시켜 버리겠소."

위지공은 태종의 반응이 너무 과하다고 판단을 했다. 그 때문에 이튿날 태종이 자신에게 당검에 대해 물어볼 때 즉각 생각하고 있던 바를 말했다.

"폐하께서는 결정에 신중하셔야 합니다."

태종은 위지공의 말에도 화가 났다. 손에 쥐고 있던 옥패(玉牌)를 떨어뜨린 것도 모자라 벌떡 몸을 일으켜 밖으로 나가 버렸다. 그러나 그는 냉정함을 되찾고 곰곰이 그때까지의 일을 생각해 봤다. 자신이 너무 했다는 판단이 들었다. 그는 곧 잔치를 열어 조정의 관리들에게 말했다.

"오늘 짐이 여러분을 부른 것은 위지공의 인품을 칭찬하기 위해서요. 그의 말로 인해 당검은 사형을 면하게 됐소. 또 나는 당검을 함부로 죽인 군주라는 죄에서 벗어나게 됐소. 이뿐이 아니오. 위지공 역시 남을 억울하게 죽이게 할 수 있는 말을 한 죄에서 벗어나게 됐소. 내가 그래서 그에게 포상을 내리려고 하오."

잘못을 알면 고쳐야 한다. 그래야 큰일을 한다. 유비는 정말 그랬다. 진취적인 기상이 하늘을 찔렀으나 잘못했다고 생각하면 반드시 고쳤다.

루쉰(魯迅)은 일찍이 한 글에서 이렇게 말했다.

"작가들은 비평가의 합리적이지 않은 비평을 들을 수 있다. 이때 참을 수가 없어 그 비평가에게 그대도 글을 써 보라고 외칠 개연성도 농후하다. 그러나 이는 마치 요리사가 손님에게 당신이 한번 만들어 보라고 하는 말과 똑같다."

참으로 적확한 지적이 아닌가 싶다. 지도자는 자신의 말을 강요해서는 절대로 안 된다. 설사 그렇게 하더라도 틀렸다고 생각하면 바로 고쳐야 한다. 유비는 거의 평생을 이렇게 했다.

크고자 하거든 남을 섬기라

많은 사람은 유비가 울면서 나라를 세웠다고 한다. 그만큼 고생을 많이 했다는 말이 되겠다. 틀리다고는 하기 어려우나 100퍼센트 맞는다 하기도 어렵다. 나름의 장점도 꽤 있었기 때문이다. 또 노력 역시 했다. 우선 그는 조조의 밑에 있을 때 멍청한 체하는 지혜를 잊지 않고 행동했다. 솔직히 이렇게 할 수 있는 사람은 많지 않다. 그는 삼고초려에서 보듯 목마른 사람이 물을 찾는 것처럼 인재를 갈구했다. 이렇게 할 사람 역시 많지 않다. 그는 이 밖에 목숨을 걸고 강동으로 가서 동오 왕실의 사위가 되었다. 이런 배짱이나 도량도 일반인에게는 찾아보기 어렵다. 그러나 결정적인 것은 남의 밑에 있다고 해서 모든 것을 포기하고 좌절하지 않았다는 사실이다. 한마디로 유랑걸식을 해도 언젠가는 성공한다는 포부를 버리지 않았다는 얘기가 아닌가 싶다. 크고자 하거든 남을 섬기라는 교훈을 실천한 주인공이라고 해도 좋을 것이다.

．．．

　동한 영제(靈帝) 광화(光和) 7년, 다시 말해 184년에 폭발한 황건의 기의는 유비에게 세력을 확장할 절호의 기회를 마련해 줬다. 더불어 각 지방의 군벌들 역시 병력을 모집, 의군의 이름으로 각 지역을 점거하고 세력을 확충하게 되었다. 유비는 이때의 공으로 안희(安喜)현의 현위(縣尉)가 될 수 있었다.

　그러나 이후 그는 다시 유랑걸식이라는 말이 알맞게 떠돌아다녔다. 우선 유주(幽州)의 번장(藩將)인 공손찬(公孫瓚)에게 몸을 의탁했다. 다행히 공손찬은 박절하지 않았다. 그가 평원(平原)의 현령이 되도록 힘을 썼다. 이후 그는 평원상으로 승진할 수도 있었다.

　당시 각지의 호걸들과 번장들은 정권을 잡으려고 하나같이 혈안이 되어 있었다. 서로 간의 혼전이 오랜 기간 계속되었다. 우선 원소는 공손찬을 공격했다. 조조는 서주목 도겸에게 창 뿌리를 향했다. 이에 도겸이 사람을 보내 공손찬에게 구원을 부탁했다. 이에 공손찬이 유비를 서주로 파견해 도겸을 돕도록 했다. 도겸은 유비의 병력이 부족한 것을 보고 그에게 4,000명의 병사를 내줬다. 더불어 그를 예주 자사로 임명했다. 병력은 소패(小沛)에 주둔하도록 했다. 얼마 후 도겸은 병에 걸렸다. 그는 임종할 때 부하인 미축에게 유언을 남겼다.

　"유비 외는 아무도 서주를 안정시킬 수 없다. 그에게 서주를 맡겨라."

　도겸이 세상을 떠나자 미축은 바로 소패로 달려가 유비에게 도겸의 뜻을 전했다. 유비는 예의 겸양지덕을 발휘했다. 그러다 각본대로 못 이기는 척하고 서주를 받아들였다.

40

유비가 서주에 진출한 이후 수춘(壽春)에 있던 원술은 매우 불쾌했다. 급기야 병력을 이끌고 유비를 습격했다. 유비와 원술의 군사력은 비슷했다. 그러나 원술이 여포를 끌어들이면서 이 팽팽한 대립은 깨졌다. 여포는 바로 유비의 후방인 하비(下邳)를 습격했다. 이때 유비 역시 여포의 기습을 당해 어쩔 수 없이 투항하게 되었다. 공손찬과 도겸에 이어 여포의 식객이 된 것은 아주 자연스러운 일이었다. 여포는 너무 기쁜 나머지 스스로 서주 자사에 오른 다음 유비를 소패로 보냈다.

유비는 소패로 돌아온 다음 병사들의 수를 늘렸다. 그러다 보니 어느덧 병력이 1만여 명에 이르게 되었다. 여포는 불안해졌다. 결국 다시 병력을 거느리고 공격을 해왔다. 유비는 황급히 응전했으나 작심하고 달려드는 여포를 당할 재간이 없었다. 다시 패배했다. 유비는 이번에는 할 수 없이 조조에게 몸을 의탁하게 되었다. 조조 역시 그를 박절하게 대하지 않았다. 그를 추천해 예주목에 오르도록 했다. 예주목의 자리는 허울뿐이었다. 그러나 그에게는 명성을 가져다줬다. 얼마 후 조조는 유비에게 많은 병사와 군량을 주면서 다시 소패로 보냈다. 흩어진 군병들을 모집해 여포를 공격하도록 한 것이다. 여포는 대장군인 고순(高順)을 보내 응전하도록 했다. 조조는 서둘러 하후돈을 보내 유비를 구원하도록 했다. 그러나 고순에게 패배하고 말았다. 유비의 아내는 또다시 여포의 포로가 되는 신세를 면치 못했다. 그러자 조조가 친히 대군을 통솔해 달려왔다. 이번에는 여포를 생포해 죽일 수 있었다. 조조가 승리한 후 유비는 그를 따라 허창으로 향했다. 허창에서 조조는 유비를 추천해 좌장군(左將軍)이 되도록 했다.

이처럼 유비는 여러 곳을 돌아다녔다. 공손찬의 진영에서 도겸, 여포, 마지막에는 조조의 진영으로 옮겨 다녔다. 수치를 느낄 수도 있는 신세였다. 그러나 그는 이 수치를 감내했다. 가는 진영의 주인들에게 최선을 다했다. 마치 크고자 하거든 남을 섬기라는 진리를 생래적으로 터득하지 않았나 싶다.

사실 당시에 이런 행태는 거의 유행이나 다름없었다. 예컨대 유비의 측근들 중에서 관우는 조조에게 투항을 한 적이 있었다. 또 조운은 원소의 수하였다가, 공손찬의 식솔을 거쳐 유비의 가족이 되었다. 황충, 위연(魏延) 역시 크게 다르지 않다. 원래 유표의 휘하에서 녹을 먹고 있었다. 이외에 엄안(嚴顔), 법정, 초주(譙周), 유파는 원래 유장의 부하였다. 조조 휘하의 맹장들 역시 전국 각지에서 몰려든 사람들이었다. 우선 장료(張遼)는 여포의 부하였다. 순욱(荀彧)과 순유(荀攸)는 주군인 원소가 발전 가능성이 없다는 사실을 진즉에 간파하고 조조에게 간 인재들이었다. 또 가후(賈詡)는 원래 이각의 참모로 일하다 장수의 참모가 된 다음 마지막에 조조에게 몸을 의탁했다. 서황(徐晃) 역시 순결하지 않았다. 만총(滿寵)의 꾀에 넘어간 탓에 양봉(楊奉)을 떠나 조조에게 간 이력을 자랑하고 있었다. 모개(毛玠)는 원래 유표의 사람이었다. 이 점에서는 왕찬(王粲), 괴월(蒯越), 채모(蔡瑁) 등도 동질감을 느낄 법했다. 역시 유표의 휘하에서 일했다. 원소의 부하로 일했던 진림(陳琳)은 더 독특한 경우에 속했다. 과거에 원소를 위해 조조를 성토하는 격문(檄文)을 작성했으나 조조가 옛 잘못을 용서해 주고 등용함으로써 역사에 이름을 남겼다.

더 빈번하게 주인을 바꾼 인간도 있었다. 대표적인 인물이 여포였다. 원래 그는 정원의 양아들이었다. 그럼에도 의리를 저버린 채 정원을 죽인 다음 동탁에게 몸을 의탁했다. 또 동탁을 모시는 동안에는 초선(貂蟬)

으로 인해 왕윤(王允)과 연합해 동탁을 죽였다. 나중에는 이각, 곽사(郭汜)의 공격을 감당하지 못해 원술에게 투항하려고 했다. 그러나 자신도 소인배인 원술은 여포의 변덕스러움에 혀를 내두르던 차였다. 그를 받아들이지 않았다. 그나마 원소는 마음이 조금 관대해서 그를 받아들인 것이다. 그러나 얼마되지 않아 원소는 교만한 여포의 행태를 보다 못해 그를 죽이려고 했다. 그러자 여포는 다시 장양(張揚)에게 투항했다. 심지어 그는 장막(張邈)과 유비의 진영에도 간 적이 있었다.

이처럼 당시 많은 인재들이 수없이 주인을 바꿨음에도 오로지 그만이 독립을 쟁취할 수 있었다. 나중에는 거의 한 번도 남의 밑에 있어보지 않은 조조, 손권과 천하를 다퉜다. 그가 이렇게 된 데에는 여러 가지 이유가 있다. 우선 이미 누차 언급한 진취적인 기상이 나름의 큰 역할을 했다고 볼 수 있다. 더불어 아무리 고난의 행군을 하더라도 희망의 끈을 놓지 않은 끈질김 역시 한몫을 했다고 봐도 좋다. 그러나 가장 결정적인 것은 아무래도 남의 밑에 있더라도 최선을 다하는 성향에 있지 않았나 싶다. 도저히 어쩌지 못할 상황에서 남에게 몸을 의탁하는 것은 충분히 있을 수 있는 일이다. 이때 대부분의 사람들은 "내가 네놈 밑에 있다니 이게 어디 가당한 일이냐?"라는 생각으로 불만을 가지는 경우가 많다. 여포가 대표적으로 그랬다. 그러나 그는 내심은 어땠는지는 몰라도 외견적으로는 최선을 다했다. 그래서 그를 거둬준 공손찬이나 도겸, 조조 등으로부터 모두 호감을 샀다. 또 백성들의 지지도 이끌어낼 수가 있었다.

실패를 통해 성장하라

　역사는 우리에게 대부분의 영웅이 숱한 실패를 통해 성장했다는 진리를 가르치고 있다. 역사책을 읽지 않은 사람들은 그런 제왕이나 장군들이 하나같이 평생 패하지 않았던 사람이라고 생각할지도 모른다. 이런 생각은 정말 오산이다. 중국 역사에서도 숱한 실패를 거듭한 영웅들은 많다. 춘추 시대 월(越)나라의 구천(勾踐)을 비롯해 유방, 유비, 증국번(曾國藩) 등이 이런 영웅들이라고 할 수 있다. 모두 전쟁터에서 숱하게 지는 경험을 했다. 그러나 그들은 실패를 통해 능력을 키웠다. 그러나 늘 이긴 사람들은 한 방에 가는 경우가 많았다. 실패를 어떻게 극복하는지를 배운 적이 없었으므로 한 번의 패배에 정신을 차리지 못하고 헤매다 나락으로 떨어진 것이다. 근현대사를 검토해 봐도 이 사실은 알 수 있다. 만약 미국이 진주만의 참패를 경험하지 않았다면 2차 세계대전에서 승리하는 것은 쉽지 않았을지도 모른다. 베트남 역시 그렇다고 해야 한다. 미국에게 선수를 당한 후에 실패를 승리로 반전시켰다. 정사 『삼국지』나 소설 『삼국연의』에는 유비의 실패 기록이 엄청나게 많다. 그러나 중요한 것은 역시 그가 실패를 겪으면서 능력을 키웠다는 사실이다. 심지어 그는 이 실패를 통해 점점 강해지기도 했다.

· · ·

　정사 『삼국지』나 소설 『삼국연의』를 읽다 보면 유비가 딱해지는 감정을 어쩌하기 어렵다. 그가 너그럽게 사람을 대하고 영웅이 될 풍채를 가지고는 있었으나 늘 이리저리 쫓겨 다니는 등 불쌍한 사람으로 그려지고 있는 탓이다. 좋은 말로 백절불굴이지 축구공처럼 거의 이리저리 채였다고 할 수 있었다. 심지어 그는 무능하다는 인상을 넘어 가식이 많은 인물로 그려지기도 한다. 그럴 수밖에 없었다. 그는 항상 울었으니까 말이다.

그렇다면 그가 군사적으로 얼마나 한심했는지를 한번 살펴봐야 할 것 같다. 유비는 조조에게 몸을 의탁한 다음 여포를 공격했다. 그러나 참패했다. 부인까지 여포에게 포로로 잡히게 했을 정도였다. 조조를 배반한 다음에는 된통 한 방을 맞았다. 휘하의 병력을 거의 다 잃었다. 부인과 관우도 조조의 포로가 되었다. 원소에게 도망간 것은 어쩔 수 없는 선택이었다. 원소의 휘하에서도 그는 유벽(劉辟)과 싸우다 대패했다. 얼마 후에는 조조가 유비를 토벌하기 위해 남쪽으로 진출했다. 이때 유비는 저항도 못하고 유표에게 도망을 갔다. 조조가 양양(襄陽)에 진출하게 됐을 때도 크게 다르지 않았다. 유비는 두 딸까지도 조조의 포로로 내줘야 했다. 이때 다행히 그에게 큰 은혜를 베푼 사람이 나타났다. 바로 손권이었다. 사실 적벽대전은 거의 손권의 군대가 조조의 군대와 싸운 전투였다. 유비는 주유(周瑜)가 강릉으로 진공할 때 방어가 허술한 형남(荊南)의 네 군을 공격해 취했을 뿐이었다.

얼마 후 유비는 손권의 형주를 빌렸다. 그런 다음 다시 돌려주지 않기로 작정했다. 그러자 손권은 무력으로 문제를 해결하기로 결정했다. 유비 역시 대거 병력을 일으켜 응전하기로 결심을 굳혔다. 마침 이때 조조가 한중을 평정했다는 소식이 들려 왔다. 그는 조조가 계속 서천을 공격할 것이 두려웠다. 곧 어쩔 수 없이 손권과 타협하는 조치가 강구됐다. 강하를 비롯해 장사, 계양(桂陽) 등이 이때 손권에게 돌아갔다.

얼마 후에는 장비와 마초가 조홍(趙洪)에게 대패했다. 유비는 할 수 없이 자신이 직접 정병을 이끌고 전선에 나서 하후연(夏侯淵)의 부대와 맞섰다. 다행히 이때는 법정이 전술을 기가 막히게 썼다. 게다가 하후연이 전략적으로 실수를 했다. 유비는 드디어 조조의 대군을 이길 수 있었다.

이 전투는 유비가 평생 처음이자 유일무이하게 조조의 군대를 이긴 전투였다. 그 후 관우가 조인(趙仁)을 공격해 승리를 거두는 듯했으나 오히려 기습을 당해 형주를 잃어버리고 말았다. 관우 본인 역시 포로로 잡혀 목숨을 잃고 말았다. 손권은 이때 유비와 강화를 하고 싶었다. 그러나 형주를 돌려줄 의향은 없었다. 이에 유비가 격분해 오나라로 출병했다. 역시 결과는 대패였다. 장남(張南), 풍습(馮習), 부동(傅彤), 사마가(沙摩柯) 등이 이때 참수당했다. 또 두로(杜路), 유영(劉寧) 등은 오나라, 황권(黃權)은 조비에게 투항했다. 마량, 정기(程畿)는 힘 한 번 써보지 못하고 숨졌다.

이처럼 유비의 사전에는 승리라는 것이 별로 없었다. 특히 조조와의 전투에서는 거의 그랬다. 그 때문에 삶 자체가 좌절이요, 위기의 연속이었다. 심지어 첫걸음부터 좌절당하고 일어난 다음 다시 좌절을 당했다. 그러나 이상하게도 그는 이런 과정을 통해 점점 발전했다. 드디어 마지막에는 한 지방을 독점하게 됐다. 어떤 면에서 보면 항우에게 줄곧 지다가 마지막 전투에서 이겨 천하통일을 이룩한 유방이 따로 없었다.

하지만 유비에게는 맞으면 맞을수록 강해지는 특이한 체질이 있었다. 강철은 어떻게 단련되는지를 그는 아마도 확실히 보여 준 전형적인 케이스가 아닌가 싶다.

물론 역사적으로 보면 이런 영웅들은 적지 않았다. 예컨대 굴원(屈原)은 조정에서 추방을 당한 다음 불후의 명작인 「이소(離騷)」를 썼다. 또 좌구명(左丘明)은 실명을 한 후에 『좌전(左傳)』을 완성했다. 이외에 손빈은 무릎 아래를 잘리는 형벌을 당하고 나서 병법의 천재가 되었다. 사마천(司馬遷)이 궁형(宮刑)을 당한 후에 『사기』를 쓴 것은 더 말할 필요조차 없다.

인생을 살아가는 동안에 모든 것이 순조로운 사람도 많다. 그러나 그렇지 않은 사람이 훨씬 더 많다. 이런 사람들은 그대로 좌절할 경우 영원한 실패자가 된다. 인생이 조용히 막을 내리게 된다. 이렇게 되지 말아야 한다. 그렇다면 어떻게 해야 할까, 라는 질문이 없을 수 없다. 자신의 자원을 열심히 캐내고 적절하게 이용할 줄 알아야 한다. 자신이 운명의 주인이라는 사실을 잊지 말아야 한다. 이렇게 되려면 실패에서도 배워야 한다는 진리를 늘 머릿속에 넣어 놓고 있어야 한다. 유비는 이 자세를 생활화했다. 휘하의 병력이 숱하게 깨어져 흩어졌더라도 "아, 100명밖에 남지 않았구나."라는 생각을 하지 않고 "아, 그래도 100명이나 남아 있구나."라면서 늘 모든 것을 긍정적으로 판단했다. 반면 유방에게 늘 이기던 항우는 이렇게 생각하지 않았다. 결국 역사의 패배자가 되고 말았다. 유비와 비슷한 성향의 유방에게 천하를 넘겨주는 우도 범했다.

눈앞의 이익에 연연하면 크게 얻지 못한다

눈앞에 보이는 당장의 이익은 달콤하다. 그래서 성질 급하게 물어버리는 경우가 생기게 된다. 이렇게 되면 크게 얻지 못한다. 당연히 이래서는 안 된다. 그렇다면 어떻게 해야 할까. 우선 당장의 이익에 대한 유혹을 물리쳐야 한다. 이어 현상을 면밀히 관찰해야 한다. 그러면 더 결정적인 순간이 다가온다. 감이 저절로 익어 떨어지게 되는 것이다. 전쟁을 수행하기 위한 전략도 크게 다르지 않다. 전쟁을 발동하기 전에 우선 백성들을 안정시켜야 한다. 또 군량미 등도 충분하게 확보해 놓아야 한다. 진을 펼치기 전에 지리(地利)를 얻도록 신경도 써야 한다. 이뿐만이 아니다. 전쟁에서 가장 중요한 병사들을 강하게 하려면 우선 상벌을 공정하게 한다는 믿음을 심어줘야 한다. 유비는 이렇게 했다. 당장의 이익이 있어도 보다 더 결정적인 때를 기다리면서 다양한 준비를 했다. 더 크게 먹을 것을 노린 것이다.

• • •

한 헌제(獻帝) 초평(初平) 4년(183년)에 연주(兗州)에 머물던 조조는 태산(泰山) 태수인 응소(應劭)를 낭야에 파견했다. 아버지인 조숭 및 식구 100여 명을 연주로 오도록 하기 위해서였다. 이때 이들은 서주를 지났다. 서주목인 도겸은 당시 조조에게 잘 보이기 위해 일부러 도위(都尉) 장호(張闓)를 보내 조숭 일행을 호송하도록 했다. 그런데 엉뚱하게도 장호가 조숭과 식구들을 죽인 다음 각종 진귀한 보물들을 가지고 도망쳐 버렸다. 졸지에 가족을 잃은 조조는 이를 갈았다. 도겸에게 복수하지 않으면 남자가 아니라는 생각을 할 수밖에 없었다. 얼마 후 그는 진짜 복수를 한다는 명분을 내걸고 대거 서주를 향해 진공했다.

조조의 대군은 서주의 성 밑까지 쳐들어갔다. 도겸은 황급히 미축의 건의를 받아들여 북해상(北海相)인 공융, 청주(靑州) 자사인 전해(田楷)에게 구원을 요청했다. 이때 공융은 유비에게 도겸을 구해 달라는 부탁을 했다. 유비는 즉각 행동에 나섰다.

유비는 몇 안 되는 병력으로 조조의 장군인 우금과 소규모의 전투를 벌였다. 이 결과 조조 대군의 진공을 잠시 멈추게 할 수 있었다. 서주는 일단 한숨을 돌렸다. 이에 도겸이 유비를 성 안으로 불러들였다. 이어 성대하게 잔치를 벌여 유비를 대접했다. 곧 도겸의 입에서 놀라운 말이 튀어나왔다.

"지금 온 천하가 혼란스럽습니다. 나라가 위기 상황에 처해 있습니다. 불행히 상황이 이런데도 나는 이미 늙었습니다. 또 무능합니다. 반면 유공은 한나라 황실의 종친입니다. 마땅히 나라를 위해 충성을 다해야 합니다. 서주를 공에게 줄 테니 거절하지 마십시오. 나는 곧 폐하에게 이 문제를 상주할 생각입니다."

유비는 깜짝 놀랐는지 손을 내저으면서 말했다.

"저는 한나라 황실의 후예이기는 하나 세운 공로가 미흡합니다. 아직 서주를 맡기에는 적절하지 않습니다. 저는 오로지 의기 하나만을 중요하게 생각하는 사람입니다. 그래서 도와드린 것뿐입니다."

그러자 도겸이 다시 권했다.

"나는 진심으로 말씀을 드리는 것입니다. 절대로 표면적인 호의가 아닙니다."

하지만 유비는 완강했다. 이에 미축이 옆에서 중재안을 내놓았다.

"지금 조조의 대군이 성 밑에 있습니다. 우선 대책을 상의해야 합니다. 전투가 끝난 다음에 서주를 양보하는 문제를 상의해도 늦지 않을 것 같습니다."

도겸은 아쉽다는 표정으로 고개를 끄덕였다. 유비 역시 안도의 한숨을 내쉬었다. 그는 내친김에 조조에게 편지를 보냈다. 국가 대의를 위해 서주를 포위한 군대를 철수시키라는 권고의 편지였다. 마침 이때 여포는 연주를 공략한 다음 복양에 진출해 있었다. 조조의 후방을 위협하고 있었다. 조조는 어쩔 수 없이 유비의 권고를 받아들였다.

조조의 군대가 철수함으로써 서주는 위험한 상태에서 벗어나게 되었다. 도겸은 유비, 공융, 전해 등을 초청해 함께 승리를 경축했다. 그러나 잔치를 마치고 난 다음에는 다시 미뤄뒀던 문제를 꺼냈다. 이에 유비가 대답했다.

"지난번에도 말씀드렸지만 저는 오로지 의를 지키기 위해 서주로 온 것입니다. 그럼에도 지금 서주를 얻으면 모든 사람들이 저를 불의한 사람으로 오해할 것입니다. 저는 못합니다."

그러자 이번에는 미축을 비롯해 공융, 관우, 장비 등도 분분히 유비에게 도겸의 건의를 받아들이라고 권유했다. 하지만 유비는 한사코 거부했다.

"그대들은 나를 불의한 사람으로 만들려고 합니까? 나는 명분 없는 행동은 하지 않습니다."

유비의 고집은 고래 힘줄이었다. 도겸은 어쩔 도리가 없었다. 그나마 유비를 소패에 머무르도록 한 것은 나름의 성과였다. 얼마 후 도겸이 노환으로 앓아 눕게 되었다. 상태가 심상치 않았다. 그는 군사 문제를 상의한다는 핑계를 대고 유비를 서주로 불러 간곡하게 말했다.

"나는 이제 바로 떠날 것 같습니다. 한나라의 강산을 아끼는 마음으로 서주의 인(印)을 받으라고 부탁을 드리고 싶습니다. 공께서 거부하면 나는 마음 편하게 눈을 감을 수가 없습니다."

유비가 대답했다.

"방법이 아주 없는 것도 아니지 않습니까? 두 아드님이 물려받으면 되지 않을까요?"

유비의 말에 도겸이 고개를 가로저었다.

"둘은 모두 내 사업을 계승할 만한 역량이 없습니다. 내가 죽은 후에도 절대로 둘에게 서주의 권력을 넘기면 안 됩니다. 역시 공께서 최고 적임자입니다."

도겸의 말은 그야말로 비감했다. 유비는 그래도 거절했다. 그러나 도겸이 세상을 떠난 다음 서주의 백성들은 유비를 서주목으로 추대했다. 더불어 관우와 장비 등도 수차례나 권했다. 유비는 그제야 서주목에 올랐다. 이로써 그는 인의의 명성을 얻었을 뿐 아니라 민심도 얻게 되었다.

유비는 도겸이 서주를 양보한다고 했을 때에 날름 받아먹을 수 있었다. 그러나 그랬다면 그는 아마도 서주 백성들의 전폭적인 지지를 받지 못했을 것이다. 게다가 당시 조조는 서주를 탐내고 있었다. 만약 받아들였다면 치열한 전투를 면할 수 없을 가능성이 높았다. 이 경우 결과는 뻔했을 것이다. 그로서는 조조의 공격을 감내할 수가 없었을 터였다. 어디 이뿐이었겠는가. 주변의 가까운 군벌들, 다시 말해 원술, 여포, 원소 등 역시 조조와 같은 입장이었다. 한마디로 중요한 전략적 위치를 가진 서주를 아직 충분한 군사적 역량이 없는 유비가 받아먹는다는 것은 잠재적인 큰 위험이었다. 언제든지 재난을 불러들일 수 있었다. 그는 그래서 때를 기다렸다. 소탐대실하지 않겠다는 생각이었던 것이다. 결국 그의 생각은 옳았다. 세 번이나 거부했으나 원래 그에게 들어올 운명이었던 서주는 그의 품으로 들어왔다.

소의(小義)보다는 대의(大義)를 탐하라

트릭이나 권모술수는 누구에게나 좋은 느낌을 주지 않는다. 그러나 약자의 입장에서는 이것이 필요하다. 이렇게 하지 않으면 생존이 보장되지 않는다. 또 지향하는 목표가 정당하면 트릭이나 권모술수 역시 어느 정도는 용납이 될 수 있다. 유비는 보는 사람에 따라 평가가 엇갈리겠으나 종종 트릭이나 권모술수를 사용한 부정적인 이미지의 인물로 비쳐진다고 해도 좋다. 그러나 그의 경우는 소의보다는 대의를 위한 경우가 많았다. 또 극한 상황에 내몰려 생존이 위협받을 때에야 트릭이나 권모술수를 마다치 않았다. 여포 등과는 질이 달랐다는 얘기다.

• • •

유비의 성격은 잘 살펴보면 상호 모순되는 부분이 없지 않다. 그래서 깊이 들어가면 그에 대한 평가는 많이 엇갈린다. 우선 위선자라는 평가를 거론할 수 있다. 속과 겉이 다른 사람이라는 평가가 될 듯하다. 솔직히 전혀 그렇지 않다고 하기는 어렵다. 그는 어떤 면에서는 다소 가장하는 듯한 모습을 많이 보였으니까 말이다. 그러나 당시는 복잡다단한 시대였다. 너무 단순하게 일방적으로 보면 안 된다는 얘기가 될 수 있다. 더구나 그를 완벽한 사람으로 너무 정형화시키는 것도 곤란하다. 그가 영웅인 것은 진짜 확실했다. 난세를 평정하고 도탄에서 허덕이는 백성들을 구하고자 했다. 그러자면 어느 정도 권모술수는 필요했다. 반대로 봐도 크게 다르지 않다. 예컨대 조조가 대표적으로 꼽힐 것 같다. 그는 유비와는 달리 간웅의 이미지가 강했다. 학살자로서도 이름을 날렸다.

그러나 그런 그도 "백골이 황야에서 그대로 드러나는구나. 천 리에 닭의 울음소리가 들리지 않는다."라는 시를 통해 당시의 참혹한 전쟁을 애통해 했다. 간웅이나 학살자라는 이미지의 이면에 어진 주군의 풍모가 없지 않았다는 결론이 자연스럽게 나온다. 이런 점에서 보면 유비의 인덕에 집착하는 자세가 완전히 쇼라고 부정적으로 보기는 어렵다. 원래 성향이 그랬다고 보는 편이 맞는다.

난세에 직면하면 세상을 구원하려는 의지만 있어서는 안 된다. 임기응변하는 지혜와 생존공간을 만들어 내는 방법을 알아야 한다. 인덕만 강조해서는 안 되는 것이다. 경우에 따라서는 대의를 위해 소의를 희생해야 했다. 심지어 그는 스스로를 극도로 낮추는 방법을 사용해 자신을 보호하기도 했다.

초창기 그가 이리저리 유랑할 때였다. 그는 여포에게까지 몸을 의탁하지 않으면 안 되게 되었다. 이때 여포는 그를 동생이라고 함부로 불렀다. 관우와 장비는 이에 격분, 여포를 살해하고자 했다. 그러나 유비는 전혀 기분 나쁜 자세를 보이지 않았다. 오히려 천시(天時)를 기다리라고 유유자적의 자세로 동생들을 만류했다.

순욱이 조조에게 이른바 이이제이, 즉 유비와 여포를 이간시켜 서로 싸우게 하려는 전략을 썼을 때 역시 그의 성향은 여실히 드러났다. 그는 조조의 편지를 받자마자 모든 것을 알아차렸다. 조조가 자신과 여포의 이전투구를 부추기려 한다는 계략을 그대로 간파한 것이다. 이때 그는 이 사실을 여포에게 알렸다. 조조의 계략은 가볍게 깨지고 말았다. 문제는 그가 여포와 반목한 다음 조조에게 몸을 의탁했을 때였다. 그는 이번에는 조조에게 생포한 여포를 죽이라는 말을 과감하게 했다. 은혜를 원수로 갚는 치사한 자세라고 할 수 있었다. 그는 그러나 이때에도 조정을 위해 간신 여포를 죽였다는 대의를 내세웠다.

최후의 순간을 맞이할 때에도 유비의 성향은 확연하게 드러났다. 때는 장무(章武) 3년(223년) 봄이었다. 당시 영안궁(永安宮)에서 투병 중이던 그는 자신이 자리를 털고 다시 일어나지 못할 것이라는 사실을 너무나 잘 알고 있었다. 그가 성도(成都)에 있던 제갈량과 이엄(李嚴)을 급거 영안궁으로 부른 것은 그래서 이상할 게 없었다. 그는 탁고를 하면서 제갈량에게 이렇게 말했다.

"군사의 능력은 조비의 10배에 이르오. 반드시 국가를 안정시키고 통일을 완수해 낼 수 있을 것이오. 그러니 태자가 보좌할 만하면 보좌하고 그렇지 않으면 군사가 그 아이를 대체해도 좋소."

그러자 제갈량이 눈물을 흘리면서 대답했다.

"저는 온 힘을 바쳐 죽을 때까지 충성을 다할 것을 원합니다!"

유비는 이에 아들 유선에게 조서를 내려 아래와 같은 요지의 유언을 남겼다.

"나는 이제 더 이상 살 수 없을 것 같구나. 사람은 50세를 넘어서 죽으면 일찍 죽는다고 할 수 없어. 더구나 나는 이미 60세가 넘었기 때문에 전혀 유감스럽지 않다. 다만 너희 형제들 때문에 마음을 놓을 수가 없구나. 노력하고 또 노력하라. 악은 아무리 작더라도 행해서는 안 된다. 반대로 선은 아무리 작더라도 행하지 않으면 안 된다. 부디 승상과 함께 국사를 잘 처리하고 아버지처럼 여겨야 한다."

아버지처럼 아들을 잘 아는 사람도 없다. 유비 역시 그랬다. 큰아들 유선이 황제가 될 재목이 아니라는 사실을 잘 알고 있었다. 그래서 그는 우선적으로 희대의 준걸인 제갈량을 생각했다. 그는 삼고초려 끝에 제갈량을 얻었을 때 "물고기가 물을 얻은 것 같다."라고 감탄했다. 그러나 그의 휘하에는 제갈량만 있었던 것은 아니었다. 관우, 장비, 방통, 법정 등도 있었다. 그럼에도 그는 제갈량에게 찬탈을 해도 좋다는 묘한 탁고를 했다. 당시 휘하의 믿을 만한 사람은 다 세상을 떠나고 그 외에는 아무도 남아 있지 않았던 것이다.

하지만 제갈량은 유비의 제의를 단호하게 거절했다. 아니 어쩌면 쇼에 관한 한 능수능란했던 유비가 한번 해 본 소리를 제갈량 역시 이심전심이라고 미리 준비한 "노!"라는 말로 화답했을 수도 있다. 과정이야 어쨌든 유비로서는 대의를 소의보다 중시한 군주라는 이미지를 심어줄 수 있었다. 또 황제 자리도 탐탁치는 않으나 아들에게 갈 수 있었다.

실제로 유비의 탁고와 관련해서는 네 가지 학설이 있다. 하나는 진짜 유비가 그렇게 생각했을 수도 있다는 해석이다. 이때에도 유비는 소의보다는 대의를 생각했다는 칭찬을 받을 수 있다. 다른 하나는 유비가 제갈량의 속마음을 떠보려고 했다는 해석이다. 그러나 이는 두 사람의 관계로 볼 때 가능성이 상대적으로 희박하다. 내부 결속을 위해 유비가 제갈량에게 이심전심의 탁고를 했을 것이라는 해석 역시 가능하다. 촉의 토착 세력을 대표하는 이엄에게 감히 제갈량의 자리를 넘보지 말라는 경고의 의미도 있다는 것이 마지막 해석이다.

현재로서는 첫 번째와 세 번째의 해석이 가장 가능성이 높다. 그러나 두 해석 모두 유비가 소의보다는 대의를 중시한 군주였다는 사실을 말해 주기에 전혀 부족함이 없다고 해도 좋다.

제3장
인재를 사랑한 대인(大仁)

유비는 인을 대인(大仁)과 소인(小仁)으로 구별했다. 의(義)도 마찬가지였다. 대의와 소의로 구분했다. 그의 시각에서 백성을 괴롭히는 적을 죽이는 것은 대인이었다. 투항한 장군을 죽이지 않는 것은 소인이었다. 반면 백성을 고난에서 구원하는 것은 대의였다. 제후와의 약속을 지키는 것은 소의였다. 그는 또 사람과 관련된 것을 근본, 즉 본(本)으로 생각했다. 반면 일과 관련된 것은 표(標), 다시 말해 부차적인 것으로 이해했다. 결론적으로 그는 긴급 상황에서는 대인, 대의를 고수했다. 소인, 소의는 포기했다. 더불어 본은 지켰고 표는 포기했다.

사람을 우선하는 게 핵심이다

유비는 권력을 비롯해 세력, 재물, 명성, 군대, 웅거할 기반 등이 모두 없었다. 그랬던 그가 얼토당토않게 큰일에 도전할 수 있었던 비결은 무엇이었을까? 답은 바로 나온다. 사람을 우선으로 하는 이인위본(以人爲本)이라는 전략이 핵심이었다. 그는 동탁, 조조, 원소처럼 눈에 보이는 물질적인 상을 내릴 수 없었다. 그에게 인재를 끌어들일 수 있는 유일한 무기는 바로 인의와 정의였다. 별로 대단하게 보이지 않는 이 자본을 바탕으로 그는 조조나 손권과 맞서는 세력을 형성했다. 나중에는 망하기는 했으나 칭제까지 했다. 이 정도면 상당히 성공했다고 할 수 있지 않을까. 세상에 영원한 것은 없다는 진리를 감안할 경우 더욱 그렇다고 해도 좋을 듯하다.

• • •

　'이인위본'의 전략을 모르면 삼국 시대를 이해하기 어렵다. 아니 이 단어는 그 시대를 이해할 수 있는 키워드, 다시 말해 출발점이라고 해야 한다. 이 경영 전략을 명확하게 확립한 사람은 바로 재물과 군대를 비롯해 세력 기반을 거의 가지지 못했으면서도 감히 큰일을 성취하려고 했던 유비였다. 조조가 중원의 북쪽을 통일한 이후 대군을 몰고 형주를 정벌하러 올 때였다. 신야에서 유표를 위해 형주의 관문을 지키던 유비는 대번에 곤경에 처했다. 이때에는 조조를 번번이 좌절시킨 제갈량 역시 현실을 받아들이지 않으면 안 되었다. 그는 결국 유비에게 양번(襄樊)을 포기하고 강릉 방향으로 철수를 하자는 건의를 올렸다. 그러자 신야와 양번의 10여만 명에 이르는 백성들이 유비를 따르겠다고 나섰다. 철수 행렬이 느려터질 수밖에 없었다. 조조의 대군에게 따라잡히는 것은 시간문제였다. 이에 휘하의 부하들이 유비에게 화급하게 건의했다.

　"지금이라도 백성들을 포기하고 빨리 후퇴하는 것이 낫겠습니다."

　유비가 눈물을 흘리면서 대답했다.

　"큰일을 하는 사람은 모름지기 사람을 근본으로 삼아야 하는 법이야. 백성이 나를 따르려고 하고 있어. 어떻게 버릴 수가 있겠는가?"

　물론 유비의 이인위본은 사람에 따라 달라질 수도 있었다. 예컨대 친소의 차이는 있었다. 결의형제를 맺은 관우, 장비와 한때 친구처럼 지낸 여포와의 관계를 비교하면 잘 알 수 있다. 관우, 장비 등과는 같은 식탁에서 먹고 같은 침대에서 잤으나 여포와는 그러지 않았던 것이다. 또 다른 부하들에 대해서는 가능하면 인재를 중용한다는 차원에서 늘 잘 대우하고 높게 평가했다.

　제갈량이 유비의 밑에 들어와 일하려고 했던 위연(魏延)을 참수하려고 했을 때를 사례로 들면 알 수 있다. 항상 제갈량의 말에 반론을 제기하지 않았으나 이때만큼은 적극적으로 만류를 했다.

　"이 사람을 죽이면 투항하려는 인재들이 겁을 낼 것이니 군사가 너그러운 마음으로 받아주기를 바랍니다."

　이뿐만이 아니었다. 유비는 성도를 탈취한 후에는 위연을 아예 관우, 장비, 황충, 마초와 함께 양위장군(揚威將軍)으로 삼았다. 이릉의 전투에서 참패한 여파로 황권이 어쩔 수 없이 위나라에 투항할 때에도 크게 다르지 않았다. 당시 부하들은 황권의 가족을 잡아 처형하라고 눈에 쌍심지를 켠 채 그를 윽박질렀다. 그러나 그는 황권의 투항이 진짜 불가항력이라고 판단한다는 듯 말했다.

　"황권은 강의 북쪽 언덕에서 오나라 대군에 가로막혔기 때문에 부득이하게 투항했습니다. 솔직히 말하면 내가 철수하면서 그를 챙기지 못했다고 해야 합니다. 또 내가 그의 조언을 듣지 않은 것도 우리가 패배한 중요한 원인입니다. 절대로 황권이 나를 배신하거나 잘못을 한 것이 아닙니다. 더구나 그 가족은 무슨 죄가 있습니까? 승상께서 아량을 베풀기를 바랍니다."

　유비는 황권에게만 아량을 베푼 것이 아니었다. 잡혀 처형될 것을 두려워하던 황권의 가족에게도 쌀을 비롯한 생필품을 제공하는 은혜를 잊지 않았다. 더 기가 막히는 것은 황권의 유비에 대한 믿음이었다. 당시 위나라 조조의 진영에 머물고 있던 그는 유비가 자신의 가족을 처형했다는 소문을 전해 들었다. 그는 이때 웃으면서 소문을 전한 친지에게 이렇게 말했다고 한다.

"폐하께서는 그렇게 모진 분이 아니시오. 사람을 중요하게 생각하는 분이오. 더구나 폐하께서는 내가 어쩔 수 없이 투항했다는 사실을 알 것이오. 내 가족은 안전할 것이라고 나는 믿습니다."

이인위본에 대한 유비의 절대적인 믿음은 제갈량에 대한 삼고초려의 정성에서도 확인된다고 할 수 있다. 당시 제갈량은 그의 정성에 감복, 동생 제갈균에게 자신의 입장을 솔직하게 밝혔다.

"나는 저분의 지극정성을 거부할 수가 없구나. 그러나 나는 공을 이루면 반드시 이곳으로 돌아와 은퇴를 할 것이다. 그때까지 너는 이곳을 잘 지키고 있도록 해라."

사람을 근본으로 하는 것은 당시나 오늘날이나 다를 것이 없다. 기업체 같은 곳에서 강조되는 맨 파워라는 말은 괜히 있는 것이 아닌 것이다. 이런 점에서 보면 그는 기업가 정신도 함께 가지고 있었던 앞서 가는 군주가 아니었나 싶다.

쓰면 의심하지 않는 용인의 원칙,
대를 잇다

"사람을 의심하면 쓰지 않고 사람을 쓰고 싶으면 의심해서는 안 된다."는 말이 있다. 고대뿐 아니라 오늘날까지 금과옥조로 여겨지는 진리 중의 하나가 아닐까 싶다. 사람을 쓰는 데는 정말로 '신뢰'가 중요하다. 그가 오나라에 새장가를 들기 위해 갔을 때를 보면 잘 알 수 있다. 그는 이때 혼자 가는 것이 무척이나 겁이 났다. 다른 사람의 보호가 절실히 필요했다. 그럼에도 제갈량과 상의한 다음에는 아무 의심 없이 상승(常勝) 장군 조자룡과 함께 장도에 올랐다. 이후 그는 처음과는 달리 조금도 두려운 기색을 보이지 않았다. 조자룡이 기지가 넘치고 신중해서 반드시 자신의 맡은 바 임무를 잘 완수할 것이라고 믿어 의심치 않았던 것이다.

• • •

쓰고자 하면 의심하지 않는 유비의 장점은 정말 아무나 가질 수 있는 장점이 아니다. 그가 제갈량을 등용하기 위해 세 번이나 방문한 것은 바로 이런 그의 성향을 무엇보다 잘 말해 준다. 더구나 그의 이런 장점은 생의 마지막 순간에서도 빛났다. 진의가 의심스럽다는 분석을 하는 사람도 있기는 하나 자신의 사후 촉의 미래를 제갈량에게 맡기겠다는 말을 했기 때문이다. 이는 제갈량을 완전히 믿는다는 사실을 분명하게 증명해 주는 대목이라고 해도 좋다. 심지어 그의 말이 진의가 아니라고 해도 그렇다. 그는 제갈량이 자신의 말이 진의가 아닌 것으로 생각하고 자신의 의중대로 유선을 잘 보좌할 것이라고 믿었던 것이다. 이 점에서는 천하의 혼군(昏君)인 유선 역시 크게 다르지 않았다. 아버지의 유언대로 제갈량을 부친으로 모시고 크고 작은 정사를 모두 그에게 맡긴 것이다. 아마 한번 쓰면 절대 의심하지 않는다는 아버지 유비의 DNA가 너무나 강력했기 때문에 그렇지 않았나 싶다.

정말 그랬는지는 유선이 제갈량이 추천한 현신들인 장완(蔣琬), 비위(費禕), 동용(董允), 유유(劉攸) 등에 대해서도 절대적 신뢰를 보낸 사실에서 잘 알 수 있다. 북벌 기간에 이들은 진짜 제갈량이 후방의 걱정을 하지 않도록 조정을 든든하게 지켰다. 제갈량이 죽은 후에도 크게 다르지 않았다. 이들은 유선의 신뢰를 바탕으로 251년까지 촉나라를 안정적으로 이끌었다.

다시 시간을 뒤로 돌려 자신이 아끼는 사람에 대한 유비의 무한 신뢰를 보여 주는 사례를 하나 살펴볼 필요가 있을 듯하다. 그가 조나라 대군에 쫓기면서 강릉으로 도주할 때였다. 당시 조자룡은 유비의 가솔들을 돌보고 장비는 맨 뒤에서 호송을 하고 있었다. 바로 그때 미방(麋芳)이 달려와 말했다.

"자룡이 배반을 했습니다. 조조에게 투항하기 위해 갔습니다. 어찌 이럴 수가 있습니까?"

유비는 미방의 말을 믿지 않았다. 당연히 미방을 호되게 꾸짖었다.

"자룡은 나와 형제 같은 사이요. 어찌 형제인 나를 배반할 수 있겠소? 나는 믿지 않소."

하지만 옆에 있던 장비의 생각은 많이 달랐다. 그가 바로 미방의 편을 들고 나섰다.

"우리가 이리저리 쫓기는 한심한 모습을 보고 그의 마음이 변했는지도 모릅니다. 조조에게 귀부하면 혹시나 부귀영화를 누릴지 모른다는 생각을 했을 수도 있겠죠."

유비는 장비의 말에도 단호했다. 조자룡에 대한 한없는 신뢰를 담은 말을 계속 입에 담았다.

"그는 내가 환난 중에 있을 때 나에게 의탁했어. 절대로 부귀영화를 탐할 사람이 아니야. 그의 마음은 돌같아서 절대로 부귀영화에 움직이지 않을 거야."

미방이 다시 말을 받았다.

"저는 그가 분명히 조조의 대군이 있는 북서쪽으로 달려가는 것을 목격했습니다."

장비가 미방의 말에 힘을 얻은 듯 재차 흥분해 말했다.

"내가 그놈을 응징하러 가겠습니다. 만나자마자 창으로 찔러 죽이겠습니다. 허락해 주십시오."

유비의 마음은 흔들리지 않았다. 입에서는 계속 자기 암시 내지는 주문과도 같은 말이 흘러나왔다.

"그가 그쪽으로 간 것은 반드시 이유가 있을 거야. 절대로 배반하기 위해 그런 것은 아니야. 관우가 과거에 안량(顏良), 문추(文醜)를 죽인 사실을 너는 깜빡했다는 말이냐?"

유비의 신념에 찬 말은 과연 틀림이 없었다. 조자룡은 조조의 대군에게 포위될 위기에 놓인 유비의 아들 유선을 구하기 위해 목숨을 걸고 적진으로 달려간 것이다.

쓰면 의심하지 않는 유비의 용인 원칙이 얼마나 대단한지는 천하의 제갈량이 보여 준 용병 스타일을 보면 확연해진다. 맹장 위연에 대한 의심을 끝없이 하다 급기야는 훗날 그를 죽음으로 내몰기까지 한 것이다. 서진(西晉) 개국의 기틀을 다진 사마의(司馬懿)의 부하들에 대한 시각을 볼 경우 더욱 그렇다는 사실을 알 수 있다. 228년에 제갈량은 충분히 준비를 거친 다음에 대대적으로 북벌에 나섰다. 이 소식은 바로 위나라에 전해졌다. 위나라 조정은 크게 놀랐다. 조예(曹叡)는 한참 주판알을 굴린 후 장합(張郃)을 보내 제갈량의 기세를 꺾으려고 했다. 그러나 문제는 장합에 대한 예우였다. 그가 힘을 발휘하도록 하기 위해서는 제갈량에 상응

64

한 지위를 그에게 부여해야 했던 것이다. 조예는 심사숙고했다. 곧이어 장합에 대한 파격적인 특진이 이뤄졌다. 더불어 좌장군에 더해 도향후(都鄉侯), 막후(鄭侯)라는 신분까지 주어졌다. 장합은 과연 조예의 기대에 어긋나지 않았다. 촉의 선봉인 마속(馬謖)을 가볍게 물리친 것이다. 이후 장합은 촉나라 대군과 여러 해 동안 싸웠다. 풍부한 경험을 쌓을 수밖에 없었다. 제갈량이 장합을 골치 아파했을 정도였다. 이 정도 되면 위나라로서는 장합을 계속 중용해야 했다. 만약 위나라의 내부 형세가 그대로 굴러갔다면 아마 그랬을지도 모른다. 그러나 그렇지 못했다. 사마의가 위나라 군대의 대권을 완벽하게 장악한 것이다. 사마의는 아나나 다를까 장합을 계속 기용하면서도 완전하게 믿지는 못했다. 심지어는 그의 의견을 종종 무시했다. 장합으로서는 힘이 드는 것이 당연했다. 결국 장합은 마지못해 출정해 촉나라 대군을 추격하다 화살에 맞아 전사하는 횡액을 당하고 말았다. 아랫사람을 쓰면서도 의심하지 않는 것이 얼마나 어려운지를 말해 주는 사례가 아닌가 싶다. 상대적으로 유비가 대단하다는 결론이 나올 수 있을 듯하다.

『장자』, 「서무귀(徐無鬼)」에는 재미있는 얘기가 하나 나온다. 옛날에 장석(匠石)이라고 하는 유명한 공예가가 있었다. 도끼를 휘둘러 영인(郢人)이라는 사람의 피부를 하나도 다치지 않고 그의 코끝에 있는 흙을 살짝 걷어 내는 재주를 보여 줄 정도의 대단한 인물이었다. 그러나 얼마 후 영인이 세상을 떠나면서 그는 더 이상 재주를 보여 줄 수가 없게 되었다. 그럼에도 송(宋)나라의 원군(元君)은 그를 불러 재주를 한번 보여 달라고 했다. 그러자 그가 말했다.

"이제 영인이 죽었으니 어찌 내 재주를 보여 줄 수 있겠습니까?"

아마 사람들은 장석이 영인을 대신할 사람을 찾으면 되지 않느냐고 할지 모른다. 그러나 현실은 그렇지가 않다. 과연 누가 영인처럼 그렇게 장석에 대한 철석같은 믿음을 가질 수가 있었겠는가. 솔직히 큰 도끼가 '윙' 하는 소리와 함께 자신에게 날아온다고 생각해 보자. 놀라거나 두려워하지 않을 사람은 아마 거의 없을 것이다. 그러나 영인은 그렇지 않았다. 장석을 철석같이 믿고 도끼가 자신의 코 위를 스쳐 지나가도 추호도 움직임을 보이지 않았다. 장석 역시 그랬기 때문에 자신의 재주를 마음껏 발휘하는 것이 가능했다.

송나라 때의 대문호 구양수(歐陽修)는 "용인의 요체는 의심하지 않는다는 데에 있다."고 했다. 아마 지도자가 되려면 사람을 잘 써야 하고 한 번 쓰려고 생각을 했으면 의심을 하지 말아야 한다는 말이 아닌가 싶다. 이 점에서 보면 유비는 지도자로서의 기본적인 덕목 하나 만큼은 타고났다고 해도 좋을 듯하다.

진정성은 사람을 감동시킨다

사람을 정으로 감동시키는 것은 쉬운 일이 아니다. 진정성을 가지고 하는 것은 더욱 그렇다. 그럴 경우 상대방은 완전히 진정성을 보여 주는 사람의 포로가 된다. 진정성을 동반한 정이라는 것의 힘은 그만큼 대단하다. 이런 전략이나 처세를 흔히들 동정법(動情法)이라고 한다. 유비는 이 방면에서도 거의 타고났다고 해도 좋았다. 조조나 손권과 비교한다는 것이 아예 불가능할 정도로 뛰어났다. 그가 자본은 부족했어도 휘하에 기라성 같은 인재들을 거둬들일 수 있었던 데에는 다 이유가 있었다.

· · ·

유비가 어느 정도로 동정법에 뛰어났는지는 『삼국연의』의 31회 내용을 보면 바로 알 수 있다.

"조조와 유비가 대회전을 벌였다. 유비가 패배해 번성을 버리고 형주로 도망치지 않으면 안 되었다. 도주하는 와중에도 1,000명에 조금 못미치는 병력이 그를 따랐다. …… 얼마 후 유비가 부하들에게 '그대들은 모두 빼어난 재주가 있소. 그런데 불행히도 나 유비를 따랐소. 나는 지금 곤궁해졌소. 그대들은 시간을 허비하지 말고 나를 떠나시오. 나는 그대들이 현명한 군주에게 몸을 의탁해 공을 세우기를 바라마지 않소.' 라고 말했다. 그 말에 부하들이 모두 얼굴을 감싸 안고 통곡을 했다. 그러자 관우가 '형님의 말은 옳지 않습니다. 옛날에 고조 유방은 항우와 천하를 쟁패했을 때 어려움을 많이 겪었습니다. 항우에게 자주 패했습니다. 그러다 구리산(九里山)에서 일거에 성공을 거둬 400년에 이르는 기업을 일으켰습니다. 전쟁에서 승패는 크게 이상한 것이 아닙니다. 어찌 스스로 낙심을 하십니까?' 라고 말했다."

이처럼 유비는 절묘한 레토릭을 통해 부하들의 마음을 움직였다. 병사들과도 적절하게 소통했다. 자연스럽게 마음까지 얻었다. 큰돈 들이지 않고 가볍게 자신의 진영의 역량을 한곳에 집결시키는 목적을 달성할 수 있었던 것이다.

이 방면에서는 유비의 군사였던 제갈량 역시 만만치 않았다. 사례도 있다. 그가 대군을 거느리고 남만을 정벌하러 갔을 때였다. 당시 그는 유비의 명을 받고 위로 사절로 와 있던 마속을 자신의 군막으로 불렀다.

"그대는 이번 군사 작전과 관련한 좋은 생각이 있는가?"

마속이 뭔가 절묘한 아이디어가 있는 듯 즉각 대답했다.

"승상께서는 남만을 빠르게 평정할 수 있습니다. 그러나 우리가 돌아간 다음에 문제가 생긴다면 곤란합니다. 만약 우리가 조비를 토벌한다고 생각해 보십시오. 이 경우 남만은 우리의 후방이 허술하다는 사실을 간파하고 다시 반란을 일으킬 가능성이 높습니다. 마음을 공격하는 것이 상책이라는 용병의 법칙이 있습니다. 다시 말해 심전(心戰)이 상책, 병전(兵戰)은 하책이라는 말입니다. 승상은 무엇보다 저들의 마음을 정복해야 합니다. 절대로 성을 공격해서는 안 됩니다."

"역시 그대도 그렇게 생각하는군. 좋아, 내 그대의 충언 그대로 전략을 세우지."

제갈량은 자신의 말을 곧 실현에 옮겼다. 이렇게 해서 그는 오늘날 교과서에까지 등장하는 저 유명한 칠종칠금(七縱七擒)이라는 고사성어를 낳는 대 남만 작전을 본격적으로 개시했다. 성을 공격해 물리적으로 굴복시키는 것보다는 마음을 공격하기로 한 것이다. 그의 생각은 틀리지 않았다. 남만의 왕 맹획(孟獲)은 무려 7번이나 제갈량에게 사로잡히는 수모를 당한 끝에 완전히 마음으로부터 우러나는 복종을 하게 되었다. 맹획은 나중 제갈량이 북벌에 나서 중원을 토벌하려고 했을 때 후방을 든든하게 지켜주는 역할을 훌륭하게 수행했다.

말할 것도 없이 이 전략을 운용하는 데 있어서는 제갈량이 유비의 적수가 되지 못했다. 유비의 경우 약한 자본 탓에 거의 본능적으로 동정법을 몸에 익혀야 했으니까 말이다. 실제로 소설이나 정사를 자세히 읽어보면 그는 "문(文)으로는 군사와 비교해 이길 수가 없다. 무(武)로는 두 아우와 상대가 되지 않는다."는 생각을 가졌던 것 같다. 그러나 그의 이 전략은 정말 탁월했다고 단언해도 좋을 듯하다. 조조가 그를 자신과 같은 수준에 있는 영웅으로 봤으니까 말이다. 어디 그뿐인가. 주유, 노숙 역시 일찍이 그를 쉽게 이기기 어려운 '효웅'으로 간주해 손권에게 늘 조심하도록 권하기까지 했다.

유비의 전략은 제갈량과 비견될 만한 인재인 서서를 조조 진영으로 떠나보낼 때도 일정한 영향을 미쳤다. 당시 그는 떠나는 서서를 원망하지 않았다. 대신 떠날 수밖에 없는 환경을 타파하지 못한 자신의 무능을 자책하면서 서서에게 미안한 마음을 간절하게 전했다. 당연히 이에 감동한 서서는 더욱 황송해 하면서 조조에게 가서도 힘을 보태지 않을 것을 맹세하게 되었다. 서서는 진짜 자신의 말을 실행에 옮기기도 했다. 조조 진영으로 가서는 바로 역사의 기록에서 사라져 버렸으니 이렇게 단정해도 크게 틀리지는 않을 듯하다.

마음을 공격하는 전략은 유비 이후 세대에도 적지 않은 영향을 미쳤다. 하기야 그랬으니까 "인심을 얻는 자가 왕이 된다."라는 말이 이후 거의 모든 영웅들이 늘 가슴에 새기는 금과옥조가 되지 않았나 싶다.

현대에도 이렇게 사람을 대할 경우 상대에게 감동을 주게 된다. 이 감동을 후세에 교훈으로 남겨준 인물은 일본에도 있었다. 그가 바로 도시바(東芝)의 창업자인 도고 도시오(土光敏夫)라는 기업인이었다. 그는 기업을 창업한 이후부터 세상을 떠나는 순간까지 "숨어 있는 뛰어난 사람을 등용하고 중요하게 생각하는 것을 기업 최고의 경영 전략으로 삼는다." 는 생각을 버리지 않은 사람이었다. 이런 그가 70세 때였다. 그는 노구에도 불구하고 전국 각지에 있는 지사를 돌아다녔다. 심지어 밤에 기차를 이용해 몸소 현장에 가서 시찰을 한 경우도 있었다. 당연히 직원들과 밀접하게 소통할 수 있었다. 당시 그는 이런 말을 했다.

"나는 우리 직원들과 얘기하는 것을 아주 좋아한다. 어떤 사람이든 상관없다. 그들의 입에서 창조적인 말을 많이 들을 수 있다면 더 이상의 원이 없다."

하루는 그가 지방의 어느 공장으로 향하고 있었다. 마침 소나기가 내렸다. 그는 그럼에도 공장에 도착한 다음 차에서 내리면서 우산 없이 비를 맞았다. 또 직원들과 격의 없이 대화를 나누고 그들을 격려해 줬다. 이어 "세상에서는 사람이 가장 귀하다."는 요지의 말을 했다. 직원들은 모두 감동을 했다. 그를 둘러싸고 그의 말 한마디 한마디를 진지하게 들은 것은 너무나 당연한 일일 수밖에 없었다. 그의 진정성 넘치는 말에 모든 직원들은 장대 같은 소나기를 피할 생각조차 하지 않았다. 그와 직원은 얼마 후 감격에 겨운 눈물을 흘렸다. 정말 감동적인 장면이었다.

그가 몸을 돌려 자동차에 올랐을 때였다. 여직원들이 그의 차에 달려가 유리창을 두드리면서 말했다.

"사장님, 감기 조심하세요! 건강도 잘 챙기세요. 우리는 열심히 일하겠습니다."

도고 도시오는 여직원들의 말에 눈물을 흘렸다. 그와 도시바의 직원들이 이후 더욱 애사심으로 똘똘 뭉쳐 일하게 된 것은 크게 이상한 일이 아니었다. 지금도 이런 장면은 도시바에서는 자주 목격된다고 한다. 사람을 감동시키는 진정성이 주는 힘을 도시바의 경영진들이 분명히 알고 있기 때문이 아닐까 싶다.

생각은 자석과 비슷하다. 자신과 비슷한 성질을 가진 물질을 끌어당길 수 있다. 진정성으로 무장한 채 남의 마음을 공략하는 유비의 도덕적 흡인력은 바로 자석과 같다고 해도 좋았다. 촉나라 그룹이 삼국 중에서 가장 환경이 열악하고 권력 기반이 취약했음에도 위, 오나라와 병존할 수 있었던 힘이 어디에서 나왔는가 하는 물음에 대한 답은 굳이 머리 싸맨 채 고민할 필요가 없다고 해야 하겠다.

담대하게 재능을 발휘할 수 있도록 자율을 강조하라

유비의 사업이 성공할 수 있었던 이유에는 여러 가지가 있다. 하지만 가장 큰 이유는 아마도 인재를 모아 사용하는 능력이 아니었나 싶다. 그는 이 사실을 기본적으로 알고 있었다. 또 이렇게 하는 가장 효과적인 방법이 개방적인 태도를 견지함으로써 인재들이 마음껏 능력을 발휘하는 것이라는 사실 역시 모르지 않았다. 그는 이것들을 실천에도 옮겼다. 자율을 강조하는 스타일을 정치에 접목시킨 것이다. 이렇게 해서 그는 자신의 형제들과 그랬던 것처럼 부하들과도 간담상조할 수 있었다.

• • •

유비가 광도(廣都) 시찰에 나섰을 때였다. 당시 광도를 책임지고 있던 장완(蔣琬)은 아무 일도 하지 않은 채 펑펑 놀고 있었다. 게다가 술에 취해 있었다. 사람 좋고 인재를 아끼는 유비 같은 사람도 격분할 상황이었다. 유비는 진짜 이때 장완에게 따끔한 맛을 보여 줄 생각도 했다. 그러나 이때 장완의 장점을 잘 알고 있던 제갈량이 나서면서 말했다.

"장완은 나라를 이끌어갈 인재입니다. 그의 외면적인 모습만 보면 안 됩니다. 백성을 안정시키는 것이야말로 나라를 잘 다스리는 기본입니다. 주군께서는 이 점을 명심하시기 바랍니다."

유비는 제갈량의 말에 깨닫는 바가 있었다. 당초의 생각을 바꿔 장완의 죄를 묻지 않았다. 그의 스타일을 존중했던 것이다.

휘하의 인재들이 마음껏 능력을 발휘하도록 자율을 강조하는 그의 용인술은 제갈량을 활용하는 데에 이르면 거의 입신의 경지에 이르게 된다. 『삼국연의』에 나오는 전투, 한 장면을 보면 잘 알 수 있다. 다음과 같은 내용이다.

"조조는 유비가 강을 건너 배수진을 치는 것을 보자 의구심이 들었다. 그래서 사신을 보내 유비에게 싸움을 청하는 편지를 전달했다. 제갈량은 편지를 보고 내일 오계산(五界山) 앞에서 결전을 하자는 답을 보냈다. 다음 날 양 대군은 오계산 앞에서 마주 본 채 진을 펼쳤다. …… 제갈량은 깃발을 높이 올리게 했다. 그 깃발을 본 유비는 중군을 휘몰아 조조 쪽으로 달려왔다. 또 왼쪽에서는 황충, 오른쪽에서는 조운이 각각 군사를 이끌고 압박을 가했다. 조조의 대군은 그대로 무너졌다. 달아나기에 바빴다. 제갈량은 바로 추격을 했다. 조조는 남정(南鄭)으로 도주할 생각으로 앞을 봤다. 남정으로 가는 다섯 갈래의 길은 이미 불길이 치솟고 있었다. 조조는 크게 놀라 양평관(陽平關)을 향해 달아났다. 유비는 추격에 나섰다. 전투가 끝난 후 유비가 제갈량에게 '어찌해서 이번 싸움에서 조조는 이토록 쉽게 허물어졌습니까?' 하고 물었다. 제갈량이 '조조는 의심이 많은 사람입니다. 아무리 용병을 잘한다고 하나 의심이 잦으면

패하는 일도 많습니다. 저는 그 의심을 역이용해 쉽게 이길 수 있었습니다.' 라고 대답했다. 다시 유비가 '군사께서는 앞으로 어떤 계책으로 그를 물리치겠습니까?' 라고 물었다. 제갈량이 '저에게 이미 정해 둔 계책이 있습니다.' 라고 대답했다."

위의 내용을 통해 우리는 분명한 사실을 하나 알 수 있다. 유비가 제갈량의 계략을 철저하게 믿고 그 어떤 의심도 하지 않았다는 사실을 말이다. 이런 자세는 어떻게 가능했을까. 역시 유비의 성격상 장점인 믿고 맡기는 자율을 강조하는 스타일이 크게 작용했다고 단언해도 괜찮을 것 같다. 그러나 한때 그보다 훨씬 더 상황이 좋았던 원소는 달랐다. 부하들을 믿지 못하는 스타일이었다. 유비의 장점을 부각시키기 위해서라도 어느 정도였는지 한번 살펴봐야 할 것 같다.

건안 5년 봄, 원소는 10만여 병력을 이끌고 조조 토벌에 나섰다. 그러나 원소의 모신(謀臣)인 전풍(田豊)은 그렇게 하면 안 된다는 생각을 가지고 있었다. 그는 작심하고 원소에게 말했다.

"지금 조조의 병사들은 서주를 취했습니다. 사기가 왕성해져 있습니다. 그를 얕보면 절대로 안 됩니다. 차라리 기다렸다가 나중에 기회가 생기면 토벌해도 늦지 않습니다."

원소는 이때 이미 흥분이 극에 달해 있었다. 전풍의 말을 들을 생각조차 하지 않았다. 그러나 전풍은 물러서지 않았다. 다시 자신의 입장을 분명히 밝혔다. 그러자 원소가 화를 내면서 말했다.

"그대는 나로 하여금 대의명분을 잃게 하려는 것인가?"

전풍은 머리를 숙이면서도 자신의 뜻은 굽히지 않았다.

"제 말을 듣지 않으면 좋지 않은 결과가 나올 수 있습니다."

원소는 더 이상 참지 못하고 전풍을 투옥시킨 다음 조조와의 결전에 나섰다. 그러나 그는 관도(關渡)대전에서 조조에게 대패하는 횡액을 당했다. 이때 옥리가 전풍에게 말했다.

"축하합니다, 선생!"

전풍이 의아스럽다는 어조로 물었다.

"무슨 좋은 일이 있다고 축하를 하는가?"

옥리가 말했다.

"주군께서 대패했습니다. 그러니 이제 풀려나실 것입니다."

옥리의 말에 전풍이 웃으면서 말했다.

"아닐세. 이제 내가 죽을 날이 왔네."

"아니 지금 모두들 선생이 풀려날 것이라고 하는데 어째 선생만 죽는다고 하십니까?"

"주군은 겉으로만 너그럽고 속은 좁네. 부하의 충성을 마음에 두지 않아. 만약 승리했다면 혹시 나를 풀어줄지도 몰라. 그러나 패했으니 부끄러워서라도 반드시 나를 죽일 거야."

그의 말대로 원소는 전풍을 죽이고 말았다. 확실히 유비와는 반대 성향의 기질을 가지고 있었던 인물이 아니었나 싶다.

원소와 다른 유비의 장점을 말해 주는 에피소드를 하나 더 알아볼 필요가 있을 듯하다. 유비가 익주를 공격할 때였다. 유장의 부하인 장임(張任)이 수십 명의 기병을 이끌고 산길을 질주했다. 그러다 장비를 만났다. 그는 황급히 철퇴했으나 장비에게 사로잡히고 말았다. 장비가 장임을 끌고 오자 유비가 그에게 말했다.

"촉의 다른 장군들은 멀리에서라도 달려와 투항하고 있소. 그런데 어찌 그대만 투항하지 않는 것이오?"

유비의 말에 장임이 눈을 크게 뜨고 외쳤다.

"충신이 어떻게 두 주인을 모실 수 있겠소?"

유비는 장임을 살려 휘하에 두고 쓰고자 하는 생각이 강했다. 자연스럽게 입에서 회유하는 어조의 말이 흘러나왔다.

"그대는 천시(天時)를 모르는구려. 투항하면 죽음을 면할 수 있소."

"다 소용없는 일이오. 어서 빨리 나를 죽여 주시오."

유비는 망설였다. 그러자 장임이 계속 큰 소리로 그에게 욕을 퍼부었다. 이에 제갈량이 장임을 참수하라는 명령을 내렸다. 유비는 안타까움을 금할 수 없었다. 급기야 장임의 시신을 거둬 금안교(金雁橋) 옆에 묻었다. 그 모습을 본 휘하의 측근들은 하나같이 감동을 받았다. 더욱 충성을 다짐할 수밖에 없었다. 유비 역시 이런 부하들을 믿음과 자율 중시의 용인술로 적절하게 활용해 패업을 일굴 수 있었다.

인의를 강조하지만 월권에는 단호해야 한다

유비는 주지하다시피 인의를 강조했다. 특별한 상황이 아닐 경우 부하들의 잘못을 용서하는 쪽으로 늘 마음을 썼다. 그러나 그도 월권은 용납하지 않았다. 월권이라는 것이 조직을 망하게 한다는 사실을 아마 잘 알았던 모양이다. 사실 그렇다. 월권이 횡행하는 조직은 외견적으로는 철옹성 같아도 언젠가는 소리 소문 없이 아주 조용히 무너져 내린다. 극단적으로 이런 조직은 사상누각이라고도 할 수 있다. 이런 점에서 보면 유비가 오래 버틸 수 있었던 것은 이 월권을 용납하지 않는 성향이 나름의 큰 역할을 하지 않았나 여겨지기도 한다.

. . .

유비가 제갈량을 모사로 등용했을 때 그의 진영 권력 2인자는 관우였다고 해도 좋았다. 그러나 그렇게 하는 것은 많은 공을 들여 영입한 천하의 제갈량에 대한 예의가 아니었다. 유비 역시 이 점을 고민하다 제갈량에 더 무게를 실어줘야 하겠다는 결정을 내렸다. 당연히 관우는 말할 것도 없고 장비도 반발할 수밖에 없었다. 제갈량이 나이도 훨씬 어릴 뿐 아니라 유비를 따라다닌 기간이 자신들과 비교할 때 한참이나 차이가 났으니 그럴 만도 했다. 실제로 정사인 『삼국지』뿐 아니라 소설인 『삼국연의』에도 이런 양자 간의 갈등에 대한 내용이 조금씩 비치기도 한다. 그러나 유비의 입장에서 2인자인 제갈량에게 관우나 장비가 고개를 숙이지 않는다는 것은 월권에 해당했다. 조직의 장으로서는 용납하기가 어려웠다. 이후의 상황은 역시 그의 의지대로 흘러갔다. 관우와 장비가 제갈량에게 고개를 숙이게 되는 것이다.

유비는 제갈량의 월권에 대해서도 어느 정도는 견제를 했다고 봐야 한다. 진짜 그런지는 『삼국연의』를 들쳐봐야 알 것 같다. 적벽대전이 조조의 무참한 패배로 끝나기 직전 제갈량은 위나라의 패잔병들을 공격하기 위해 휘하의 장군들에게 출정 명령을 내렸다. 그러나 끝까지 관우에게는 명령을 내리지 않았다. 관우는 기가 막힌 나머지 제갈량에게 따지듯 물었다.

"왜 소장은 출정시키지 않으십니까?"

제갈량이 단호하게 대답했다.

"장군의 조조와의 끈끈한 인연 때문에 이번 작전에서 제외시켰습니다. 만약 출정을 하면 장군은 틀림없이 조조를 놓아 보낼 것입니다."

관우는 펄쩍 뛰면서 제갈량을 다그쳤다.

"소장이 그럴 리가 있겠습니까? 공과 정도는 구별할 줄 압니다. 만약 소장이 군사의 말대로 한다면 내 목을 베도 좋습니다."

관우는 목숨을 걸겠다고 약속한 다음 출정에 나서게 되었다. 그러나 역시 제갈량의 예견대로 그는 조조를 화용도(華容道)에서 놓아줬다. 이에 제갈량은 약속대로 그의 목을 베려고 했다. 바로 이때 유비가 제갈량을 말리면서 나섰다. 그러나 제갈량은 계속 완강하게 나왔다. 급기야 유비는 최고 지도자의 입장에서 제갈량에게 동생을 용서해 주라고 명령 비슷한 부탁을 한다. 일부 버전이나 드라마에서는 기분이 다소 나쁘다는 어조로 말하기도 했다. 한때 2인자였던 장군이자 자신의 의형제인 관우의 목을 벨 수 있는 사람은 자신밖에 없지 않느냐는 자세라고 할 수 있다. 달리 말해 "당신 월권을 하고 있지 않느냐?"는 모종의 시그널을 보냈던 것이다. 물론 정사에는 이 얘기가 나오지 않는다. 그러나 소설에 나온다는 얘기는 유비가 한참 나이 차이가 나는 제갈량을 거의 스승처럼 의식하기는 했으나 월권에 대해서만큼은 용서하지 않겠다는 단호한 입장을 가지고 있었다는 사실을 웅변해 준다 해석해도 무방하지 않을까 싶다.

유비와 마찬가지로 제갈량 역시 월권을 용납하지 않았다. 위연을 그토록 못살게 군 것 역시 그의 이런 성향과 무관하지 않았다. 불행히도 그의 이런 스타일은 밤낮을 잊는 일중독 성향으로 이어졌다. 자신이 모든 권력을 쥐어야 하니 그럴 수밖에 없었다. 이 사실은 정사에서 잘 나타난다. 그가 "밤낮으로 일한다."는 말이 자주 등장하는 것이다. 이와 관련해서는 재미있는 일화 역시 있다. 그가 사신을 통해 사마의에게 여자의 옷을 보냈을 때였다. 사마의가 사신에게 물었다.

"귀국의 승상은 식사를 잘하는가? 잠도 잘 자는가?"

사신이 사마의의 질문에 즉각 대답했다.

"우리 승상께서는 밤낮으로 일하시고 모든 일을 직접 처리합니다."

촉나라의 주부(主簿) 양옹(楊顒)도 이에 대한 생각을 개진한 바 있다.

"저는 승상께서 항상 직접 문서를 고치는 것을 봤습니다. …… 승상께서는 매일 땀을 흘리면서 직접 일을 처리하고 과로하십니다."

위의 기록들을 보면 제갈량이 얼마나 직접 정사를 처리했는지를 알 수 있다. 내가 나서야 한다는 책임감도 책임감이지만 월권에 대한 병적인 알레르기 반응이 일중독으로 이어졌다는 얘기가 될 수도 있다. 아이러니하게도 그는 월권에 대해서는 늘 추상 같은 입장이기는 했으나 무의식중에 자신이 월권을 하기도 했다. 유비로부터 아들 유선에 대한 탁고를 부탁받은 이후의 상황을 보면 잘 알 수 있다. 『후출사표』에서 유선에게 거의 아버지처럼 훈계하듯 전략을 올리고 있는 것이다. 물론 유비에게 탁고를 받은 만큼 그가 어느 정도의 권력을 가질 수는 있었다. 하지만 거의 아들을 훈계하듯 하는 것은 아무래도 좀 과했다고 해도 괜찮지 않나 싶다. 아마 유비가 환생을 해서 그 모습을 봤다면 "군사, 내가 그 정도로는 부탁하지 않았습니다. 그것은 월권이 아닙니까?"라고 했을지도 모를 일이다.

사실 월권은 좋지 않다. 긍정적인 결과보다는 부정적인 폐해를 가져올 가능성이 높다. 진나라 말의 상황을 보면 진짜 그렇다고 해야 할 것 같다. 당시 중국을 최초로 통일한 진시황 영정(嬴政)은 이름과는 달리 병으로 정확하게 50세에 유명을 달리했다. 환관인 조고(趙高)는 이 틈을 놓치지 않았다. 음모를 통해 대권을 찬탈하기로 작정한 것이다. 그의 전략은 주효했다. 진시황의 장자인 부소(扶蘇)를 자결하게 한 다음 막내아들인 호해(胡亥)를 태자로 세울 수 있었다. 이어 국상(國喪)을 선포하고 호해를 이세(二世)로 등극하도록 만들었다. 이후 그는 승상이 돼 모든 권력을 독점했다. 그 막강한 파워를 자랑하던 이사(李斯)까지 모함을 해 가볍게 죽일 정도였다. 이로 인해 영원할 것 같던 진나라는 고작 20년 만에 멸망의 길을 걷고 말았다. 진나라의 멸망은 복합적이었다고 해도 좋다. 그러나 가장 결정적이었던 것은 역시 월권을 통해 권력을 독점한 조고의 권력 농단이 가장 큰 원인이었다고 해야 하지 않을까 싶다.

이런 부하의 월권을 미연에 방지하기 위해 지도자가 취해야 할 방법과 수단은 적지 않다. 대략적으로만 들어보면 우선 부하들의 책임 범위를 명확하게 해야 할 필요성이 있다. 그렇지 않으면 부하의 월권은 언제 엄청난 폭발을 몰고 올 뇌관이 될지 모른다. 부하들을 적극적으로 격려하면서 때에 따라서는 어려움도 해결해 줘야 한다. 반면 지도자가 늘 군림하는 자세로 까다롭기만 하면 아랫사람들은 반드시 큰 사고를 치게 돼 있다.

유비가 진나라의 비극에서 교훈을 얻었는지는 알 수 없다. 그러나 아랫사람의 월권을 허용하면 조직이 치명적인 상처를 입고 끝내는 사라지게 된다는 기초적인 상식은 있었지 않았나 싶다. 월권에 대한 본능적인 거부반응도 원천적으로 가지고 있었다고 해야 할 것 같다. 만약 그렇다면 그는 여러모로 운명적으로 복을 받은 지도자였다고 해야 할 것 같다.

제4장
말한 바를 반드시 지키는 충신 지사(志士)

유비의 그룹에서는 도원결의의 주인공들인 관우, 장비 등이 핵심이 되었다. 이 핵심 인물들은 유비 그룹의 영혼이기도 했다. 또 다른 그룹보다 더 단결하고 더 응집하도록 만드는 기초이기도 했다. 유비는 이런 응집력을 강화시키기 위해 계속 제갈량, 조자룡, 황충 등의 외부 인재들을 이 핵심으로 끌어당겼다. 또 이 핵심을 동심원처럼 부단히 확대하도록 했다. 이 노력은 유비의 정치적 실력을 확대시켰을 뿐만 아니라 유비가 제창한 충신 정신도 점점 발양시켰다. 그리고 나중에는 그룹 정신의 상징이 되었다.

천하 통일을 가능케 한 명분에도 한계는 있다

유비와 조조는 같은 또래였다. 그럼에도 한 명은 '영웅', 다른 한 명은 '간웅'으로 불렸다. 그러나 두 사람의 목표는 약속이나 한 듯 같았다. 천하를 통일하고 싶었다. 조조는 황제도 되고 싶었다. 하지만 유비는 조조보다 더 황제가 되고 싶었다. 그 때문에 몇십 년 동안 힘겨루기를 했는지 모를 일이다. 물론 객관적으로 말하면 '영웅'이 '간웅'과의 겨룸에서 열세를 면치 못했다. 그럼에도 유비는 좋은 평가를 받았다. 심지어 라이벌인 조조로부터도 당대의 영웅은 자신과 유비밖에 없다는 칭송을 받기까지 했다. 어디 그뿐인가. 천하가 내린 천재 제갈량은 안 되는 줄 알면서도 유비를 위해서만 자신의 웅대한 재능과 원대한 책략을 사용했다. 두 마음도 가지지 않았다. 왜들 그랬을까? 유비에게는 분명히 어떤 독특한 매력이 있었던 것이다. 그건 다름 아닌 한나라 황실 후예라는 명분이었다. 유비가 사기를 쳤더라도 어쨌든 그 명분은 절묘하게도 먹혔다. 그러나 명분은 한계도 있었다. 마지막까지 성공을 보장하지는 못했다. 유비 역시 이 벽을 넘지 못했다. 명분만큼 다른 분야의 경쟁력이 상대적으로 약했던 탓이었다.

• • •

유비는 삼분천하에 나선 주인공 중에서 가장 약했다고 해도 과언이 아니었다. 그러나 그는 약함으로 강함을 이겼다. 그가 이렇게 할 수 있었던 것은 놀랄 만한 일이기는 했으나 기적은 아니었다. 나름의 이유는 있었다. 무엇보다 휘하에 그럭저럭 뛰어난 인물들이 있었다. 특히 제갈량은 그중의 단연 압권이었다. 맨 파워로 부족한 것들을 보충했다는 얘기가 될 수 있다. 여기에 지리적 이점을 꼽지 않을 수 없다. 그러나 가장 결정적이었던 것은 역시 한실 종친이라는 그의 명분이었다. 솔직히 유방이 창업한 이후 거의 몇백 년이 흐른 상황에서 그 명분은 크게 의미가 없었다. 더구나 그의 신분을 의심하는 사람도 종종 있었다. 그가 황건적을 토벌하기 위한 기치를 내걸었을 때도 주위에서 적지 않은 준걸들이 비웃었던 것은 다 이유가 있었다. 그는 그러나 이 비웃음을 명분으로 우직하고도 꿋꿋하게 극복해 나갔다. 누가 뭐래도 나에게는 명분이 있다는 뚝심을 보여 줬다. 급기야 이 우직한 대처 방법은 상당히 잘 통했다. 나중에는 유황숙이라는 호칭이 웃기게 들리지도 않았다. 그로서는 밑질 것 없는 프로파간다가 통한 것이다. 그는 이를 통해 천하의 난세에서 대중들의 마음도 휘어잡을 수 있었다. 명분의 힘은 이처럼 별것 아닌 것 같으면서도 엄청난 힘이 있었다.

그는 명분을 통해 적들만 부담스럽게 하고 대중의 마음을 휘어잡은 것이 아니었다. 별로 넘어갈 것 같지 않은 천하의 인재들도 낚는 부수적인 효과까지 거뒀다. 이 점에서 보면 명분은 어떤 의미에서는 요술을 부리는 도깨비 방망이와도 비슷했다고 해도 과언이 아니다.

실제로 그는 그 어떤 인재들을 만나더라도 흘러간 레퍼토리일지도 모르는 명분을 자의든 타의든 내세웠다. 한마디로 고도의 테크닉을 보여 줬다는 얘기다. 관우와 장비를 만났을 때는 굳이 따질 필요조차 없다. 손건, 미축에 이어 제갈량, 나중에 방통까지 얻은 것은 다 이 명분이 나름의 힘을 발휘했기 때문이라고 해도 좋다.

그러나 그는 결론적으로 한계를 넘어서지 못했다. 특히 자신의 훌륭한 버팀목이 돼준 인재들을 효과적으로 조직화하지 못했다. 물론 이렇게 될 수밖에 없었던 데에는 나름의 고충이 있었다. 무엇보다 맨 파워의 한계를 들 수 있다. 어느 정도였는지는 그가 믿고 의지한 불세출의 걸출한 인재가 제갈량 외에는 거의 없었다는 사실을 보면 잘 알 수 있다. 제갈량이 오장원에서 사망한 후 정권이 급속도로 몰락한 것은 다 이 때문이었다고 해도 좋았다. 손권이나 조조 진영과 비교해 보면 더욱 확연해진다. 우선 손권의 진영을 보자. 손권은 정권을 잡은 다음 주유에게 많이 의존했다. 하지만 주유가 죽은 다음에도 노숙이라는 인물이 등장했다. 이어 여몽, 육손, 서성(徐盛), 정봉(丁奉) 등이 잇따라 나와 그를 보좌했다. 조조는 더 말할 것도 없다. 원소와 관도대전을 벌일 때 그의 곁에는 순욱이 있었다. 순욱은 당시의 형세를 절묘하게 분석했다. 그의 말을 한 번 인용할 필요가 있을 것 같다.

"원소는 병력은 많으나 제대로 정리가 돼 있지 않습니다. 전풍은 정직하나 원소를 업신여깁니다. 허유는 의욕은 많으나 어리석습니다. 안량과 문추는 모략이 부족하고 그저 용맹하기만 합니다. 단숨에 사로잡을 수 있습니다. 나머지는 아주 평범합니다. 백만 대군이라도 능히 대적할 수 있습니다.”

조조는 순욱의 예리한 정세 판단에 뛸 듯이 기뻐했다. 순욱의 생각이 자신과 비슷했던 것이다. 결과적으로 그는 순욱의 격려에 힘입어 원소를 가볍게 격파하는 성공을 거뒀다. 그가 순욱을 자신의 ‘장자방(張子房)’이라고 한 것은 결코 과장이 아니었던 것이다.

이뿐만이 아니었다. 조조에게는 순욱 말고도 순유라는 걸출한 인물이 있었다. 조조가 치른 대부분의 중요 전투에 군사로 종군한 그는 주군이 고민에 빠져 있을 때마다 적절한 조언을 한 것으로 유명하다. 또 실제 전투에서는 적지 않은 공까지 세웠다. 예컨대 관도대전의 전초전 격인 백마 전투에서는 원소의 선봉장 문추를 죽이는 공적도 세웠다. 그 때문에 조조의 최측근으로서 항상 곁에 있었다. 신임이 두터운 것은 당연할 수밖에 없었다. 적벽대전 때는 유비와 손권이 화공을 쓸 것이라는 사실을 간파하고 조조에게 대비를 해야 한다는 직언을 하기도 했다.

곽가(郭嘉) 역시 들먹이지 않을 수 없다. 조조가 여포를 토벌할 때 적절한 조언으로 공을 세웠다. 사실상 여포를 생포한 것은 그의 공이었다고 해도 좋다. 그는 조조가 원소를 공격할 때에는 “주군에게는 10가지 승리의 요인이 있습니다. 반면 원소에게는 10가지 패배의 요인이 있습니다.”는 말로 조조의 전의를 북돋았다. 조조가 적벽대전에서 비참하게 패배했을 때 “봉효가 살아 있었다면…….”이라고 말하면서 아쉬워한 것은 다 이유가 있었다고 하겠다.

정욱(程昱)은 조조를 가장 오랫동안 보필한 만큼 그 영향도 많이 미쳤다. 유비 휘하의 서서를 꿰어 내는 거짓 편지를 쓰는 전략을 생각해 낸 사람이 다름 아닌 그였다. 그는 또 순욱 등과 함께 조조를 보좌해 원소를 쳐부수는 데 크게 기여했다. 주위의 시기와 질투의 대상이 됐을 정도로 조조에게 신임과 총애를 받았다.

이외에 조조의 휘하에는 싱크탱크라는 말을 해도 무색하지 않게 기라성 같은 인재들이 많았다. 그야말로 물 반, 고기 반이 따로 없었다.

그러나 유비는 그렇지 않았다. 제갈량을 제외하고는 그에게 크게 도움을 주는 걸출한 인재들은 정말이지 드물었다. 한마디로 그는 외로웠다. 아무리 명분이 좋더라도 다른 분야의 경쟁력이 취약하면 끝까지 성공으로 내달린다는 것이 어렵다는 사실은 굳이 더 이상의 설명이 필요하지 않을 듯하다.

기회를 잘 잡는 탁월한 임기응변

사람의 일생에서 기회는 종종 온다. 그러나 이 기회는 너무나도 빨리 사라진다. 아차 하다가는 놓치기 십상이다. 그래서 이 기회를 잘 잡는 사람은 영웅이 된다. 반면 이 기회를 놓치면 빈털터리가 될 수도 있다. 심지어 인생이 파멸을 향해 줄달음치지 말라는 법이 없다. 유비는 이 점에서도 다른 인물들보다 뛰어난 면이 있었다. 영웅이 되는 것은 찾아온 기회를 놓치지 않고 아직 오지 않은 기회를 어떻게 잘 포착하느냐에 달려 있다는 사실을 그는 정말 분명하게 보여 줬다.

　　　　　• • •

　『삼국지』를 보면 원소는 외견적으로는 영웅의 풍모가 있었다. '멋있고 근엄한 얼굴'을 가진 인물로 묘사되었다. 형주 자사 유표 역시 장난이 아니었다. "키가 8척에 위용이 있다."는 식으로 묘사돼 있다. 유비나 제갈량도 풍기는 분위기는 상당히 괜찮았다. 유비는 키가 7척5촌, 제갈량은 8척으로 나와 있다. 오나라의 손책과 손권은 기록만 보면 진짜 언필칭 대단한 영웅이었다. 동생 손권의 경우 "용모와 몸집이 위엄이 있었다."는 기록을 남겼다.

　그러나 이들 중 일부는 영웅의 대열에서 탈락했다. 예컨대 유표와 원소가 그렇다고 할 수 있다. 이유는 간단했다. 기회를 잘 포착하지 못했기 때문이다. 달리 말해 빠른 판단력으로 임기응변에 나서지 못한 것이다. 유표의 초창기 상황은 대단히 좋았다. 그가 차지하고 있던 형주는 전략적으로 중요한 요충지였다. 그 때문에 그는 기본적으로 군웅들과 충분히 경쟁할 수 있는 조건을 가지고 있었다. 하지만 그는 진취적이지 못했다. 주어진 현상에 만족했다. 기회를 만드는 것은 고사하고 주어진 기회를 포착할 생각조차 하지 않았다.

　때는 건안 12년이었다. 조조는 오환(烏桓)을 토벌하기로 마음을 정했다. 그러나 휘하 대다수 사람들은 반대를 했다. 요지는 분명했다. "대군이 국경 밖까지 진출하면 허도가 비어 있을 것입니다. 이때 유표가 기회를 노려 공격해 오면 어떡합니까?" 바로 이런 질문으로 요약된다고 보면 되었다.

　조조도 마음이 찜찜했다. 그는 고민이 되었다. 출정일이 코앞에 다가왔는데도 좌불안석이 될 수밖에 없었다. 바로 그때 모사인 곽가가 말했다.

"유표는 큰 포부가 없습니다. 휘하에 있는 유비가 보통 사람은 아니나 유표는 그의 전략을 적극적으로 쓰지는 않을 것입니다. 게다가 유비도 유표를 위해 목숨을 걸고 충성하지는 않을 것이라고 생각합니다. 그러니 주군께서는 마음을 얼마든지 푹 놓으셔도 됩니다."

조조는 10년 묵은 체증이 쭉 빠지는 느낌이었다. 언제 좌불안석했는지 모를 정도로 걱정이 달아났다. 얼마 후 그가 오환을 정벌하고 있을 때였다. 상황은 과연 곽가가 예측한 방향으로 굴러가고 있었다. 당시 유비는 유표에게 건의를 했다.

"조조는 지금 허도를 비우고 있습니다. 허도는 그의 근거지입니다. 이곳을 잃으면 그도 힘을 쓰지 못합니다. 공격하겠다는 결단을 내리십시오."

유표가 대답했다.

"나는 형주만 차지하는 것으로도 하늘에 감사하네. 어쩌면 이것도 나에게는 과분한지 몰라. 어찌 다른 생각을 품을 수가 있겠나?"

유비는 한숨을 내쉴 수밖에 없었다. 그러나 그는 더 이상 적극적으로 유표에게 조조를 공략하라는 건의를 하지 않았다. 주어진 상황에 만족하는 유표의 그릇을 알고 있었던 것이다.

얼마 후 조조가 오환을 정벌하고 개선했다. 그제야 유표는 걱정이 되었다. 유비의 말을 듣지 않은 것이 후회가 되기도 했다. 이에 유비가 그를 위로하면서 말했다.

"지금 천하는 분열돼 있습니다. 전쟁이 수시로 벌어지게 돼 있습니다. 기회는 많이 있지 않겠습니까? 다음에 기회를 잘 잡으면 됩니다."

말은 이렇게 했으나 유비의 생각은 달랐다. 유표가 영웅답지 못하게 주어진 기회도 찾아먹지 못했다고 생각한 것이다. 실제로 유표는 얼마 안 돼 세상을 등졌다. 그의 땅 형주는 자연스럽게 조조에게 넘어갔다. 그의 방대한 기업은 일거에 와해돼 버렸다. 만약 그가 기회를 잘 살렸다면 이렇게 되지는 않았을 터였다. 나아가 유비가 아닌 그가 삼국정립의 한 자리를 차지하는 영웅이 됐을지도 모를 일이었다. 그러나 역사에 만약은 없는 법이다.

그에 비한다면 유비는 정말 기회를 잡는 데는 탁월한 재능이 있었다. 그는 천하의 인재인 제갈량에 대한 얘기를 듣자 무려 삼고초려에 나서 가면서까지 잡았다. 이어 누가 과연 그렇게 할까 싶을 생각이 들 정도로 잘 활용했다. 물론 이 점에 있어서는 제갈량 역시 마찬가지였다고 하겠다. 유비가 나타날 줄 알고 미리 「융중대」를 써놓고 미래의 주군을 기다렸다.

유비는 전쟁터를 전전할 때도 크게 다르지 않았다. 여남(汝南)에서 조조에게 패배한 다음 유표에게 몸을 의탁하러 갈 때 그의 휘하에는 병력이 채 1,000명도 남지 않은 상태에 있었다. 그러나 그는 기죽지 않고 기회를 잘 포착해 신야에서 세력을 키울 수 있었다. 병력도 무려 3,000명으로 늘일 수 있었다. 서서의 도움을 받아 번성에서는 조인을 대파하기도 했다. 이후 그는 이 병력을 6,000명으로까지 불렸다. 조조의 100만 대군에 비한다면 아무것도 아니겠으나 티끌 모아 태산이라고 그는 그렇게 했다. 실오라기 같은 희망의 끈을 기회로 연결시키는 정말 절묘한 재주가 있었던 것이다.

그는 자본의 취약함을 커버하기 위해 자신에게 있는 무형의 자산을 최대한으로 쥐어짜 기회로 연결할 줄도 알았다. 예컨대 진의가 불분명한 황실 후예라는 명분, 너그러운 마음 등은 당시의 백성들과 인재들에게 일정한 호소력을 가지면서 그에게 어쨌거나 잡을 수 있는 기회의 실마리를 제공했다. 유표를 비롯한 당시의 실패한 영웅들이 가지기 어려운 능력이었다. 그는 이외에 관우, 장비와 맺은 도원결의를 내부 결속을 다지는 지렛대로 사용하는 것도 잊지 않았다.

관우, 장비를 비롯한 오호장군들의 행적을 보면 잘 알 수 있다. 우선 관우는 도원결의 정신을 평생 잊지 않았다. 의형을 위해 온주참화웅(溫酒斬華雄, 술이 식기 전에 화웅의 목을 베다), 참안량주문추(斬顔良誅文醜, 안량을 베고 문추를 죽이다) 등의 숙어를 생산해낼 정도의 충성을 다했다. 조조에게 몸을 의탁하면서도 유비의 소식을 듣자 뒤도 안돌아보고 달려가는 의리 역시 보였다. 도원결의의 효과라고 하지 않을 수 없었다.

조운이나 마초, 황충은 유비와 형제의 결의는 하지 않았다. 그러나 관우와 장비의 행보를 보면서 뒤처지지 않기 위해 노력을 다했다. 유비가 알게 모르게 경쟁을 부추기는 일면 때문이라고 해도 좋았다. 다시 말해 긍정적인 의미에서 장군들의 경쟁심을 유발, 그룹의 발전을 촉발시킨 것이다. 확실히 다른 실패한 영웅들에게서는 보기 어려운 임기응변의 기회 포착 능력이라고 할 수 있을 것 같다. 이처럼 그는 한 번 온 기회는 가능하면 놓치지 않으려고 노력했다. 더불어 오지 않은 기회는 잡기 위해 항상 귀를 열어놓고 제갈량의 전략을 새겨들었다. 성공하지 못했다면 오히려 그게 이상할 일이었다.

천명(天命)을 빌려 백성을 사로잡아라

천명을 빌리는 것은 성공을 위한 지름길이라고 할 수 있다. 절대 패하지 않는 길이기도 하다. 삼국 시대의 사람들은 너 나 할 것 없이 이 방법을 자주 이용했다. 사실 그럴 수밖에 없었다. 이른바 지리(地利, 지리적 이점)에 의지하면 편리할 수 있었다. 그러나 백성의 마음을 사로잡을 수 있다고 하기는 어려웠다. 또 인화(人和, 구성원들의 단결)에 의지하면 마음을 합해 적을 대적하는 것이 가능했으나 성공을 장담하기가 쉽지 않았다. 그러나 천명은 달랐다. 이를 정당한 명분으로 삼으면 제후나 백성들에 대한 컨트롤에 상당한 도움을 받을 수 있었다. 이 전략이 바로 옛사람들이 강조해 마지않았던 이른바 '천전(天戰, 하늘의 때와 뜻을 따라 전쟁을 한다는 의미)'의 묘책이었다.

• • •

조조는 주지하다시피 처음 기병의 기치를 높이 쳐들었을 때 원소보다 한참 실력이 아래에 있었다. 그러나 그에게는 원소보다 나은 결정적인 장점이 있었다. 그것은 바로 천명을 얻어야 현실 세계에서 성공 가능하다는 생각을 가지고 있었다는 점이다. 그 때문에 그는 제후들을 규합해 동탁을 토벌할 때 이른바 교조(矯詔, 황제의 명령이라고 속이는 것)의 전략을 채택했다. 황제의 밀조(密詔)를 받고 의군(義軍)을 모집한다는 선전도 대대적으로 했다. 이 결과 그의 주변에는 천하의 인재들이 구름처럼 쏟아져 들어왔다. 그가 여세를 몰아 원소까지 제압한 것은 이로 보면 전혀 이상한 일이 아니었다. 그는 또 헌제가 장안에서 낙양으로 도피할 때에도 거의 똑같은 행보를 이어갔다. 즉 천자를 끼고 제후를 호령하는 전략을 확실하게 구사했다. 한마디로 그는 이 방면에서는 누구보다도 선수를 쳤다고 할 수 있었다. 솔직하게 말해 이 전략은 제갈량까지 찬탄하게 만들기도 했다. 그가 늘 "조조는 천시를 탔다."며 한탄한 것은 무엇보다 이 사실을 잘 말해 준다.

손권 역시 이 방면에서는 나름의 머리를 썼다. 항상 손견과 손책의 이름을 들먹이면서 휘하의 군신들과 백성들에게 자신의 이미지를 부각시킨 것이다. 강동의 백성들에게는 손견과 손책이 사실상의 황제나 마찬가지였으니까. 그로서는 황제를 옆에 끼고 있는 조조에 대응하기 위해서는 이렇게 하는 것만이 사실 최선의 길이기도 했다. 당연히 효과는 지대했다. 주유의 사거 이후에도 뛰어난 인재들이 그를 보필해 그로 하여금 삼국정립의 한 축을 담당하게 한 것은 다 이유가 있었다고 할 수 있다. 어떤 면에서는 조조를 벤치마킹했다고 봐도 괜찮을 듯하다.

유비는 처음에는 천명을 적극적으로 빌렸다고 해야 한다. 종친이라는 사실을 줄기차게 주장한 사실은 이 점을 잘 말해 준다. 그러나 그에게는 나중에 이것이 큰 족쇄가 되었다. 비록 조조의 옆구리에 끼어 있기는 했어도 멀쩡히 황제 헌제가 살아 있었기 때문에 한나라 황실을 대신해 독립할 수 없었다는 얘기였다. 실제로 그는 이 때문에 주위에서 황제 자리에 등극을 하라고 수차례 고언을 했음에도 모두 고사했다. 그것은 바로 그가 늘 강조한 천명을 어기는 일인 탓이었다. 그러나 이 난제를 제갈량은 단번에 해결했다. 때는 헌제가 조비에 의해 살해를 당했다는 소식이 들려왔을 무렵이었다. 유비는 소식을 듣고 종일 통곡을 했다. 본래 마음이야 어땠을지 몰라도 그렇게 하는 것이 명분 운운한 자신에게는 적합한 행동이었던 것이다. 심지어 그는 이로 인해 병에 걸려 정사를 제대로 처리할 수도 없게 되었다. 제갈량은 이에 분연히 나섰다. 휘하의 관리들을 데리고 가 유비에게 한중왕의 신분으로 제위에 오르라는 상주를 올리게 되는 것이다. 그가 말했다.

"이제 황제 자리에 오르십시오. 그래야 역적 조비를 토벌하는 명분을 내걸 수 있습니다."

유비는 짐짓 말도 안 되는 소리라는 표정으로 대답했다.

"당신들은 나를 불충불의한 사람으로 만들고 싶은 것이오? 천명을 어찌 어긴다는 말이오. 아직 한나라 황실은 완전히 사라지지 않았소."

제갈량은 지지 않고 다시 강권했다.

"지금 천자께서는 살해를 당했습니다. 이는 후사를 이을 수 없다는 사실을 분명하게 말해 줍니다. 천명을 받은 왕께서 천자의 뒤를 이어 황제가 돼야 합니다. 그렇지 않으면 조비를 토벌하지 못합니다. 그것이야말로 불충불의입니다."

"아니오, 내가 지금 그렇게 하면 다른 국적들과 무슨 차이가 있겠소."

제갈량은 유비가 천명을 받았다는 사실을 인지하게 만들기 위해서는 다른 계략을 써야 한다는 사실을 깨달았다. 그는 우선 칭병을 하고 조정에 나가지 않았다. 그러자 유비가 그의 사저로 향했다. 그는 바로 고통스러운 듯 입을 열었다.

"저는 지금 애타게 걱정을 하고 있습니다. 남은 시간이 많지 않습니다. 지금이라도 천명이라고 생각하시고 황제 자리에 오르십시오. 조비는 천명을 거역하고도 천명을 받았다고 하지 않습니까?"

유비가 다급하게 물었다.

"정말 내가 황제 자리에 오르는 것이 천명을 받은 것이라고 생각하시오?"

제갈량이 기다렸다는 듯 다시 입을 열었다.

"저는 초려에서 나와 왕을 위해 일했습니다. 이후 오늘날까지 왕에게 충성을 다했습니다. 왕께서는 지금까지 갖은 고생을 다해 겨우 양천(兩川)의 땅을 소유하시게 됐습니다. 제가 초려에서 나올 때 드린 말씀이 이뤄진 것이죠. 그런데 지금 조비가 찬탈을 했습니다. 한나라를 멸망시켰습니다. 그 때문에 문무 관리들이 모두 대왕을 황제로 삼아 받들려 하고 있습니다. 위를 멸하고 유씨를 다시 일으켜 세우려 하고 있습니다. 그러나 의외로 왕께서는 고집을 부리십니다. 백성들은 이에 하나같이 원망하는 마음을 가지게 됐습니다. 얼마 안 있으면 민심도 흩어질 가능성이 있습니다. 민심이 흩어지면 오, 위나라가 공격할 때 방법이 없습니다. 양천은 위험에 처할 수밖에 없습니다. 제가 어찌 걱정을 하지 않을 수 있겠습니까? 왕께서 황제가 되시는 것은 천명을 어기는 것이 아니라 천명을 받드는 것이라는 사실을 잊지 마십시오."

제갈량의 간곡한 말에 유비가 드디어 못 이기는 척하고 본심을 드러냈다.

"솔직히 나는 황제 자리에 오르는 것을 거부하는 것은 아니오. 백성들이 어떻게 생각할까 그게 두려울 뿐이오. 천명이 그렇다면 나는 거부하지 않을 것이오."

이후 유비는 제갈량과 군신들의 권유에 따라 황제 자리에 올랐다. 여러 정황으로 미뤄볼 때 그가 황제 자리에 오르지 않겠다고 버틴 것은 솔직히 진심이 아닐 가능성이 높았다. 그렇다면 굳이 황숙이라는 명분을 내걸고 기의하지도 말았어야 하는 것이 아니었을까. 한마디로 당시 그로서는 어떻게든 천명을 등에 업고 싶었다고 해야 옳지 않을까 싶다. 또 제갈량이 그 마음을 헤아려 모든 문제를 해결해 줬다고 해야 진실에 더 가깝다고 할 수 있다. 둘이 과연 이 과정에서 물밑 교감을 했는지는 당사자 이외에는 누구도 모르는 일이기는 하겠지만 말이다.

덕에도 원칙과 엄격함이 있다

유비와 조조는 사람이 다른 만큼이나 용인술도 달랐다. 유비는 주로 덕으로 사람을 복종시켰다. 또 덕을 강조하면서도 원칙과 엄격한 자세를 보이는 것도 잊지 않았다. 그러나 조조는 권력으로 사람을 지배했다. 때로는 모략 역시 사용했다. 물론 유비도 모략의 용인술을 전혀 쓰지 않았다고 하기는 어렵다. 하지만 그는 대부분 음모(陰謀)보다 양모(陽謀)를 썼다. 그 점에서 그는 조조와는 확연한 차이가 있다. 조조보다 유능하지는 못했지만, 좋은 평가를 받은 것에는 다 이유가 있었다.

• • •

유비는 부하를 대할 때 원칙이 있었다. 자신과의 관계가 좋은지의 여부나 공로가 많은지의 여부를 따지지 않았다. 또 규율을 엄격히 준수하는 방법을 사용했다. 이를 바탕으로 때로는 심리적으로 이른바 격장법(激將法)을 쓰기도 했다. 엄격함과 부드러움을 함께 사용하면서 용호(龍虎)와 다를 바 없는 자신 휘하의 장군들을 고분고분하게 만들었다.

보다 자세하게 들어가면 정말 그런지 알 수 있다. 유비가 제갈량을 군사로 얻은 다음 관우와 장비는 불만이 많았다. 만약 이때 유비가 특유의 인정만 있었다면 아마도 두 사람을 가만히 놔뒀을 것이다. 하지만 그는 덕 못지않게 원칙과 엄격함을 겸비하고 있었다. 그는 곧 제갈량에게 가질 수 있는 모든 권력을 줬다. 군령으로 관우와 장비 두 장군을 복종하게 하려고 했던 것이다. 유비는 이에 더해 제갈량에게 스승의 예절로도 대해줬다. 관우와 장비는 더욱 기분이 좋지 않았다. 급기야 장비가 불만을 터뜨렸다.

"공명, 그 나이 어린 사람이 무슨 재능이 있겠습니까? 형님이 너무 그를 과대평가하는 것은 아닙니까? 정말 능력이 있다면 우리에게 빨리 보여 줘야 하는 것 아닙니까?"

유비는 단호하게 잘라 말했다.

"나는 공명을 얻은 것이 기쁘기 그지없다. 마치 물고기가 물을 얻은 것과 같다. 이제 그 문제에 대해서는 그만 말하도록 하라."

관우와 장비는 평소와는 다른 유비의 말에 달리 할 말이 없었다. 그저 말없이 물러나야 했다. 해프닝이 있은 지 얼마 되지 않아 척후병이 헐레벌떡 달려와 보고를 했다.

"하후돈이 10만 대군을 인솔하고 신야로 쳐들어왔습니다."

장비가 소식을 듣고서는 관우에게 말했다.

"공명 그 사람을 보내면 되겠네요."

상황을 잘 모르고 있던 유비는 황급히 관우와 장비를 불렀다.

"하후돈이 쳐들어왔다. 어떻게 막아야 하겠는가?"

장비가 기다렸다는 듯 말했다.

"그 천하의 인재더러 막으라고 하시죠."

유비가 굳어진 얼굴로 다그쳤다.

"나는 지혜에 있어서는 공명을 믿고 용맹은 동생들을 믿고 있다. 그런데 어찌해서 모든 일을 공명에게 미루려고 하는가?"

관우와 장비는 유비의 얼굴색이 심상치 않자 바로 자리를 물러났다. 유비는 이어 공명을 불러 대책을 물었다. 공명이 대답했다.

"저는 하후돈보다는 운장과 익덕 두 장군이 제 명령에 복종하지 않을 것을 더 두려워합니다. 주군의 검과 인(印)을 저에게 빌려주십시오."

유비는 제갈량의 의중을 알겠다는 듯 비장한 표정으로 검과 인을 건넸다. 제갈량은 곧 장군들을 소집해 명령을 내렸다. 관우가 물었다.

"우리는 모두 나가서 싸울 것입니다. 그러나 군사께서는 어디에서 싸우실 것입니까?"

제갈량이 성을 지키겠다고 대답했다. 그러자 옆에 있던 장비가 크게 웃으면서 빈정댔다.

"하하하! 우리는 모두 나가 싸우도록 하고 선생은 편안하게 앉아 성을 지키겠다는 것이군요."

제갈량은 즉각 장비를 꾸짖었다.

"주군의 검과 인이 여기에 있습니다. 네 명령을 어기는 자는 목을 벨 것입니다!"

유비 역시 제갈량을 거들었다.

"장막 안에서 계책을 세우고 1,000리 밖의 싸움을 이긴다는 말이 있다. 너희들은 군령을 어기지 않도록 하라. 만약 군령을 어긴다면 내 엄히 벌할 것이다. 그때에는 형제의 의리도 돌아보지 않을 것이다."

유비는 관우, 장비와 형제의 의를 맺었다. 또 평생 사이가 좋았다. 아무리 제갈량이 대단한 인재라고 해도 그에게로 향하는 마음이 흔들릴 가능성이 있었다. 그러나 그는 그렇게 하지 않았다. 군법을 들먹였다. 또 끝내는 두 형제를 굴복시켰다. 이 사실은 유비의 군율이 대단히 엄격하게 실행됐다는 사실을 무엇보다 잘 말해 준다.

유비는 이처럼 법률, 법령에 준수해 사람을 썼다. 또 그래야 확실하게 상대방의 마음을 얻을 수 있다고도 생각했다. 그렇다면 관우와 장비 등은 단순하게 유비가 법률, 법령의 엄격함을 강조했기 때문에 순순히 복종을 한 것일까? 반드시 그렇지만은 않다. 유비에게 또 다른 장점, 즉 덕이 있었기 때문이라고 해야 한다. 이 점은 제갈량, 조운 역시 관우나 장비와 크게 다르지 않았다. 유비에게 덕이 없었다면 아마도 진정으로 복종하지 않았을 것으로 보인다. 원칙과 엄격함을 겸비한 덕, 바로 여기에 유비의 용인술의 경쟁력이 있다는 결론은 따라서 자연스럽게 나올 수밖에 없을 듯하다.

신용은 백만 대군에 맞먹는 엄청난 자산이다

예나 지금이나 사람이 신용이 없으면 안 된다. 자칫하면 죽음이라는 비극에 직면할 수도 있다. 『삼국연의』나 『삼국지』에서는 이 신용이 없어서 비극을 맞이한 대표적인 인물이 나온다. 바로 여포라는 사나이가 아닐까 싶다. 무공에서는 항우에 버금가는 실력을 자랑하면서 세상을 경략할 것처럼 보였으나 간에 붙었다가 쓸개에 붙었다 하는 행동으로 인해 급기야는 비극을 자초했다. 유비는 신용이라는 점에서는 여포와는 완전히 반대되는 자리에 서 있었던 영웅이라고 해야 한다. 그는 손권처럼 문무를 겸비하지도 못했다. 문재(文才)에 있어서는 문학사에까지 이름을 남긴 조조에게 비교할 바가 못 되었다. 그럼에도 그는 두 사람과 어깨를 나란히 할 수 있었다. 이렇게 된 데에는 여러 이유가 있었겠으나 신용이라는 덕목도 빼놓아서는 안 될 것 같다. 솔직히 그는 이 신용으로 인해 이름 없는 파락호에서 황제 자리에까지 올라갔다고 해도 과언이 아니다.

· · ·

그가 신용을 얼마나 강조한 사람이었는지는 도원결의만 봐도 알 수 있다. 당시 유비, 관우, 장비 세 사람은 같은 시간에 태어나지는 않았으나 같은 시간에 죽기를 맹세했다. 일반 사람 같으면 세월이 한참 지났을 경우 그저 그런 맹세를 했나 하고 생각할지도 모른다. 그러나 유비는 진짜 그렇지를 않았다. 우선 장비가 죽었을 때는 비록 목숨을 끊지는 않았으나 신용을 지키기 위해 최선을 다했다. 관우가 형주의 땅을 잃은 다음 손권에게 희생됐을 때는 더했다. 관우와의 맹세를 지켜야 한다는 일념으로 도저히 이기기 어려운, 무모한 이릉대전을 일으켰으니까 말이다. 더구나 그는 이 대전의 패배로 얼마 후 목숨까지 잃었다. 사실상 같은 날 죽기로 한 맹세를 지켰다고 해도 좋았다. 조운이나 황충을 얻을 때도 크게 다르지 않았다. 만약 그가 신용을 중시하는 사람이라는 사실을 어필하지 못했다면 아마 두 사람은 그의 휘하에 들어오지 않았을 것이다. 더불어 그 역시 조조나 손권과 어깨를 나란히 하지 못했을 것으로 보인다.

유비가 여포와는 격이 어느 정도 다른 사람이었는지는 서서를 조조에게 보낼 때도 잘 드러났다고 볼 수 있다. 당시 조조는 서서의 어머니를 인질로 삼아 서서를 위협했다. 앞에서도 일부 언급했듯 이때 손건이 절묘한 계략을 냈다. 그것은 조조로 하여금 서서의 어머니를 죽이게 하자는 것이었다. 그러나 유비는 손건의 계략을 일언지하에 거절했다. 서서에게 보내줄 것이라고 한 약속을 지켜야 했던 것이다. 그는 진짜 자신의 신용을 지켰다. 일반인이 볼 때는 분명 이 결정은 그에게는 엄청난 손해였다. 그러나 서서가 신용을 지키려는 유비의 노력에 감동해 제갈량을 천거한 사실을 감안할 경우 얘기는 달라진다. 만약 그가 신용을 지키지 않았다면『삼국지』의 무대에 유비라는 인물이 아예 등장하지도 못했을 것이라는 가설이 충분히 성립된다.

더구나 그의 이 정신은 제갈량에게 그대로 이어진다. 제갈량이 불가능한 줄 알면서도 북벌을 위해 여섯 차례나 출병한 것은 바로 한실을 부흥시키겠다는 유비와의 약속을 지키기 위한 것이었으니까 말이다.

신용을 지키려는 이 유비의 정신은 훗날 일본 사업가들에게 그대로 전승되었다. 특히 20세기 7, 80년대에 경영의 신으로 불린 일본 마츠시타의 창업자 마츠시타 고노스케(松下幸之助)는 유비를 그대로 벤치마킹한 것으로 유명했다. 정말 그랬는지는 그의 말을 들어보면 잘 알 수 있다.

"제조업자는 고객에 대해 무한 책임을 져야 한다. 고객이 필요로 하는 것은 언제든지 해결하려는 자세를 가져야 한다. 한마디로 고객을 하늘처럼 섬겨야 한다. 그게 바로 신용 경영이다."

실제로 마츠시타 고노스케는 늘 주변 사람들에게도 "상품을 파는 것은 딸을 시집보내는 것과 같다. 사돈댁에 신용을 지켜야 한다."면서 자신이 대외적으로 하고 다닌 말들이 공언이 아니라는 사실을 확실하게 입증했다. 그의 이런 자세는 철저한 애프터서비스로 연결되었다. 1930년대 일어난 사례를 들면 아마 고개가 끄덕여지지 않을까 싶다. 당시 일본 국민은 고품질의 라디오를 보유하는 것을 요즘의 자가용 굴리는 것처럼 생각했다. 당연히 수요가 폭발했다. 마츠시타 역시 이 기회를 놓치지 않았다. 그러나 당시에는 회사가 작았던 탓에 수요를 감당하지 못했다. 그 때문에 하청을 줄 수밖에 없었다. 문제는 한 하청 공장의 제품에 하자가 생겼다는 사실이었다. 결국 고장이 속출하고 반품된 제품은 산더미처럼 쌓였다. 이 정도 되면 마츠시타로서는 해당 하청 공장과의 인연을 끊어도 괜찮았다. 하지만 마츠시타 고노스케는 일반적으로 생각함직한 극단적 방법을 선택하지 않았다. 대신 해당 공장의 직원들과 함께 3개월 동안 밤낮으로 연구를 거듭했다. 그의 선택은 옳았다. 불량품을 공급한 공장을 가장 뛰어난 제품을 공급하는 공장으로 변모시킨 것이다. 그가 신용을 중시하지 않았다면 일어나지 않았을 일이었다고 해도 좋을 것 같다.

『삼국연의』를 보면 유비는 조조 등과는 달리 거의 모략을 쓰지 않았다. 수없이 치른 전투에서도 특별한 상황이 아니면 정공법을 썼다. 또 부득이한 경우 쓰더라도 치사하게는 하지 않았다. 음모가 아닌 양모를 썼다는 얘기가 될 수 있다. 물론 그도 그렇게 하면 손해를 본다는 사실을 모르지 않았다. 그러나 그는 그것이 나중에 재산이 된다는 사실도 너무나 잘 알았다. 신용을 지킴으로써 얻는 더 큰 힘을 일찌감치 본능적으로 깨달은 것이다.

인재를 알아보는 예리한 안목으로
올드 보이 황충을 얻다

유비의 그룹에서 군사적으로 가장 뛰어난 인물은 누가 뭐래도 오호장군이었다. 이 중 황충은 처음부터 유비의 그룹에 속해 있지 않았다. 또 나이도 가장 많았다. 어떻게 보면 별 볼 일 없이 사라져갈 수도 있는 인물이었다. 그러나 유비는 그를 알아보고 적극적으로 나서서 얻었다. 나중에는 촉을 위해 큰 공로를 세우게 만들었다. 유비의 인재를 알아보는 눈이 뛰어났다는 얘기가 될 수 있다.

• • •

관우가 대군을 이끌고 장사(長沙)를 공격할 무렵이었다. 당시 장사 태수인 한현(韓玄)은 대단히 무능력한 사람이었다. 그러나 그에게는 그때까지 숨어 있던 보석인 황충이라는 장군이 있었다.

황충은 남양(南陽) 사람으로 무예가 빼어났다. 또 마술(馬術)과 활쏘기에도 일가견이 있었다. 이 때문에 유표가 형주 자사로 재임하고 있을 때 중랑장으로 임명될 수 있었다. 중랑장으로 임명된 지 얼마 지나지 않아 유표의 조카 유반(劉磐)이 장사의 유현(牧縣)을 공격하게 되었다. 이때 유표는 황충을 파견해 유반을 도와주도록 했다. 또 얼마 후 조조가 유종의 항복을 받았다. 그는 그러나 황충을 그대로 비장군(裨將軍)으로 임명했다. 이렇게 해서 황충은 한현을 도와 장사군에 계속 머무르게 되었다.

관우는 황충을 우습게 생각했다. 그러나 그가 직접 맞붙어본 황충은 보통 장군이 아니었다. 천하의 그도 함부로 이기기 어려운 실력을 가진,

그야말로 대단한 올드 보이였다. 실제로 두 장군은 수차례에 걸쳐 수백 합을 겨뤘으나 승부를 내지는 못했다. 관우는 감탄을 금치 못했다.

"저 나이에 저런 뛰어난 실력을 갖추고 있는 사람이 있다니, 정말 대단한 장군이야."

그러나 한현은 관우와는 생각이 달랐다. 관우와 오랫동안 싸워도 승부를 내지 못하자 황충이 딴생각을 한다는 판단을 한 것이다. 황충 역시 한현의 생각을 모르지 않았다. 마음이 초조해질 수밖에 없었다. 바로 이때 형주의 맹장인 위연이 유비에게 몸을 의탁하기 위해 장사로 찾아왔다. 그는 즉각 황충에게 함께 행동할 것을 권유했다.

"장군, 우리는 중용을 받지 못하고 있습니다. 살길을 모색해야 합니다. 그렇다고 조조에게 가는 것도 그러니 같이 유비 진영으로 갑시다."

황충이 위연의 말에 대답했다.

"사실 나도 유종이 조조에게 항복한 것이 불만이었습니다. 또 태수 한현이 나를 의심하는 것도 기분이 나쁩니다. 솔직히 떠날 생각도 있습니다. 그러나 나는 주군을 배신했다는 오명을 쓰고 싶지는 않습니다. 혼자 가십시오."

위연은 할 수 없이 혼자 유비 진영으로 향했다. 이후 한현은 유비 군의 공격으로 목숨을 잃었다. 황충은 그러나 이때에도 항복을 하지 않고 버텼다. 유비는 황충의 충직한 태도에 감동하지 않을 수 없었다. 직접 성에 들어가 그에게 자신의 휘하로 들어오도록 권한 것도 그래서였다. 황충은 유비의 진정성에 감동했다. 즉각 투항한 것에서 더 나아가 유반까지 유비에게 추천하는 적극성을 보였다.

유비는 황충이 옛 주인에게 충성하는 모습에 다시 감동을 받았다. 이후 더욱더 황충을 아꼈다. 황충은 노장이었음에도 유비 진영에 합류한 다음 대단한 활약을 하게 된다. 우선 관우가 장사를 공략한 다음 무릉군을 공격할 때 적을 설득해 투항을 이끌어 냈다. 또 건안 24년(219년)에는 정군산(定軍山)에서 나이 70세를 훌쩍 넘긴 장군답지 않은 전과를 올렸다. 당시 그와 상대했던 조조 진영의 장군은 하후연이었다. 황충을 우습게 볼 수밖에 없었다. 그의 입에서 자연스럽게 비웃음의 말이 흘러나온 것 역시 당연했다.

"저런 늙은 장군이 감히 정군산을 탈취하겠다고? 지나가는 소가 웃을 일이구먼."

그러나 하후연은 황충을 우습게 본 대가를 혹독하게 치러야 했다. 황충의 칼에 목숨을 잃은 것이다.

이때 유비는 한중왕으로 자립해 있었다. 마침 인사를 해야 할 시기였다. 유비는 우선 제갈량을 군사, 법정을 상서령으로 봉했다. 이어 관우, 장비, 마초, 황충을 각각 전우좌후(前右左後) 장군으로 봉하려고 했다. 그러나 제갈량이 이견을 보였다. 그는 자신의 생각을 유비에게 솔직하게 밝혔다.

"황충의 명망은 관우나 마초에 비교하기가 어렵습니다. 지금처럼 하면 황충의 전공을 직접 본 마초나 장비는 찬성할 것입니다. 그러나 저 멀리 형주에 있는 관우가 들으면 아마 기분이 나쁠 수도 있습니다. 신중히 더 생각해 보시는 것이 어떻겠습니까?"

유비는 자신의 생각을 꺾지 않았다.

"운장이 화를 내면 내가 풀어줄 것입니다. 내 생각대로 합시다."

유비는 이 정도에서 그치지 않았다. 내친김에 황충에게 관내후(關內侯)

의 작위까지 하사하는 파격을 베풀었다. 유비가 황충을 얼마나 총애하고 인정했는지를 잘 보여 준 경우가 아닌가 싶다.

황충은 자신을 인정한 유비의 총애에 헌신적으로 보답했다. 222년에 무려 75세의 나이에도 불구하고 유비를 따라 동오 정벌에 나선 것이다. 이때 그는 동오의 장군 사적(史迹)의 목을 베고 연장(淵璋)을 대패시키기도 했다. 그러나 이 전투에서 적군 진영에 너무 깊숙이 들어갔다가 매복에 걸리는 실수를 했다. 그럼에도 그는 고군분투했다. 결국 화살에 맞아 전사했다.

황충의 젊은 시절 기록은 『삼국지』나 『삼국연의』 그 어느 곳에도 없다. 그가 뛰어난 능력을 가지고 있었음에도 불구하고 이른바 출세를 하지 못했다는 얘기가 될 수 있다. 만약 이런 그가 인재를 알아보는 유비의 예리한 안목에 걸려들지 않았다면 어떻게 됐을까? 아마 이름도 없이 사라졌을 가능성이 가장 높았다고 해야 할 듯하다. 그러나 유비는 그의 능력과 충정을 분명히 간파했다. 또 정성을 기울여 그를 얻었다. 그리고 그의 이름을 역사에 남기게 만들었다. 유비의 인재를 알아보는 안목이 빛나는 이유는 이처럼 분명하다.

제5장
재능을 숨겨 치욕을 참는 지사

'빌리다'라는 단어는 몸을 숨기는 유비의 전략을 보여 주는 단어라고 할 수 있다. 그는 우선 조상들에게 '신분'을 빌려 왔다. 이어 백성에게는 '명성'을 빌려 왔다. 또 제갈량에게는 '전략'을 빌려 왔다. 그는 여기에서 그치지 않았다. 조조에게는 병력을 빌려 왔고 유표, 유장에게는 기반도 빌렸다. 그뿐만 아니었다. 그는 의형제인 관우, 장비한테는 정의를 빌려 왔고 손권에게는 '동맹 계약'도 빌려 왔다. 아무튼 유비는 모든 것을 빌릴 수 있었다. 또 아주 교묘하고 수단 높게 빌릴 수 있었다. 이렇게 보면 닭을 빌려 와 달걀을 낳고 직의 칼을 빌려 직을 베었다고 할 수 있다.

재능을 숨겨 철저하게 몸을 보호하다

"영웅은 영웅을 미워한다. 영웅을 죽이는 것은 바로 영웅이다."라는 말이 있다.
이 말처럼 온 천하에 영웅들이 속출할 때는 위험한 때다. 자신을 감춰야 한다. 몸
을 숨겨야 하는 것이다. 유비는 수많은 풍상을 겪은 다음 자신이 정치적으로 두각
을 나타내면 목숨을 잃을 재앙에 직면할 것이라는 사실을 깨달았다. 이 때문에 유
비는 시기를 잘 파악했다. 또 위급한 상황에서도 잘 탈출했다. 새로운 출발점에서
기회를 엿보는 경험 역시 많이 쌓게 되었다.

• • •

유비는 여포에게 대패한 다음 할 수 없이 조조에게 몸을 의탁했다. 조

조는 이런 유비를 정말 잘 대접했다. 예주목에 임명하기까지 했다. 또 유비가 소패에서 병사들을 모집할 때는 군량미와 병력도 넉넉하게 보급해 줬다. 나중에는 조정에 상주해 좌장군으로 천거하기도 했다. 그야말로 특별대우가 따로 없었다. 심지어 외출할 때는 같은 마차를 탔다. 하지만 그래도 유비는 불안했다. 조조가 자신을 경계하고 있다는 사실을 알고 있었던 것이다. 더구나 동승(董承)과는 조조를 제거하기로 몰래 비밀 약속을 한 바도 있었다. 그로서는 어떡하든 자세를 최대한 낮춰야 했다.

유비는 채소밭에 물을 주는 것을 취미로 삼기로 했다. 자신이 야심이 없다는 사실을 보이는 방법으로는 그것처럼 좋은 게 없다고 생각한 것이다. 그러나 조조는 유비가 농사일만 즐기는 농부로 만족할 것이라 생각하지 않았다. 하루는 조조가 유비를 찾아왔다. 둘은 자연스럽게 술을 마시면서 당대의 영웅들에 대해 논하게 되었다. 조조가 유비에게 물었다.

"지금 천하의 영웅으로는 누구를 꼽을 수 있겠습니까?"

유비가 즉각 대답했다.

"원술, 원소, 유표, 유장 등을 들 수 있겠네요."

조조는 말도 안 되는 소리라는 듯 반박했다.

"그렇지 않습니다. 지금 천하의 영웅은 오직 그대와 나 조조뿐입니다. 나머지는 별로 보잘것없는 인물들입니다."

유비는 긴장했다. 자칫 잘못하다가는 조조의 수에 넘어간다는 생각이 빠르게 들고 있었다. 그때 마침 하늘에서 번개가 쳤다. 그는 때를 놓치지 않았다. 자신의 손에 쥐어져 있던 수저를 떨어뜨린 것이다. 조조는 유비의 모습에 긴장이 풀어졌는지 '껄껄' 하고 웃으면서 말했다.

"옛 성인들도 사나운 우레와 모진 바람에는 으레 낯빛이 달라졌습니다. 그대가 그러는 것은 충분히 있을 수 있는 일입니다."

유비가 더욱 비굴한 어조로 말했다.

"제가 어린 시절부터 천둥, 번개를 무서워했습니다."

조조는 속으로 쾌재를 불렀다. 자신이 영웅이라고 판단한 유비가 졸장부처럼 행동하는 것을 봤으니 그럴 만도 했다. 이후 그는 유비에 대한 의심을 서서히 버렸다. 유비 역시 더욱더 납작 엎드렸다. 이어 공손찬의 패배 소식을 듣고 원술을 치겠다면서 조조의 그늘에서 빠져나오게 된다.

조조는 『삼국연의』에서 대단한 간웅으로 그려지고 있다. 그 때문에 유비가 쇼를 한다는 사실을 눈치챘을 가능성이 있다. 그러나 그러지 못했다. 그랬다면 이유는 한 가지밖에는 없다. 몸을 감추는 유비의 전략과 쇼가 단연 탁월했다는 얘기가 되는 것이다. 사실 당시 유비의 상황은 급박했다. 쇼를 절묘하게 하지 않으면 안 되었다. 결과적으로 조조는 유비에게 철저하게 사기를 당했다.

『채근담(菜根譚)』에는 "군자의 재능은 옥이나 진주 같다. 쉽게 남에게 보여 주면 안 된다."라는 구절이 있다. 당연히 이 말은 자신의 큰 야심이나 능력을 포기하라는 뜻이 아니다. 자신의 재주나 권력, 재물을 통해 남을 주눅이 들게 하지 말라는 뜻이 더 강하다. 만약 그렇게 할 경우 사회나 주위 사람들이 자신을 더 쉽게 받아들일 가능성이 크다. 인간관계에서 상처를 받지도 않는다. 하지만 이렇게 하지 않는 사람은 언젠가는 큰 봉변을 치를 수도 있다. 정치에 몸담고 있는 사람들은 더욱 그렇다고 해야 한다. 보통 사방이 적인 경우가 많으니까 말이다.

유비는 분명 영웅호걸이었다. 그러나 당시에 그 말고도 인물은 많았다. 또 그는 삼국정립에 본격적으로 나서기 전까지는 자신을 보호할 정치적 기반이 미약했다. 언제라도 뛰어난 인물이라는 사실이 주변에 알려지면 칼을 맞을 수 있었다. 그는 하지만 본능적으로 몸을 숨기는 방법을 알았다. 그 때문에 자신을 철저하게 보호할 수 있었다. 나중에는 조조, 손권과 함께 삼국정립의 드라마를 연출할 수 있게 되었다.

남에게 의지해 기업을 일구다

원대한 포부를 품은 채 천하의 으뜸이 되고자 한 사람은 대체로 많은 고초를 겪었다. 순조롭고 안전하게 황제의 보위에 오를 수 있었던 사람은 사실 거의 없었다. 더구나 삼국은 난세였다. 제후들이 쟁패하는 시기였다. 나 아니면 모두가 적이 되는 것이 현실이었다. 그럼에도 유비는 남에게 의지할 수 있었다. 이 점에서 그는 조조와 손권과는 많이 달랐다. 지독하게 말하면 남의 뒤를 졸졸 쫓아다니면서 과실을 따 먹었다고 해도 좋았다. 그러나 그것도 능력이라면 무시할 수 없는 능력이었다.

• • •

유비는 큰일을 이룬 대부분의 사람들처럼 자신의 힘으로 독립적인 발전을 도모하지 않았다. 남에게 의지해 실력을 조금씩 키우는 전략으로 창업의 기틀을 쌓았다. 그가 가장 먼저 의지한 사람은 어린 시절의 친구이자 선배 격인 공손찬이었다. 공손찬은 요서(遼西) 영지(令支) 사람으로 노식의 문하에서 함께 공부했다. 공손찬은 황건적의 농민 봉기를 평정할 때 일찌감치 공을 세운 덕에 분무(奮武)장군, 전(前)장군의 직위를 제수받았다. 또 그는 원소와 한복(韓馥)이 싸움할 때에는 어부지리의 기회까지 얻기도 했다. 유주(幽州) 자사인 유우(劉虞)를 베고 유주 지방을 점령하게 된 것이다. 이후 그는 북쪽 최대의 할거 세력 중의 하나가 될 수 있었다. 이에 반해 유비의 꼴은 영 말이 아니었다. 결국 황건적의 공격을 막을 수가 없어 궁지에 빠지는 신세가 되고 말았다. 그는 마지못해 공손찬에게 의탁을 하러 갔다. 공손찬은 옛 친구를 잊지 않았다. 그를 조정에 별부사마로 천거했다. 나중에는 평원상으로 임명하기도 했다. 유비는 이후 원소의 아들인 청주 자사인 원담(袁譚)과의 전투에 참여하게 되었다. 이때 그는 전해(田楷)의 휘하에 들어갔다. 사실상 전해의 부하가 돼버렸다.

유비는 그러나 평원상의 자리에 있는 동안 신망을 많이 얻었다. 백성들의 우러름도 받았다. 194년에 조조가 서주목 도겸을 공격할 때였다. 도겸은 유비와 전해에게 구원을 간청했다. 유비는 도겸의 간청을 모르는 체하지 않았다. 수천 명의 병력을 이끌고 구원에 나섰다. 도겸은 감격했다. 즉시 4,000여 명의 병사를 유비에게 내준 것이다. 이렇게 해서 유비의 인마는 1만 명이 넘었다. 유비는 이 시기도 놓치지 않았다. 전해에게서 벗어나 도겸에게 의지하게 된 것이다. 이후 담성(郯城)에 군대를 주둔시켜 놓고 조조와 대치했다. 유비가 조조와 정식으로 각을 세우게 된 것이다.

도겸은 유비를 한층 더 중요하게 쓰기 위해 그를 예주 자사로 천거했다. 유비로 하여금 제후의 반열에 들어서게 만들었다. 심지어 그는 세상을 떠난 다음에는 서주를 완전히 유비에게 줬다. 유비는 이에 독립적으로 발전할 기지를 얻었다고 생각했다. 하지만 서주는 고대로부터 전쟁이 자주 일어난 곳이었다. 무엇보다도 수비하기 어려웠다. 제왕 기업의 기지로 삼기가 어려웠다. 실제로 조조는 강력한 기세로 손쉽게 서주를 탈취할 수 있었다. 나중에는 원술, 여포마저 끼어들었다. 급기야 195년 여포가 조조에게 대패해 유비에게 의지하게 되었다. 그러나 196년에 여포가 배은망덕하게도 유비를 공격했다. 그는 곧 유비 대신 서주를 강점하게 되었다. 유비는 마지못해 여포에게 투항하는 결단을 내렸다. 얼마 후 여포가 다시 유비를 대파했다. 유비는 이에 조조에게로 향했다. 그의 유랑이나 남에게 의지하는 생활은 이게 끝이 아니었다. 그는 겨우 조조 진영에서 풀려난 다음에도 재차 대패한 다음 원소에게 의지하게 되었다. 또 원소가 무너진 다음에는 유표에게 달려가 몸을 의지했다. 관우가 지키고 있던 형주 땅도 마찬가지였다고 해도 좋았다. 원래 그의 땅이 아니었다. 나중에 두고두고 동오와 다퉜던 것은 다 이 때문이었다.

유비의 인생 전반기는 솔직히 일반인에 대비해 말하면 비참했다. 오늘날로 말하면 노숙자가 따로 없었다. 재능이나 실력을 발휘할 기회가 별로 없다고 해도 과언이 아니었다. 물론 이는 모두 그의 탓이었다. 독립적으로 발전할 실력이 부족했으니까. 그러나 그는 남에게 잘 의지했다. 게다가 의지하는 곳마다 시비가 생기게 만드는 절묘한 능력을 발휘했다. 그는 우선 여포의 힘을 빌려 조조에게 대항했다. 또 조조의 힘을 빌려 여포를 소멸시켰다. 그다음에는 원소에 의지해서 조조에게 대적했다. 한마디로 유비는 '빌리는' 수단을 취한 것이었다. 하지만 자신의 안

정된 군사적 전략이 없고 근거지도 없다는 사실은 치명적이었다. 이 때문에 그는 남의 힘을 빌릴 때 늘 자신의 주도권을 상실할 수밖에 없었다. 이런 상황에서는 성공할 수는 있다. 하지만 자신의 실력을 지속적으로 키울 수 없는 폐단이 있다. 그가 두 번이나 서주를 차지했으면서도 두 번이나 지키지 못했던 것은 바로 이 때문이라고 해야 한다.

그러나 당시 빌리는 전략은 그가 할 수 있던 최선의 방법이었다. 『주역』, 「계사하(系辭下)」에는 "자벌레는 굽어야 펼칠 수 있고 용과 뱀은 숨어야 몸을 보존한다."는 말이 있다. 유비는 바로 이 진리에 충실했다. 열세에 빠지면 그는 늘 우선 생명을 유지했다. 이어 재기를 모색했다. 심모원료의 전략이라고 하지 않을 수 없다.

참기 어려운 것을 참는 도량과 철면피 정신

성격이 활달하고 참기 어려운 것을 참는 도량이 넓다는 것은 사람의 수양이 높다는 사실을 말해 준다. 중국 속담에 "재상(宰相)의 배속에 배가 다닐 수 있다."라는 말이 있다. 앞의 단정을 감안하면 이런 속담은 충분히 있을 수 있는 것이라고 하겠다. 물론 모든 재상이 다 그런 엄청난 도량이 있는지는 알 수 없다. 그러나 사람들은 모두 바다처럼 넓은 흉금을 가진 사람을 존경하는 경향이 있다. 고금을 통틀어 공을 세우고 큰 업적을 이룬 사람은 결코 도량이 좁거나 조그마한 일에 얽매여 세세하게 따지는 사람이 아니었다. 흉금이 넓고 도량이 활달한 사람들이었다. 유비가 그랬다. 그는 이외에 철면피 같은 성격도 지니고 있었다. 그 때문에 그는 여러 사람 밑에서 의탁하는 생활을 견뎌냈는지도 모를 일이다.

• • •

유비가 공손찬의 도움으로 평원상이 됐을 때였다. 당시 군의 한 백성 중에 유평(劉平)이라는 사람이 있었다. 그는 웬일인지 유비를 무지하게 싫어했다. 심지어 유비의 아래에서 백성 노릇을 하는 것을 수치로 생각했다. 급기야 그는 자객을 보내 유비를 살해하려고 했다. 하지만 이 자객은 차마 유비에게 칼을 들이대지 못했다. 더 나아가 유비에게 사실대로 모든 것을 말해 버렸다. 유비로서는 이 일을 걸고 넘어가야 했다. 강하게 응징도 해야 했다. 아무리 난세이지만 하극상도 그런 하극상이 없지 않은가. 그러나 그는 전혀 그러지 않았다. 모른 척했다. 그가 나름 상당히 통이 컸다는 사실을 보여 주는 대목이 아닌가 싶다.

유비는 이 밖에 낯가림이 심하지 않았다. 다른 사람과 접촉하는 동안에도 조그마한 치욕 정도를 감수하지 못하는 사람이 아니었다. 어떻게 보면 좋은 의미의 철면피라고 해도 과언이 아니었다. 이는 그가 이곳저곳을 유랑하면서 남에게 몸을 의탁한 사실에서도 잘 알 수 있다. 또 그는 정치적 목표를 이루고 민심을 얻기 위해 정치가로서의 신분에 전혀 어울리지 않게 잘 울기도 했다. 천하의 울보라고 해도 괜찮았다. 어느 정도였는지는 그가 운 케이스를 보면 잘 알 수 있다. 지지를 얻느라고 울고 동정을 얻느라고 울었다. 또 재난을 피하기 위해 울었다. 이 얘기들은 『삼국연의』에 아주 생동감 있게 잘 묘사돼 있기도 하다. 하기야 오죽했으면 "유비의 업적은 울음에서 나온 것이다."라는 말까지 생겼을까. 하지만 울 줄을 알고 울음에 능숙한 것은 보통 사람에게는 결코 쉬운 일이 아니다. 그만큼 유비가 쇼에 유능한 인물이었다는 얘기가 된다.

이에 대해서는 뒤에 자세하게 다룰 예정이므로 이 정도에서 그쳐야 하겠다.

역사적으로 볼 때 유비와 정반대되는 사람은 두 사람이 있었다. 한사람은 바로 그의 조상일지도 모르는 유방과 쟁패한 항우(項羽)였다. 항우는 '역발산 기개세'라는 말에서 보듯 온 천하에 용맹을 떨친 영웅으로 잘 알려져 있다. 그러나 그는 유방에게 참패했다. 그의 실패의 원인을 아는 것은 크게 어렵지 않다. 한신이 말했던 것처럼 '부인(婦人)의 하찮은 인자함, 필부(匹夫)의 용맹함' 때문이라고 할 수 있었다. 부인의 인자함은 차마 다른 사람을 해칠 수 없다는 얘기와도 통했다. 다시 말해 낯가죽이 얇다는 뜻이었다. 또 필부의 용맹은 조그마한 불편한 대우도 참지 못한다는 사실을 뜻했다. 낯가죽의 두께가 두껍지 못했다는 얘기도 된다. 바로 그랬기 그 때문에 범증(范增)이 홍문연(鴻門宴)을 열어 유방을 죽이려 할 때 결단을 내리지 못했다. 함께 활동하던 옛정을 잊지 못했을 뿐 아니라 그런 치사한 행위를 부끄러워했던 것이다. 그러나 그것은 그의 최대 패착이었다. 유방은 그 위기를 잘 넘겨 권토중래한 다음 항우를 해하(垓下)에서 참패시킬 수 있었다. 그 때문에 당시 항우는 몇십 명의 휘하 병력만 거느릴 수밖에 없었다. 하지만 강을 건너기만 하면 재기할 수 있었다. 유방이 그랬듯 권토중래한 후 그와 다시 한 판의 승부를 가릴 가능성이 전혀 없는 것은 아니었다. 하지만 항우는 유방처럼 낯이 두껍지 못했다. 고향인 강동 사람들을 볼 염치가 없다고 말하면서 자결해 버렸다. 천하를 너무나도 쉽게 유방에게 양보했다. 역사에는 만약이라는 것은 없지만 만약을 생각하게 하는 행동이 아니었나 생각된다.

주유 역시 항우와 비슷한 일면이 있었다. 그는 주지하다시피 능력 면

에서는 걸출한 인물이었다. 그의 뛰어남은 경극인 『원문참자(轅門斬子)』에
도 잘 나타난다. 작품에서 양연소(楊延昭)는 다음과 같이 창을 읊고 있다.

"삼국의 소주랑(小周郞, 주유를 가리킴)이 사해에 이름을 떨치는구나. 일곱 살
에 병법을 배워 장군이 됐네. 적벽에서 불을 질렀으니 귀신도 막을 수
없었구나. 조조의 대군 80만 명이 매장될 곳도 없었구나."

그러나 주유는 뛰어난 능력에도 불구하고 도량이 별로 없었다. 철면
피처럼 낯을 바꾸지 못했으면서도 질투심은 또 너무나 강했다. 자신보
다 뛰어난 사람을 용납하지 못했다. 그는 유비의 연합군과 같이 작전을
펼칠 때 제갈량이 자신보다 뛰어난 활약을 펼치는 모습을 번번이 목격
했다. 그래서 늘 마음에 두면서 몇 번이나 살해하려고 했다. 하지만 모
두 다 실패하고 말았다. 적벽대전 후에는 병마와 군량미를 수없이 소모
했다. 그러나 제갈량은 남이 이뤄 놓은 승리를 줍는 것처럼 남군을 탈취
한 다음 형주까지 빼앗아 버렸다.

주유는 이때 마지막 카드로 미인계를 꾸몄다. 유비를 손권의 매제로
받아들이기 위해 그를 부른 것이다. 이때에도 그는 제갈량의 전략에 넘
어갔다. 급기야는 "하늘은 왜 나를 태어나게 하고 제갈량을 또 낳았는
가?"라고 한탄하면서 피를 쏟고 죽었다.

넓은 도량과 반대되는 질투심은 일종의 저급한 성질이다. 조금 심하
게 말하면 인성에 잔존된 동물성이라고 해도 좋다. 실제로 많은 동물은
질투심이 강하다. 예컨대 늑대의 경우는 자신보다 전리품을 많이 잡는
동료를 물어 죽이는 것으로 유명하다. 최근 한 동물원에서 있었던 비극
적인 일화도 동물들이 얼마나 질투심이 강한지를 여실히 보여 준다. 그
동물원에는 루루라는 어린 늑대가 있었다. 유난히 조련사들로부터 사랑

을 많이 받는 늑대였다. 그러자 나머지 늑대들이 이 루루를 그만 물어 죽이고 말았다. 질투심이 유발한 사건이었다. 공자나 맹자의 이치대로라면 인간은 이런 동물의 본성을 가져서는 안 된다. 그러나 불행하게도 너무나 많이 존재한다. 서로 속고 속이기도 한다.

말이 난 김에 인재를 유비만큼이나 좋아했던 조조의 사례를 들어볼 필요가 있을 듯하다. 그는 주유보다는 훨씬 도량이 넓었다. 또 웬만한 것은 못 본 체하는 철면피 근성이 있었다. 하지만 그런 그도 질투로 인해 사람을 죽인 경우가 있었다. 그의 휘하에는 양수(楊修)라는 사람이 있었다. 총명이 뛰어나 항상 조조의 계략을 꿰뚫어보고는 했다. 조조는 이런 그를 입으로는 칭찬했다. 그러나 마음속으로는 증오해 마지않았다. 그러다 한중을 잃고 철수할 때 군중의 암호를 함부로 발설해 군심을 어지럽힌다는 이유로 죽여 버렸다.

인간은 이지적이다. 현실 생활에서 건널 수 없는 강은 존재하지 않는다. 인간이 그저 경쟁에 사로잡혀 이 강을 만들 뿐이다. 만약 경쟁에 사로잡히지 않고 인내하면서 넓은 도량으로 살아간다면 그 사람의 앞길은 비교적 환해지지 않을까? 그런데 유비는 이 어려운 일을 해냈다.

자만이 따르는 능력은 사람을 죽이는 칼이다

유비는 사람의 능력을 꿰뚫어 보는 능력이 있었다. 그래서 장점을 잘 발휘하도록 사용했다. 당연히 휘하 인재들의 단점도 모르지 않았다. 이를테면 그는 관우의 거만하고 급한 성격을 알고 있었다. 장비가 술에 취하기만 하면 부하를 마구 때리는 단점도 모르지 않았다. 마속이 사실보다 과장해서 말하는 허풍쟁이라는 사실 역시 알았다. 그는 심지어 자신의 아들인 유선의 단점도 하나하나 지적할 정도로 꿰고 있었다. 그렇다면 그는 무결점의 천재 제갈량의 단점도 알고 있었을까? 분명하게 알고 있었다. 마지막에 탁고를 한 것이 이 사실을 잘 말해 준다. 제갈량이 "황위를 찬탈했다."는 죄명을 뒤집어쓰는 것을 두려워한다는 사실을 알고 있었기 때문에 그럴 수 있었던 것이다. 그러나 불행히 그가 끝까지 모른 것도 하나 있었다. 자만이 뒤따르는 능력이 사람을 죽이는 칼이라는 사실을 말이다. 예컨대 관우는 지나치게 교만하고 자존심이 강했다. 이로 인해 형주도 잃고 목숨도 잃었다. 하지만 유비는 이렇게 될 줄을 꿈에도 예측하지 못했다. 천려일실이었다고나 할까.

• • •

때는 건안 24년(219년) 7월이었다. 유비는 한중왕을 자칭한 후에 관우를 전장군, 가절월(假節鉞)로 임명했다. 이어 일부러 익주의 사마인 비시(費詩)를 형주로 보내 관우에게 인수(印綬)를 전하도록 시켰다. 이때 관우는 진짜 제갈량의 생각대로 노장군 황충이 자기와 같은 서열의 후장군이 된 것을 알고는 마음이 몹시 언짢았다. 당시 그는 비시에게 다음과 같이 말했다.

"대장부는 하나 쓸데없는 노병과 같은 행렬에 서지 않소!"

관우는 말로만 그런 것이 아니었다. 무엄하게도 인수를 받는 것조차 거절하는 오만을 부렸다. 이에 비시가 관우에게 충고를 건넸다.

"제방을 세우려면 반드시 온갖 인재를 임용해야 합니다. 과거 소하나 조참은 모두 고조 유방의 어릴 때 친구였습니다. 오히려 그들보다는 진평, 한신이 나중에 합류했습니다. 그러나 그들의 지위를 살펴보면 인정에 치우치지 않았습니다. 한신이 제일 높았습니다. 심지어 한신이 제왕(齊王)으로 책봉될 때 소하, 조참은 아직 후(侯)에 지나지 않았습니다. 그럼에도 둘은 이에 한마디 불평도 하지 않았습니다. 지금 왕께서는 그저 일시적인 공적을 평가해 황장군을 승진시켰습니다. 관장군과 같은 서열입니다. 그러나 설마 왕께서 두 분에 대한 생각이 같겠습니까? 공께서는 관직의 높낮이, 봉록 등에 대해 불평할 필요가 없다고 생각합니다. 어서 인수를 받으십시오."

관우는 비시의 말에 마음을 돌렸다. 인수를 받았다. 그러나 그가 자존심이 강하다는 인상은 영원히 역사에 남고 말았다.

관우가 번성으로 출정할 때였다. 그의 첫 목표는 양양이었다. 그는 이때 자신의 부장인 요화(廖化)에게 패하는 척하면서 20리 정도 철수하라고 명령했다. 그 다음 날에도 그는 패하는 척하고 다시 20리를 철수했다. 조조의 군사들은 자신들도 모르는 사이에 40리나 깊숙이 들어왔다. "범을 산에서 유인해 낸다."는 관우의 모략에 걸린 것이다. 아니나 다를까 조인이 이상한 생각이 들어 고개를 갸웃거릴 때 요화가 거느리는 병력이 무서운 기세로 쳐들어왔다. 조인은 그제야 유인 전술에 넘어간 줄 알았다. 그는 뒤도 돌아보지 않고 양양으로 도망을 쳤다. 하지만 앞에는 이미 관우가 청룡언월도를 빼든 채 길을 가로막고 있었다. 이때의 관우는 그다지 자만하지 않았다. 패하는 척 수모를 감수했다. 그러나 아이러니하게도 이후 그는 이때의 승리로 점차 자신의 능력을 과신하기 시작했다. 촉나라의 주유 같은 사람이 된 것이다.

관우가 번성에서 방덕(龐德)과 힘을 겨루고 있을 때였다. 이 무렵의 그는 이미 "나는 천하의 영웅이다. 내 이름을 듣는 사람은 모두 다 탄복한다."는 자고자대의 마음이 최고조로 움트고 있었다. 당연히 그는 방덕을 우습게 여겼다. 둘은 50여 합을 겨뤘다. 그러다 방덕이 갑자기 말을 돌려 달아나는 척했다. 이에 관우가 욕설을 퍼부으면서 말했다.

"이놈아, 네가 타도계(拖刀計, 달아나는 척하다가 다시 돌아서서 적을 공격하는 전략)를 쓰려는구나. 그래도 나는 네가 우습게 보인다."

그러나 이때 방덕은 타도계를 쓸 생각을 하지 않았다. 대신 활을 당기려고 했다. 관우는 전혀 방덕의 전략을 예상치도 못한 상태에서 대비를 하지 않고 있었다. 그러자 관우의 아들 관평(關平)이 말했다.

"저자가 화살을 쏘려고 합니다. 아버지, 대비하셔야 합니다."

관우는 화들짝 놀라 대비를 했으나 이미 때는 늦었다. 화살이 이미 날아와 그의 왼쪽 팔에 맞은 것이다. 그나마 다행인 것은 질투심이 많은 우금(于禁)이 방덕이 큰 공을 세울 것을 두려워해 황급히 군대를 철수시켰다는 사실이었다. 그렇지 않았다면 관우는 아마 화살에 맞는 것에 그치지 않고 방덕에게 살해당했을 가능성이 농후했다. 너무 자만한 결과였다.

방덕에게 호되게 당한 후에 관우의 자만한 성정은 다소 줄어들었다. 그러나 원래 기질은 남 못 주는 법이다. 그의 최후 무렵의 정황을 보면 진짜 그렇다는 사실을 알 수 있다. 당시 동오의 젊은 장군 육손은 여몽에게 절묘한 전략을 건의했다.

"관우가 무서워할 사람은 오로지 장군 외에는 없습니다. 그러니 장군은 이 기회에 병에 걸린 척하고 사표를 내십시오. 그러다 다른 사람이 장군 대신 자리에 오르게 되면 그는 정신이 헷갈릴 것입니다. 그때 그 사람을 칭찬하는 말을 하면 그는 틀림없이 형주의 대군을 번성으로 철수시킬 것입니다."

여몽은 육손의 말에 그대로 따랐다. 칭병을 하고 사직서를 내면서 육손을 대신 추천했다. 손권 역시 즉각 젊은 장군 육손을 편장군에 우도독으로 임명했다. 육손은 기다렸다는 듯 관우를 극찬하는 글을 쓴 다음 명마와 비단, 예물 등과 함께 번성으로 보냈다. 자신은 평화주의자일 뿐 아니라 관우를 경외한다는 의사의 표현이었다. 육손의 전략은 성공했다. 관우는 다시 예의 자만심을 여지없이 드러냈다. 곧이어 큰 소리로 호탕하게 웃으면서 그가 말했다.

"손권은 식견이 너무 낮아. 이런 어린아이를 대장군으로 내세워 나와 맞서려고 하다니. 이제 더 이상 강동은 걱정할 필요가 없겠군."

관우는 과연 육손의 말대로 병력을 번성으로 이동시켰다. 육손은 이 기회를 놓치지 않았다. 손권에게 바로 보고를 올려 다시 여몽을 대도독으로 임명, 형주를 습격하도록 했다.

당시 관우는 형주의 강가에 봉화대를 설치해 놓고 있었다. 20리 내지 30리마다 하나씩 설치된 봉화대였다. 각 봉화대에는 병력도 50명이나 배치돼 있었다. 그러나 봉화대는 천연의 철옹성이 아니었다. 여몽은 이 봉화대를 무력화시키기 위해 우선 사병들을 상인으로 변장하도록 했다. 이들은 배를 저어 북쪽 언덕까지 도착했다. 촉나라 군사들에게는 "강에서 풍랑을 만나 여기에서 잠시 피한다."는 거짓말을 했다. 그러면서 봉화대를 수비하는 병사들에게 뇌물을 듬뿍 바치는 것을 잊지 않았다. 이어 밤이 되었다. 배 안에 매복해 있던 오나라의 정병들은 약속이나 한듯 뛰어나와 봉화대의 군병들을 가볍게 무장 해제시켰다. 형주는 아주 소리 소문 없이 가볍게 오나라에 의해 탈취되었다. 이후부터는 일사천리였다. 촉나라 진영은 완전히 무너지고 말았다. 관우로서는 옥쇄하는 외에는 다른 방법이 없었다. 실제로 그는 그 길을 택했다.

관우는 명장이었다. 지금도 재신(財神)으로 숭상을 받고 있다. 그러나 자신감이 너무 충일했다. 또 그것이 자만심으로 연결되었다. 유비 역시 뛰어난 안목을 가진 인물이었으나 관우의 자만심을 유효적절하게 제어하지 못했다. 그 후폭풍은 엄청난 것이었다. 가장 결정적인 기반인 형주를 잃어버리는 결과를 낳고 만 것이다. 이 때문에 유비와 관위의 위업을 이루고자 하는 노력은 마지막에 물거품이 되고 말았다.

때를 기다릴 줄 알아야 성공한다

때가 오기를 기다리기는 쉽지 않다. 대부분의 사람들은 때가 아닌 데도 그렇다고 생각하고 행동하기도 한다. 그 때문에 실패를 하는 경우가 많다. 역사적으로도 이런 경우는 이루 헤아릴 수 없이 많다. 그러나 유비는 하늘이 주는 때를 기다릴 줄을 알았다. 섣불리 행동하지도 않았다. 반면 관우나 장비는 그렇지를 못했다. 언제나 쉽게 흥분하고 행동했다. 특히 장비의 경우에는 이로 인해 목숨을 잃었다.

• • •

조조가 황제와 함께 사슴을 사냥할 때였다. 무예에도 뛰어난 재주를 보인 바 있는 그는 황제의 금비전(金鈚箭)으로 큰 사슴 한 마리를 쏘아 맞쳤다. 주변에 있던 신하와 장군들이 금비전을 보고 다들 천자가 명중시킨 줄로 알았다. 모두 앞을 다퉈 만세를 부르짖었다. 그런데 뜻밖에도 조조가 급히 말을 몰아 천자의 앞에 나서서 환호성에 화답했다. 신하로서는 해서는 안 될 상당히 엉뚱한 행동이었다. 명백한 참월(僭越, 자신보다 높은 지위에 있는 사람의 이름 같은 것을 함부로 사용하는 행위)이라고 해도 좋았다. 참월을 했다면 막대한 대가가 따르는 법이다. 더구나 그게 황제 앞에서 그러는 것이라면 예삿일이 아니었다. 이른바 대불경(大不敬)이었다. 봉건 사회에서 대불경은 사형 죄로 다스리는 것이 관례였다. 그 때문에 당시 황제 주위 사람들은 즉각적으로 반응했다. 얼굴이 싹 바뀐 것이었다.

관우 역시 그랬다. 완전히 대노했다. "누에 누운 모양의 눈썹을 치켜세우고 봉의 눈을 부릅떴다."는 『삼국연의』에 나오는 대목을 굳이 거론할 필요도 없다. 그는 동작도 빨랐다. 바로 칼을 든 채 말을 몰아 달려나왔다. 조조의 목을 베겠다는 생각이 확실했다. 그러나 유비는 그 와중에도 침착했다. 황급히 손을 흔들면서 눈짓으로 관우를 제지했다. 다른 한편으로는 재빨리 조조에게 치하하는 것을 잊지 않았다.

유비 역시 조조의 행동에 대해서는 격분했다. 그럼에도 두 사람의 행동은 달랐다. 어떻게 이렇게 다를 수가 있을까? 간단했다. 일을 성사시키기 어려웠기 때문이었다. 유비는 조조의 목을 베려면 하염없이 기다려야 한다는 사실을 너무나 잘 알고 있었던 것이다.

장비도 은인자중하지 않고 괄괄한 것에서는 관우 못지않았다. 장비는 서주에 있을 때 술에 취해 사람을 죽이는 사건을 일으켰다. 호시탐탐 서주를 노리고 있던 여포는 이 기회를 놓치지 않았다. 즉각 서주로 출병해 탈취하는 기민함을 보였다. 그는 이어 자신이 그럴 수밖에 없는 이유를 그럴듯하게 달았다.

"나는 성을 빼앗으려고 온 것이 아닙니다. 장비가 술에 취해 살인을 저질렀기 때문에 소란을 일으킬 것을 우려해 성을 지키러 온 것입니다."

장비와 관우는 분노했다. 당장 쳐들어가 서주를 탈환하려고 했다. 그러나 유비는 때를 기다려야 한다는 입장이었다. 그가 말했다.

"운명을 거역하면 안 돼. 천시를 기다려야지. 소패에서 참고 기다리자."

유비가 이때, 시기를 기다리면서 은인자중할 수 있었던 데는 다 이유가 있었다. 그는 여포가 자신한테 공도와 신의를 지키는 것을 기대하지도 않았다. 한마디로 그는 여포라는 사람을 너무나 잘 알고 있었다. 언젠가는 천방지축 날뛰다 제풀에 지쳐 멸망을 자초할 것을 알았던 것이다. 그 때문에 그는 성을 빼앗겼으면서도 언젠가는 다시 돌려받을 수 있을 것이라는 희망을 잃지 않았다.

중국 속담에 "사나이는 눈앞의 손해를 보지 않는다."라는 것이 있다. 그러나 진짜 현실은 그렇지가 않은 것 같다. 때로는 작은 손해를 감수하면 큰 이득을 얻을 수도 있는 법이다. 그 때문에 이 말은 "사나이는 때를 기다리면서 눈앞의 손해를 감수해야 한다."로 바꿔야 하지 않을까 싶다.

시무(時務)를 아는 사람이 준걸이라는 말도 있다. 이른바 준걸은 전쟁터에서 마치 사방으로 마구 치달리고 용맹한 영웅만을 가리키는 것이 아니다. 때로는 시기를 파악하고 자신을 굽힐 수 있는 은인자중하는 사람도 이런 준걸에 포함된다.

현실은 잔혹한 것이라고 해야 한다. 세상을 살다 보면 뜻대로 되지 않는 일을 만나기에 십상이다. 이럴 때에는 심사숙고해야 한다. 아무 대책 없이 도전하는 것만이 능사는 아니다. 그러나 팔은 결코 다리를 이길 수 없다. 달걀 역시 결코 돌을 이길 수 없다. 감정적으로 행동하면 무의미한 희생만 당할 수밖에 없다. 언젠가는 바위가 돼 돌을 깨뜨릴 생각을 해야 하는 것이다. 큰일을 이루는 사람이 늘 명심해야 하는 금언은 오직 기다림 바로 그것이 아닐까 싶다.

전쟁에서는 이기는 것이 최고의 선이다

전쟁을 소재로 한 고전 소설 중에서 단연 압권의 작품은 서양에서는 『전쟁과 평화』, 동양에서는 『삼국연의』를 들 수 있다. 특히 『삼국연의』는 황건적의 난에서부터 진나라가 오나라를 멸망시킬 때까지 무려 350여 차례에 이르는 전쟁이 벌어진다. 그야말로 동서양을 통틀어 전쟁 문학의 백미라고 해도 좋다. 이 중 전쟁의 과정이 자세히 묘사되는 것만 해도 40여 차례에 이른다.

당연히 전쟁을 하면 승부가 난다. 점수로 승부를 가리는 스포츠처럼 무승부라는 것은 기본적으로 없다. 이기지 않으면 지는 것이다. 또 이기면 영웅, 지면 비참한 역적이 된다. 영웅이기 때문에 이기는 것은 절대 아니다. 따라서 이기기 위해서는 무엇보다 병법이 중요하다. 때로는 치사하게 상대를 속이는 짓도 마다하지 말아야 한다. 정정당당하게 싸우다 지는 것은 스포츠의 세계에서 통용되는 것이지 죽고 사는 전쟁에서는 절대 선이 아닌 것이다.

• • •

유비는 병법에서는 프로가 아니었다. 가능하면 트릭을 쓰지 않으려고 했다. 명분을 너무나도 존중한 그로서는 그럴 만도 했다. 아마 그래서 그는 최후에 웃지 못했는지도 모른다. 그러나 『삼국지』의 영웅들 중에서 가장 많은 전쟁을 한 주인공인 조조는 그렇지 않았다. 무슨 수를 써서라도 전쟁에서 이기려고 했다. 그는 주지하다시피 『삼국지』의 3대 전쟁이라고 하는 관도대전과 적벽대전의 주역이었다. 적벽대전에서는 유비와 손권의 동맹을 견디지 못하고 패했으나 관도대전에는 원소에게 압승을 거뒀다. 전체적으로 봐도 패배보다는 승리가 훨씬 더 많았다. 만약 반대였다면 아마도 '치세의 능신, 난세의 간웅'이라는 말도 듣지 못했을 것이다. 그렇다면 그를 역사에 길이 남게 한 그의 전쟁에서의 병법은 도대체 어떤 것들이었을까? 『손자병법』을 즐겨 읽었다는 그의 독서 취향을 감안하면 답이 바로 나온다. 바로 속이는 것이다. 실제로 그는 전쟁에 나설 때마다 '병불염사(兵不厭詐, 전쟁은 속이는 것을 싫어하지 말아야 한다)'라는 『손자병법』의 가르침을 거의 그대로 실천했다. 그가 입을 열 때마다 "정치는 신의로 해야 하고 전쟁은 사기로 해야 한다."라는 말을 한 것은 다 이유가 있는 듯하다. 그를 완전히 사기의 달인으로 불러도 지나치지 않을 것 같다. 사례를 들어보면 더욱 분명해진다. 조조가 관도대전에서 승리, 중원의 패주를 자처한 지 10여 년이 지났을 때였다. 그는 천하통일을 위해 사전 정지 작업으로 서량(西涼)의 마초를 토벌하기 위한 전쟁을 벌였다. 그러나 나중에 유비의 군중에 들어가 맹활약한 마초는 보통 인물이 아니었다. 게다가 그에게 조조는 아버지 마등(馬騰)과 동생들을 무참하게 죽인 원수였다. 당연히 목숨을 걸고 조조에게 맞섰다. 처음의 전투는 아버지와 의형제 한수(韓遂)와 힘을 합친 마등의 일방적 승리였다.

이 전투에서 조조는 자신의 붉은 망토를 벗어던지고 수염까지 자르면서 도망가는 위기를 겪었다. 도저히 맞대결로는 승산이 없다고 생각한 그는 수하 장군들과 필승의 병법을 연구하기 시작했다. 이렇게 해서 나온 것이 바로 숙질(叔姪) 관계나 다름없는 마초와 한수를 이간질시키는 전략이었다. 조조는 계략이 정해지자 즉각 실행에 옮겼다. 한수에게 은근한 편지를 보내는 것이 바로 그 방법이었다. 예상대로 마등은 한수를 의심하기 시작했다. 결국 두 사람의 사이는 시간이 갈수록 벌어졌다. 한수로서는 조조에게 투항하는 외에는 다른 방법이 없었다. 한쪽 날개를 잃은 마등은 조조의 상대가 되지 못했다. 그는 결국 이곳저곳을 떠돌다 유비 진영에 안착하게 되었다.

사실 이보다 10여 년 전인 유명한 관도대전에서도 조조의 병법은 빛났다. 당시 그는 10배 이상 되는 막강한 군사력을 가진 원소에게 밀려 고전을 면치 못하고 있었다. 체면을 다 팽개치고 철군하는 것이 최선의 선택으로 남아 있었다고 해도 좋았다. 그러나 모사 순욱은 반대했다. 요충지를 철저하게 수비한 채 기다리면 수가 난다는 것이 그의 생각이었다. 이를테면 싸우지 않고 이기는 것이 제일이라는 『손자병법』의 모공(謀攻)의 병법과 다를 바 없었다. 조조는 그의 제안을 받아들였다. 아니나 다를까, 이렇게 한 지 얼마 되지 않아 원소의 진영에서는 여러 건의 자중지란이 일어났다. 허유(許攸)와 장합(張郃)의 배신이 대표적이었다. 조조는 마당 쓸고 돈 줍는 식의 승리를 가볍게 거둘 수 있었다.

병법과 관련해서는 제갈량도 능력을 상당히 높이 평가한 촉나라의 법정을 빼놓아서는 안 된다. 법정이 이끈 대표적 전투는 촉나라 대군이 한중군을 차지하기 위해 위나라 대군과 벌인 정군산 전투였다. 이 대전에서 법정은 선봉장인 황충에게 이른바 이일대로(以逸待勞, 지친 적군을 편안하게 기다리는 전략) 병법을 쓰도록 코치를 했다. 황충은 법정의 제안대로 위나라의 선봉장인 하후연의 공격로인 정군산보다 훨씬 높은 산인 보검봉(寶劍峰)에 진을 쳤다. 하후연도 바보는 아니었다. 그래서 황충의 대군을 유인하기 위해 허술하게 진영을 갖춰 공격하는 등 별 묘책을 다 짜냈다. 그러나 황충은 꿈쩍도 하지 않았다. 그러다 아무 의미 없는 공격을 계속하느라 적이 지쳤다는 사실을 감지한 법정이 보검봉의 정상에서 공격 신호인 붉은 깃발을 높이 들자 바로 쏜살같이 쏟아져 내려왔다. 승부는 보나마나였다. 황충은 공격과 동시에 하후연의 목을 가볍게 베어 버렸다. 한중군은 그대로 촉나라의 수중에 들어갔다. 유리한 태세를 먼저 갖추는 것이 중요하다는 병법의 기본에 충실한 결과가 아니었나 생각된다.

제갈량의 병법들 역시 거론하지 않으면 섭섭하다. 그것도 하나둘이 아니다. 이를테면 가짜 병사들을 전장의 좌우에 배치해 남만의 대군을 물리친 의병계(疑兵計), 위나라의 진창(陳倉)을 가볍게 공격해 함락한 데에서 보듯 적이 전혀 대비하지 못한 곳을 공격하는 공기불비(攻其不備) 병법, 박망파에서 하후돈을 패퇴시켰을 때 써먹은 화공 병법 등 하나둘이 아니다. 또 사마의가 모반을 도모한다는 유언비어를 퍼뜨려 파면 당하게 한 것 역시 보통 사람은 생각하기 어려운 병법이 아닌가 싶다. 그러나 가장 빛나는 병법은 단연코 『삼국지』의 대표적 전략 내지는 병법으로 불리는 공성계(空城計)가 아닌가 싶다. 『손자병법』의 허허실실 병법에서 차용한 이 공성계는 어떻게 보면 지금의 현대전이나 비즈니스 전쟁에서도 충분히 먹혀들 수 있는 그럴듯한 병법이 아닌가 싶다.

이 병법은 제갈량이 위나라를 정벌하기 위해 시도한 1차 북벌이 가정을 잃고 실패 위기에 몰렸을 때 채택한 병법이다. 당시 그는 어떻게 해서든 위나라의 추격을 뿌리치고 안전하게 대군을 촉나라로 철수시켜야 했다. 그러나 사마의가 이끄는 위나라 대군의 기세는 살기등등했다. 자칫하면 도망가다 싸워보지도 못하고 몰살을 당할 수도 있는 상황이었다. 차라리 일전불사에 나서는 것이 더 나을 수도 있었다. 이 위기의 순간, 제갈량은 자신의 당초 생각대로 주력 부대를 철수시켰다. 이어 주둔하고 있던 서성(西城)을 텅텅 비운 다음 나이 들고 약골인 병사들을 성 밖에 내보내 아무 일 없다는 듯 성문 앞을 청소하게 했다. 자신은 성루에 올라가 의연하게 가야금을 연주했다. 사마의는 당연히 제갈량이 자신을 유인해 공격할 것이라는 생각을 할 수밖에 없었다. 계략에 빠지지 않기 위해 바로 후퇴를 한 것은 너무나 당연한 선택이었다. 이후 촉나라 대군은 무사히 철수를 했다. 이 때문에 병력을 그대로 온존시켜 나중 다섯 차례나 더 북벌에 나설 수 있었다.

『삼국지』에는 이외에도 많은 병법이 나온다. 이를테면 조조가 유비를 제거하기 위해 여포를 이용하려고 했던 구호탄랑지계(驅虎吞狼之計), 제갈량이 주유를 격분시켜 조조와 적벽대전에 나서도록 한 병법인 격장지계(激將之計), 사마의가 잘 써먹은 삼십육계 줄행랑, 남의 손으로 적을 죽이는 차도살인(借刀殺人) 등이 항간에 널리 알려진 병법에 속한다. 또 미인계와 고육계(苦肉計), 연환계 등 역시 거론하지 않을 수 없는 병법이라고 해야 한다. 삼국 시대 이후 숱하게 후대의 영웅들이 원용, 이름을 역사에 남겼다. 특히 미인계는 아예 시공을 초월하는 불후의 병법이 됐다고 해도 과언이 아니다.

당연히 이들 병법은 오늘날에도 유용하게 차용이 가능하다. 어떻게 해서든 이윤을 내야 하는 기업이나 CEO들의 입장에서는 더욱 그렇게 하고 싶지 않을까 싶다. 그러나 이런 병법도 아무리 이기는 사람이 영웅이 된다 하더라도 어느 정도의 원칙하에서 차용돼야 할 것 같다. 그렇지 않으면 후에 너무 승부에만 집착한 치사하기 이를 데 없는 기업이나 CEO들이라는 소리를 들을 수도 있으니까 말이다. 한마디로 페어플레이는 못하더라도 기본적인 룰은 지켜야 한다는 얘기가 아닌가 여겨진다. 공정한 경쟁을 중요하게 생각하는 오늘날의 관점에서 보면 더욱 그렇다고 해도 과언이 아니다. 이 점에서 보면 손자가 말한 '병불염사'는 오늘날에도 반드시 유효한 불후의 진리는 확실히 아닌 듯하다.

물론 그렇다고 병불염사를 꺼려했던 유비가 면죄부를 받을 수 있는 것은 아니다. 어쨌든 싸움은 이겨놓고 해야 하니까 말이다. 이 점에서 보면 유비는 도덕적인 CEO이기는 했어도 성공적인 CEO는 아니었다고 해도 되겠다.

제6장
타고난 불세출의 로비스트

유비는 제갈량의 전략대로 손권을 자신의 동맹군으로 끌어들이는 방침을 확정했다. 이는 약자와 약자가 연합하는 전략이었다. 의미는 더 할 수 없이 명확했다. 연맹이 파괴되지 않으면 적이 무서울 것이 하나도 없다는 것이었다. 적벽대전은 이를 입증했다. 유비의 오나라 토벌 실패 역시 이를 입증할 수 있다. 유비와 제갈량의 삼국정립 이론은 사실상 전국시대에 활약한 종횡가(縱橫家) 로비스트인 소진(蘇秦), 장의(張儀)의 이론과 크게 다름이 없었다. 이른바 오나라와 연맹해 위나라에 대항한다는 말은 그러나 실제로는 사실보다 과장해서 말한 것이라고 할 수 있다. 유비는 당시 특별한 기반도 없었다. 전력도 그다지 강하지 않았다. 반면 오나라의 손권은 기반도, 강한 세력도 있었다. 따라서 양측의 연합은 유비가 강력해지도록 손권이 도와주는 것과 크게 다를 바가 없었다. 겉으로 공평해 보이는 이 이론은 유비에게 엄청난 이익을 가져다 줬다. 당연히 손권에게는 엄청난 후환이 되었다. 주유는 이 점을 분명하게 짚었다. 반면 손권은 그렇지를 못했다. 역시 로비스트의 힘은 무섭다는 얘기가 되겠다.

비바람과 고통 속에서 연마한 흡인력

젊은 시절의 유비는 친구를 잘 사귀었다. 많은 사람들이 그와 친하기를 바라
마지않았다. 이렇게 된 데에는 아마도 여러 이유가 있을 것이다. 우선 인간적인 신
뢰를 들 수 있다. 여기에 명분과 인간적 매력 역시 무시할 수 없다. 하지만 결정적
인 이유는 아무래도 그의 로비에 강한 유세객으로서의 면모가 아니었을까 싶다.
모두가 그의 말에 넘어갔다는 얘기인 셈이다. 달리 말하면 상당한 흡인력을 가지
고 있다는 얘기도 된다. 물론 이런 능력은 그의 원대한 정치적 포부와 고상한 인
격에 기인하는 것은 아니었다. 그보다는 비바람과 고통 속에서 능력을 연단한 결
과와 매치된다고 해야 할 것 같다.

. . .

유비는 중산정왕 유승의 후예이기는 하나 집안이 아주 빈한했다. 그나마 할아버지 유웅(劉雄)이 동군(東郡) 범현(范縣)의 현령을 지내기는 했다. 그러나 거기까지였다. 아버지 유홍(劉弘)은 할아버지의 한을 풀 생각을 하지도 못한 채 젊은 나이로 세상을 떠나 그를 찢어지게 고생하도록 만들었다. 지금은 그렇지 않을 수 있으나 당시에는 짚신과 멍석 따위를 엮어 파는 것은 정말 별 볼 일 없는 일이었다.

그가 15세 되는 해에 어머니는 그에게 공부를 하도록 권했다. 이에 그는 같은 집안의 유덕연(劉德然), 요서의 공손찬과 함께 구강(九江) 태수를 지낸 노식을 스승으로 모시고 배웠다. 당시 유덕연의 아버지 유원기(劉元起)는 항상 유비에게 큰 은혜를 베풀고는 했다. 공부를 할 수 있도록 도와줬을 뿐 아니라 아들처럼 대우했다. 유원기의 아내는 남편의 행동이 불만이었다. 그래서 단도직입적으로 따지고 들었다.

"각자 집안의 사정이 있습니다. 그런데 어찌 이렇게 하십니까?"

유원기는 더 이상 말을 하지 말라는 투로 대답했다.

"그 아이는 우리와 같은 가문이야. 보통 사람이 아닐 것이라고."

유비는 공손찬과도 관계가 좋았다. 나이 차가 조금 나는 탓에 그가 공손찬을 형으로 모시기는 했지만. 주변의 기대를 한 몸에 받고는 있었으나 사실 그는 공부에는 별로 관심을 두지 않았다. 대신 개 키우기, 말타기, 음악 듣기 등은 좋아했다. 또 요즘 말로 하면 명품 옷 입는 것을 좋아했다. 그는 말수가 적었다. 자기를 잘 내세우지도 않았다. 심지어는 기쁨이나 분노 역시 표정으로 나타내지 않았다. 하지만 호걸, 선비들과 친구를 맺기는 좋아했다. 많은 젊은 사람이 그를 의지했을 정도였다. 아마도 특유의 친화력이 있었던 모양이었다. 천성적으로 로비에 소질이 있었다고 해도 좋을 듯하다.

적절한 사례가 하나 있다. 당시 꽤나 알려진 장사꾼인 장세평(張世平)과 소쌍(蘇雙) 등이 많은 금은보화들을 가지고 탁군에 왔을 때였다. 그들은 말을 사고파는 장사를 했다. 유비를 자연스럽게 만날 수밖에 없었다. 유비는 그들을 그 자리에서 녹여 버렸다. 그들 역시 유비가 남다르다는 느낌을 받았다. 다음 수순은 보지 않아도 괜찮을 것 같다. 자신들이 가지고 있던 재물의 상당 부분을 유비에게 군자금으로 넘긴 것이다.

조조와 사이가 좋지 않았던 장송(張松)을 자신의 편으로 끌어들인 것은 그가 얼마나 로비의 귀재인지를 여실히 증명한다고 해도 좋다. 장송이 촉나라를 지나기 위해 영주(郢州) 관문에 도착했을 때였다. 놀랍게도 조운이 이미 500여 명을 거느린 채 그를 기다리고 있었다. 조운의 목적은 다른 것이 아니었다. 그에게 술과 산해진미를 대접하기 위해서였다. 그가 대접을 잘 받고 역관 방향으로 갔을 때에는 관우가 100여 명과 함께 기다리고 있었다. 관우는 조운보다 더 했다. 북을 치면서까지 장송을 환영했다. 곧 잔치가 벌어졌다. 관우는 장송을 대접하기 위해 정말 지극정성을 다했다. 그 다음 날 장송은 아침 식사를 마치고 다시 말에 올랐다. 그가 5리 정도 갔을 즈음이었다. 유비가 제갈량과 방통을 데리고 직접 마중을 하러 나왔다. 유비는 이렇게 연속 사흘 장송을 위해 잔치를 벌여 정성껏 대접했다. 대신 서천에 대해서는 단 한마디도 언급하지 않았다. 완전히 조조와는 천양지차였다고 해도 좋았다.

유비의 겸손함과 친절은 장송에게 진짜 좋은 인상을 줬다. 장송은 기분이 너무나 좋았다. 그가 입을 열었다.

"유황숙은 지금 형주의 몇 개 군을 차지하고 있습니까?"

이때 제갈량이 은근히 유비 대신 대답했다.

"형주는 잠시 동오에게 빌려온 땅입니다. 그러나 자꾸 사신을 보내 돌려 달라고 합니다. 지금 우리 주공은 동오의 사위입니다. 그 때문에 겨우 여기에 머물 수 있습니다. 그 외의 다른 혜택은 없습니다."

다시 방통이 맞장구를 치면서 나섰다.

"우리 주공은 한나라의 황숙입니다. 그런데도 주나 군을 차지할 수가 없습니다. 그러나 다른 국적(國賊)들은 그렇지 않습니다. 그들은 자신들의 땅이 아닌데도 강점하고 있는 경우가 많습니다."

제갈량과 방통의 말에 장송은 분개했다. 마음속으로는 이미 다음과 같은 생각을 하고 있었다.

'황숙은 이처럼 너그럽고 현명하다. 그런데 어찌 내가 이 분을 그대로 내버려들 수가 있겠는가? 차라리 서천을 이분에게 주자.'

장송은 자신의 생각을 곧 그대로 실천에 옮겼다. 서천의 지도를 바치는 것은 말할 것도 없고 자신의 절친인 법정과 맹달도 천거했다. 그가 이어 말했다.

"저도 황숙을 위해 견마지로를 다하겠습니다."

유비는 무에서 유를 창조한 인물이라고 할 수 있다. 반면 조조는 자신의 손아귀에 쥘 수 있는 떡도 놓쳐 버렸다. 모두가 사람에 대한 태도가 문제였다. 유비가 얼마나 로비의 귀재였는지는 이 정도면 별로 어렵지 않게 알 수 있다.

뻔뻔함과 검은 속셈으로 얻은 천하

울음에 관한 한 오나라의 손권도 대단했다. 형의 뒤를 이어 권좌에 오른 이후 틈만 나면 울었다. 울보라는 말이 과언이 아니었다. 아마 자신의 처지가 공고하지 못한 데에 대한 불안감이 그를 그렇게 만들었을 것이다. 말하자면 공포와 두려움의 소산이 그의 울음이었다. 그러나 유비의 울음은 손권과는 기본적으로 달랐다. 아주 특이했다. 전략적이라고 할 수 있었다. 더 나아가면 생존의 모략이라고도 할 수 있었다. 실제로 그는 부평초처럼 이리저리 흔들리는 어려운 환경 속에서 틈만 나면 울음을 터뜨림으로써 부하의 동정심을 유발시키고는 했다. 또 단결시키기도 했다. 전략이 100퍼센트 맞아떨어졌다고 할 수 있었다. 그가 천하를 울음으로 얻었다는 표현은 그래서 결코 공연한 말만은 아닌 듯하다. 말할 것도 없이 이런 전략은 바람직하다고 하기 어렵다. 또 낯가죽이 두꺼워야 실행이 가능하다. 당연히 이런 사람은 마음도 겉 다르고 속 다르다. 유비는 솔직히 이와 관련해 다소 비아냥조의 말을 들어도 괜찮다. 하지만 그렇다고 해서 그의 영웅적인 풍모가 손상을 입는 것은 아니다. 어디까지나 이것도 역시 부득이한 경우의 전략이라고 해야 하니까 말이다.

• • •

청나라 말엽의 학자 이종오(李宗吾)는 글을 배우기 시작할 때부터 천하의 영웅호걸이 되고 싶었다. 그는 이런 자신의 열망을 고전의 바이블인 『사서오경』에서 찾고자 했다. 그러나 교훈을 얻을 수 없었다. 그는 다시 『제자백가』와 『이십오사』에서 길을 찾고자 했다. 그러나 역시 찾을 수 없었다. 그는 그럼에도 고대의 사람들은 영웅호걸이 될 수 있는 비결을 가지고 있다고 확신했다. 다만 자신이 태생적으로 어리석기 때문에 그 방법을 찾지 못하고 있다고 믿었다. 그는 그런 생각으로 계속 자신의 방법으로 그 비결을 찾았다. 그렇게 몇 년이 다시 흘렀다. 그는 우연한 기회에 삼국 시대의 몇 사람을 뇌리에 떠올렸다. 그러자 갑자기 깨달음이 그의 머리를 때렸다. 그는 자신도 모르게 외쳤다.

"찾았다, 찾았어. 고대의 영웅호걸은 낯가죽이 두껍고 속이 음흉했을 뿐이야. 이 사실을 이제야 알게 되다니."

이종오의 활연관통은 다른 것이 아니었다. 유비가 성공한 요인 중 하나가 바로 낯가죽의 두꺼움에 있다는 사실을 깨달은 것이다. 한 글자로 말하면 후(厚)가 될 수 있다. 이종오의 생각은 틀린 것이 아니었다. 유비는 조조, 여포에 의지하다 다시 유표, 손권에게 달라붙은 다음 원소에게도 몸을 의탁했으니까 말이다. 확실히 낯가죽이 두꺼웠다고 단언해도 괜찮다. 더욱 기가 막히는 것은 앞에서도 언급했듯 그가 부끄러움을 전혀 개의치 않은 채 틈만 나면 우는 모습을 보여 줬다는 사실이었다. 실제로 『삼국연의』를 보면 그는 우는 것에 관한 한은 요즘 말로 정말 올림픽 금메달감이었다고 해도 좋지 않을까 싶다. 우는 방법도 여러 가지였다. 대성통곡에서부터 조용히 흐느끼는 것에 이르기까지 그가 울지 않은 울음이라는 것은 없었다.

일반적으로는 조조가 낯가죽이 두꺼웠다고 알려져 있다. 하지만 자세히 들여다보면 이 분야에서는 유비 역시 조조의 뺨을 때릴 만했다. 결론적으로 그야말로 쌍절(雙絶)이었다고 해도 과언이 아닐 듯하다.

유비는 이종오의 시각으로 보면 심성도 정말 음흉했다고 해도 좋다. 한 글자로 표현하면 흑(黑)이 되겠다. 조조에게 몸을 의탁했을 때의 행동을 보면 이 단정은 충분히 설명 가능하다. 이에 대해서는 루쉰(魯迅)이 아마 가장 잘 표현을 했지 않나 싶다. 『중국소설사략』에서 "『삼국연의』는 유비의 너그러움을 나타내려고 노력했다. 그러나 그 너그러움은 아무래도 거짓 같다."라고 핵심을 찌른 것이다.

정사 『삼국지』의 「선주전(先主傳)」 내용을 간략하게 살펴보면 어느 정도의 파악도 가능하다. 예컨대 제갈량이 유비에게 양양에서 유종을 공격하면 형주를 얻을 수 있다고 권할 때였다. 이때 유비는 생각이 전혀 없지 않았다. 아니 아마도 그런 생각이 간절했을 것이다. 그러나 그는 겉으로는 "나는 그런 일은 못합니다."라고 했다.

서주를 세 번 양보하는 스토리도 그렇다. 그저 얼핏 보면 유비의 어진 품격을 말해 주는 대목이라고 할 수 있다. 하지만 이종오의 비판적인 시각으로 보면 달리 해석도 가능하다. 속마음을 감추고 상황을 보면서 어쩔 수 없는 말을 토했다는 것이다. 당시 장비는 이렇게 말했다.

"우리가 도겸의 땅을 강점하려는 것도 아닙니다. 그 사람이 좋은 마음으로 양보해 주는 것입니다. 왜 극력 거절하십니까?"

장비는 단순했다. 음흉하지 않았다. 그 때문에 교과서적인 얘기를 했다. 그러나 유비는 달랐다. 양보를 해야 자신의 이미지가 제고된다는 사실을 알았다. 또 욕심을 부리지 않아야 서주가 자신의 손에 들어올 것이라는 사실 역시 모르지 않았다. 그 때문에 감이 익어 떨어질 때까지 기다리듯 꾹꾹 참을 수 있었다.

청나라 강희제 때의 문인이자 『삼국연의』의 개작자인 모종강(毛宗崗) 역시 이종오처럼 유비를 의심한 사람이었다. 그래서 유비를 대놓고 비난할 수 있었는지도 모른다.

"유비가 서주를 양보한 것은 진짜 양보인가, 아니면 가짜 양보인가? 진짜라고 한다면 왜 유장의 익주는 탈취했을까? 혹시 적극적으로 거절하면 오히려 나중에 더 명분이 선다는 사실을 알았기 때문은 아니었을까? 사실 영웅이 될 만한 사람은 이런 검은 속셈이 있다. 남들이 이 음흉한 마음을 모를 뿐이다."

현대에도 유비 비슷한 사람은 있었다. 중국 공산당이 중국을 통일하기 직전인 1949년 1월 국민당의 장제스(蔣介石)는 공산당과의 전쟁에서 패한 책임을 지고 하야를 발표했다. 바로 이때 국민당의 핵심 인물인 구정강(谷正綱)은 고위 관리들 앞에서 대성통곡을 했다. 그의 한바탕의 울음은 체면이고 뭐고 가리지 않은 정말 비장한 것이었다. 더구나 결정적인 순간에 진정성 곁들인 눈물을 흘렸다. 장제스는 깊은 인상을 받을 수밖에 없었다. 그가 자신에게 절대적으로 충성한다고 생각하지 않았다면 그게 오히려 이상할 일이었다.

장제스는 대륙에서 패배한 후 대만으로 쫓겨 갔다. 이후 국민당 체제를 뒤늦게 철저하게 개혁했다. 파벌들을 완전히 타파하고 국민당에 의한 절대적 통치 체제를 구축했다. 이로 인해 국민당의 많은 요인들은 대대적으로 축출되었다. 그러나 이 와중에도 구정강은 살아남았다. 아니 절대적인 신임을 받으면서 승승장구했다. 그의 출세의 비결이 무엇이었는지는 굳이 설명을 필요로 하지 않는다.

이종오는 유비처럼 낯가죽이 두껍고 마음이 음흉한 심리적 특징을 후흑(厚黑)으로 규정했다. 그의 이 학설은 나중에 후흑학으로 발전했다. 유비가 전형적인 모델이었다고 해도 좋다. 물론 이 방면에서는 항우에게 일방적으로 몰렸으면서도 최후에 웃은 유방 역시 충분히 명함을 내밀 수 있다.

이종오에 따르면 유비가 최고의 테크닉을 자랑한 울음은 정치적 수단이었다. 그것도 통상적인 방법이 다 실패한 다음의 마지막 방법이었다. 오늘날에도 이 방법은 통하지 않을까? 요즘 세상 돌아가는 모양새를 보고 굳이 답을 말하라면 그렇다고 해야 할 것 같다.

관우, 장비와의 관계는 독이 든 성배였다

위, 촉, 오의 삼국정립 국면은 현재의 시각으로 봐도 정말 절묘하다. 이렇게 될 수 있었던 근본적인 이유는 촉과 오가 연맹해서 위에 대항할 수 있었기 때문이라고 해야 한다. 만약 촉오 연맹이 깨지면 촉은 바람 앞의 등불로 처할 가능성이 농후했다. 위나라에 의해 어느 날 사라지지 말라는 법이 없었던 것이다. 유비는 이런 국면을 너무나 잘 알고 있었다. 생애의 대부분 시간을 이 국면이 깨지지 않도록 노력했다. 그러나 그는 말년에 이런 판단력에 이상이 생겼다. 뇌에 물이 찬 것도 아니었는데 말이다. 이유는 있었다. 관우의 죽음이었다. 물론 의동생의 죽음은 충격일 수 있었다. 복수의 칼을 갈 수도 있었다. 그러나 그는 너무 감정에 몰입했다. 이성적이지 못했다. 오나라를 공격하면 모든 것이 끝난다는 사실을 알았음에도 그렇게 했다. 관우와의 관계에 너무 집착했던 것이다. 이 점에서 보면 그와 관우, 장비와의 관계는 하늘이 부러워할 애틋한 관계였으나 다른 각도에서 볼 경우 위태로운 것이었다고 해도 좋다. 요즘 말로 조금 심하게 말하면 독이 든 성배였다고나 할까.

• • •

때는 위(魏) 문제(文帝) 조비 황초(黃初) 2년(221년) 7월이었다. 막 황제 자리에 오른 유비는 4만의 대군을 휘몰아 오나라 정벌에 나섰다. 무릉(武陵, 지금의 후난(湖南)성 창더(常德)시) 오계(五溪, 무릉을 흐르는 강)의 오랑캐들까지 대거 동원한 대대적인 군사 행동이었다.

당시 촉나라와 오나라의 현안은 형주 문제였다. 그러나 양측은 이 문제를 건드리지 않았다. 그저 내버려둔 상태에 있었다. 원래 형주는 적벽대전 때 주유가 조조를 공격하는 틈을 타 유비가 점령한 곳이었다. 이후 유비 진영은 계속 형주를 점령했다. 오나라가 달라고 하면 계속 잠시 빌리자는 오리발을 내밀었다. 관우는 유비가 파촉(巴蜀)을 탈취한 뒤에도 이런 형주를 지키게 되었다. 당연히 손권은 계속 사신을 파견해 돌려달라고 했다. 그러나 아무 소용이 없었다. 이런 상태는 무려 11년 동안이나 이어졌다. 손권은 그러자 꾀를 냈다. 관우의 딸을 아내로 맞아들이겠다는 생각을 한 것이다. 다시 말해 혼인 동맹을 허락한다면 형주의 문제를 그냥 내버려두겠다는 제안을 했다고 할 수 있다. 하지만 그는 관우로부터 참기 어려운 모욕을 당했다. 욕을 실컷 먹었던 것이다. 그는 분노하지 않을 수 없었다. 관우가 북쪽에서 조조의 군대와 전투를 벌이는 사이에 작전을 벌여 형주를 기습했다. 자연스럽게 관우도 살해했다. 건안 24년 10월의 일이었다.

당시 위 문제 조비는 주위 신하들에게 물었다.

"그대들은 유비가 관우를 위해 복수를 할 것이라고 보는가?"

신하들이 한결같이 대답했다.

"촉한은 작은 나라입니다. 명장도 관우 외에는 크게 눈여겨볼 만한 자가 없습니다. 더구나 관우는 이미 패해서 목숨을 잃었습니다. 촉한은 복수를 한다기보다는 우려와 두려움 속에 잠겨 있을 가능성이 더 높습니다. 절대로 출병을 하지 못합니다."

그러나 시중(侍中) 유엽(劉曄)의 분석은 달랐다. 그가 입을 열었다.

"촉한은 비록 영토가 비좁고 국력이 약하나 유비는 군사력 확충을 통해 실력을 보여 주려고 하고 있습니다. 반드시 출병할 것입니다. 더구나 그는 이번 기회를 통해 자신의 실력이 강한 것을 과시할 가능성이 높습니다. 아니 어쩌면 촉나라의 실력이 충분히 출병하고도 남는다는 사실을 과시할지도 모릅니다. 더구나 유비와 관우의 관계는 명의상으로만 군신이지 감정으로 볼 때는 형제 관계라고 해야 합니다. 동생이 살해당했는데 형이 출병하지 않으면 그건 무엇을 말합니까? 형제의 정리를 저버리는 것 아닙니까?"

과연 유엽의 말대로 유비는 관우의 죽음을 너무나 애통해했다. 게다가 자신에 대한 치욕으로까지 여겼다. 그렇다면 도저히 가만히 있을 수는 없는 일이었다. 곧 손권을 공략하겠다는 의사 표시로 이어졌다. 그러자 조운이 나서서 말했다.

"국적은 손권이 아니라 조조입니다. 폐하께서 위나라를 먼저 멸망시키면 손권은 저절로 귀순할 것입니다. 지금 조조가 이미 죽어 저 세상 사람이 됐으나 그의 아들 조비는 두 눈 멀쩡히 뜨고 살아 있습니다. 더구나 아버지보다 한 술 더 떠서 한나라의 정권까지 찬탈했습니다. 이에 대한 백성들의 불만은 하늘을 뚫고 있습니다. 우리는 이 기회를 노려야 합니다. 하루속히 한중을 탈취하고 황하, 위수의 상류 지역을 차지해야 합니다. 이렇게 되면 지리적으로 국적을 정벌하는 데 더 유리해집니다. 함곡관(函谷關) 동쪽의 의사(義士)들도 반드시 전마를 몰고 달려오면서 군량미까지 가지고 올 것입니다. 폐하의 정의의 군대를 맞이할 것이라는 얘기입니다. 그런데 어떻게 우리가 지금 조비를 방치하고 손권과 먼저 전쟁을 벌여야 합니까? 안 됩니다. 만약 양국이 전쟁을 벌이면 언제 끝날지도 모릅니다. 이는 결코 최선의 전략이 아닙니다."

조운의 작심한 듯한 충언은 많은 촉나라 조정 대신들의 호응을 얻었다. 그럼에도 유비는 평소의 그답지 않게 들을 생각조차 하지 않았다. 대세는 기울 수밖에 없었다.

유비는 자신의 뜻이 관철되자 출정의 길일을 택했다. 얼마 후 그는 대군을 거느리고 말에 올랐다. 몸에 황금색 용포를 걸친 채였다. 어전의 호위병들은 앞뒤로 그를 호위했다. 대군의 대오에서는 유비의 의지를 말해 주는 듯한 깃발이 힘차게 휘날렸다. 장군과 병사들의 철갑옷 역시 번득였다. 유비의 대군은 곧 성문 앞에 도착했다. 그런데 이게 웬일인가. 웬 사람이 성문에 내걸린 밧줄에 거꾸로 매달려 있었던 것이다. 그는 한 손에 칼을 쥐고 다른 한 손에는 상주서를 쥔 채 유비에게 말했다.

"폐하께서 만약 상주서를 올리지 못하게 하신다면 소신은 이 밧줄을 끊어 목숨을 버리겠습니다. 그것으로 폐하의 은혜에 보답하고자 합니다."

유비는 기분이 좋지 않았다. 급기야 그의 입에서 호통이 튀어나왔다.

"성문에 매달려 감히 짐이 가고자 하는 길을 막는 저 자는 도대체 누구인가?"

호위병들이 앞으로 달려 나갔다. 이어 그들이 달려와 말했다.

"저 사람은 태자태부 진복(秦宓)이라는 사람입니다. 자신의 목을 걸고 진언을 하겠다고 합니다."

유비는 말을 달려 앞으로 나가 진복을 가리키면서 욕설을 퍼부었다.

"어서 저 자를 끌어내 목을 베라."

유비의 명령이 떨어지기 무섭게 호위병들이 성문 위에 올라가 진복을 끌어내렸다. 그러자 진복이 소리를 마구 내질렀다.

"이렇게 매달리면서까지 제가 간언을 올리는데 어찌 소신이 죽음을 두려워하겠습니까? 폐하께서는 부디 현명한 판단을 하시기 바랍니다."

진복의 호소는 소용이 없었다. 그는 그대로 끌려 내려오지 않으면 안 되었다. 당연히 괘씸죄에 걸려 투옥도 돼야 했다.

유비는 예정대로 출정 길에 올랐다. 손권은 남군 태수이자 제갈량의 형인 제갈근을 사자로 보내 유비와 화해할 것을 청했다. 당시 그는 편지에 다음과 같이 썼다.

"폐하와 관우의 감정은 한 헌제와의 감정보다도 깊은 것입니까? 형주의 한 뼘 땅이 온 나라의 안위보다도 더 중요하다고 생각하십니까?"

그럼에도 유비는 막무가내였다. 손권의 은근한 권고를 고려해 볼 생각을 하지 않았다. 그야말로 완전히 막가파식이었다. 결국 이로 인해 그는 오나라에게 결정적인 대패를 당한 다음 왕조의 문을 닫는 단초를 제공하고 말았다. 관우, 장비와의 돈독한 정을 바탕으로 영웅으로 떠올랐던 그가 이들과의 감정에 휘둘려 나락으로 굴러 떨어지고 만 것이다. 둘과의 관계가 독이 든 성배였다고 하면 과연 너무 지나친 평가일까.

그 누구보다도 윤리 경영에 빨리 눈 뜬 지도자

기업의 존재 목적은 한마디로 단언하면 이윤에 있다. 이윤을 내지 못한다면 솔직히 존재 가치가 없다. 그러나 이 말은 목적을 위해서는 수단과 방법을 가리지 않아도 된다는 사실을 의미하지는 않는다. 아니 오히려 이윤을 내더라도 주변의 누구라도 수긍하는 수단과 방법을 통해 내야 한다는 것을 역설적으로 의미한다고 할 수 있다. 그렇지 않으면 기업의 이미지가 나빠질 뿐 아니라 주변으로부터 듣는 욕으로 인해 장기적으로는 존립하기조차 힘들게 된다. 한때 세계 최고의 부호였던 록펠러 1세가 아직까지 피도 눈물도 없는 잔혹한 경영인이라는 소리를 듣는 것은 결코 괜한 게 아니다. 그는 자신과 자신이 경영하는 기업의 이익을 위해서라면 마피아도 서슴지 않고 동원한 경영인으로 특히 유명했다. 기업 경영에 있어서도 윤리라는 게 중요하다는 사실은 이처럼 록펠러 1세의 사례만 들어도 잘 알 수 있지 않을까 싶다.

• • •

국가를 회사나 사업에 비유할 경우 유비는 삼국의 영웅 중에서 누구보다도 빨리 윤리 경영에 눈 뜬 지도자였다고 할 수 있다. 거의 인생 전반에 걸쳐 이런 노력을 기울인 것으로 평가해도 크게 틀리지 않는다. 이는 그의 말에서도 잘 알 수 있다. 조조와 자신을 늘 비교하면서 "조조는 성격이 급하다. 반면 나는 관대함을 덕목으로 한다. 조조는 포악하다. 하지만 나는 인의를 존중한다. 조조는 잔꾀를 잘 부린다. 그러나 나는 충직하게 한다. 모든 것이 조조와는 반대다. 그래서 일을 성사시킬 수 있었다."라고 윤리 경영에 철저한 CEO 같은 이미지를 자랑했다.

아마도 소설을 읽은 많은 사람들은 그럴 수도 있을 것이라고 생각할지 모른다. 그러나 진정으로 실천에 옮겼는가 하는 문제에 대해 언급하면 얘기는 조금 달라진다. 사례를 들어보면 잘 알 수 있다. 우선 조조가 천하의 터프가이 여포를 사로잡았을 때가 되지 않을까 싶다. 당시 유비는 조조에게 몸을 의탁하고 있었다. 그 때문에 조조는 여포의 처리 문제를 그에게 물었다. 아이러니하게도 그 역시 한때는 여포에게 신세를 진일이 있었다. 그러므로 여포에 대한 좋은 말을 해 줄 수도 있었다. 죽일 것까지야 있느냐 하는 말을 할 수 있었다는 얘기다. 그러나 그는 그러지 않았다. 대신 여포 입장에서는 뒤통수를 맞았다는 생각을 할 수밖에 없을 정도의 말을 했다.

"공께서는 저자의 주군이었던 정원이 어떻게 됐는지 모릅니까? 또 동탁은 어땠습니까? 후환을 두려워해야 합니다. 저는 더 이상 말을 하지 않겠습니다."

유비의 의사는 분명했다. 여포를 죽이라는 권고였다. 솔직히 한때 자신이 몸을 의탁했던 사람에게는 해서는 안 될 말이었다. 한마디로 도리가 아니었다. 그럼에도 그는 모진 입장을 견지했다. 이렇게 해서 여포는 유비의 말 한마디면 목숨을 부지할 수도 있었으나 졸지에 불귀의 객이 되고 말았다. 유비의 배신 탓이었다. 장로를 몰아낸다는 명분을 내건 채 유장의 병사를 빌린 다음의 행태 역시 윤리적인 방향과는 다소 거리가 멀었다. 장로는 공격하지 않고 오히려 자신에게 호의를 베푼 유장에게 칼끝을 겨눠 공정 경쟁이라는 룰을 저버린 것이다. 소설 등에서는 인자하고 속임수를 모르는 인물로 등장하나 사실은 그렇지 않았다는 얘기가 될 수 있다. 물론 그렇다고 그가 사기성 농후한 불량 CEO 스타일이라고 하기는 어렵다. 도덕적, 윤리적 경영을 하기 위해 끊임없이 노력은 했으니까 말이다. 그가 세상을 떠나기 직전 진의가 영원히 미스터리로 남을 탁고를 제갈량에게 한 것은 아마 이런 노력과 무관하지 않을 듯도 하다.

유비의 윤리 경영 마인드는 자신에게서는 100퍼센트 꽃을 피우지는 못했으나 제갈량에게는 상당히 긍정적인 영향을 미쳤다. 아니 어쩌면 CEO로서는 그가 유비보다 더 철저하게 윤리 경영 원칙을 고수한 인물이 아닌가 싶기도 하다. 그는 무엇보다 청렴하고 공명정대했다. 게다가 온후한 성품으로 포용의 경영을 했다. 그럼에도 상벌의 원칙은 흐트러지지 않도록 했다. 이 사실은 그가 세상을 떠나기 직전 아들 제갈첨(諸葛瞻)에게 남긴 『계자서(誡子書)』를 보면 잘 알 수 있다. 글의 곳곳에서 깨끗하게 살고자 했던 그의 심성이 그대로 드러나고 있다. 한번 살펴봐도 좋을 것 같다.

"무릇 사내의 행동은 차분함으로 자신을 수양하고, 근검절약으로 덕을 기르는 것이다. 맑고 투명하지 않으면 뜻을 세울 수 없다. 또 냉정하지 않으면 멀리 내다볼 수 없다. 모름지기 배움이란 차분해야만 뜻을 지극히 할 수 있다. 타고난 것이 아니라면 노력해서 배우지 않으면 안 된다. 노력하여 배우지 않으면 재능을 넓힐 수 없다. 마찬가지로 뜻을 세우지 않으면 배운 것을 성취할 수 없다. 게을러서는 분발해서 정진할 수 없다. 사납고 급해서는 좋은 품성을 가질 수 없다. 나이는 세월과 함께 흘러가고 지난날의 의지도 시간과 함께 사라져 끝내 아무것도 이루지 못한 채 허름한 초가집만 처량하게 지킨다면 그때 가서 후회해도 때는 늦으리라!"

위나라를 공격하기 위한 북벌에 나서면서 촉의 후주 유선에게 올린 『출사표』를 봐도 크게 다르지 않다. 무소불위라는 승상의 자리에 오래 앉아 있었음에도 재산이 뽕나무 밭 800주(株, 대략 3,000 평), 일반 밭 15경(頃, 대략 20만 평)밖에 되지 않는다고 스스로 밝히고 있다. 혹자들은 밭 20만 평이면 엄청난 재산이 아니냐고 할지 모른다. 하지만 제갈량 사후인 진(晉)나라 초기에 지금의 8급 공무원에 해당하는 관리의 재산이 15경이었다는 사실을 감안하면 얘기는 확 달라진다. 회사 돈을 마치 자신의 주머니 쌈짓돈으로 착각하고 횡령하는 일부 부도덕한 기업의 오너들과는 기본적으로 다르다고 할 수 있다.

제갈량은 자신이 한번 입 밖으로 내뱉은 말을 반드시 지킨 인물로도 널리 알려져 있다. 제갈량이 『출사표』를 쓴 다음 북벌에 나섰을 때였다. 당시 그가 지휘하는 촉나라 대군은 잦은 전투에 많이 지쳐 있었다. 어떻게든 휴식이 필요했다. 게다가 전투 역시 소강상태로 접어들고 있었다. 그러자 휘하의 장군들이 병사들의 사기 진작을 위해 휴가를 줄 것을 건의했다. 제갈량 역시 장기전에 필요한 식량 비축을 위해서는 병력을 쉬게 하는 것도 괜찮겠다는 생각에 즉각 건의를 받아들였다. 그러나 대략 4만 명의 병사들이 본국으로 돌아가기 위해 짐을 싸고 있을 때 위나라의 대군이 공격을 가해 왔다. 당연히 휘하 장군들은 휴가 보류를 건의했다. 하지만 그의 생각은 달랐다. "예로부터 대군을 지휘하는 요체는 믿음이다. 신뢰가 없다면 큰 이익이든 작은 이익이든 아무런 쓸모도 없다. 더구나 지금 본국의 부모형제와 처자식이 얼마나 우리 병사들을 기다리겠는가?"라고 말하면서 휴가 강행을 주장한 것이다. 촉나라 병사들은 그의 말에 감격했다. 즉각 제갈량에게 달려가 참전하게 해달라는 청원을 눈물로 하기에 이른다. 이후 벌어진 전투의 결과는 굳이 장황한 설명이 필요 없다. 죽기 살기로 싸운 촉나라의 완승으로 끝났다. 제갈량이 보여 준 윤리 경영의 승리인 셈이었다.

가장 아끼던 장군인 마속(馬謖)의 목을 눈물을 흘리면서 벤 장면에서도 원칙에 엄격한 윤리 경영 신봉자인 제갈량의 모습은 여실히 드러난다. 마속이 자신의 명령과 지시를 어겨 제멋대로 전투를 하다 가정(街亭)을 잃자 군율에 따라 처벌해 사사로운 감정을 버리고 엄정하게 법을 지킨 것이다. 지금도 이 고사는 읍참마속이라는 단어로 많은 사람들에게 회자된다. 내친김에 사족을 하나 더 달 필요도 있겠다. 주지하다시피 제갈량의 부인은 추녀로 유명했다. 그 때문에 주변에 지천으로 널린 미인들에게 눈길을 돌릴 법도 했다. 그러나 소설이나 정사를 봐도 그가 엉뚱한 염문을 뿌렸다는 얘기는 없다. 그저 첩이 하나 있었다는 기록 외에는 없다. 그럴 필요까지 없었지만 도덕적으로 상당히 절제를 하면서 가정까지 윤리적으로 경영했다는 얘기가 가능하겠다. 세상에 만약은 없지만 그가 유비 휘하에 있지 않았다면 과연 이렇게 깨끗하게 행동하는 것이 가능했을까. 여운이 남는다고 해야 할 듯하다.

조조는 간웅이라는 평가를 받고 있으나 정사를 보면 훨씬 윤리적이었다는 사실을 알 수 있다. '병자사립(兵者詐立)', 즉 병법은 속이는 것이라는 입장을 견지할 정도로 권모술수에 능했으나 사실은 항상 주위에 귀를 열어놓은 채 열린 경영에 나선 합리적인 스타일의 영웅이었다는 것이 후세인들의 대체적 평가다. 더구나 그는 철저하게 합리적인 현실주의자였을 뿐 아니라 부하의 장단점을 파악해 자신들의 능력을 최대한 발휘할 수 있도록 만드는 재주를 천성적으로 가지고 있었다. 여기에 '협천자 영제후'라는 말에서 보듯 천자의 권위를 이용해 제후들을 호령하는 권력을 가지고 있었음에도 불구하고 끝까지 황제에 등극하는 일은 하지 않았다. 그림을 크게 보고 사심을 가지지 않았다는 얘기라고도 하겠다. 이런 스타일의 CEO는 오늘날 기업의 경영을 하더라도 공금을 횡령하거나 무리한 인사를 하는 등의 전횡을 부릴 가능성이 제로에 가까울 수밖에 없다.

삼국지의 주인공들을 윤리 경영 차원에서 분석할 경우 간과해서는 안 되는 인물들도 있다. 바로 극단적으로 대비되는 유비 진영의 관우와 장비, 동탁과 여포 두 그룹의 주인공들이다. 이 중에서 가장 바람직한 CEO 상으로는 단연 관우가 손꼽힌다. 오너에 대한 충성, 경쟁자에 대한 예의 등 어느 하나 흠잡을 데가 없다. 오히려 유비보다 윤리 경영에 더 어울리는 인물이라고 해도 좋다. 반면 장비와 동탁, 여포는 윤리 경영이라는 틀에 대입해 보면 완전히 빵점짜리들이라고 해야 한다. 부하를 혹독하게 다뤄 죽음을 맞이하는 것이나 나눔의 의미를 저버리는 독식의 탐욕, 배반을 밥 먹듯이 하는 행태 등은 지금 시대에도 절대로 범해서는 안 되는 과오라고 해도 틀리지 않는다. 특히 동탁의 경우는 더욱 그렇다. 나눔 경영을 실천하지 않겠다는 것은 회사의 지속 가능한 발전에는 도통 관심이 없다는 사실을 여실히 말해 준다고 해도 좋다.

유비는 윤리 경영의 실천이라는 면에서는 100점 만점을 주기는 어렵다. 하지만 역시 이에 일찍 눈 떴다는 점에서는 평가를 받을 만은 하다. 더구나 노력을 경주했다는 사실은 그가 자산이 부족했으면서도 자신의 그룹을 그런대로 굴러가게 할 수 있었던 이유를 잘 말해 주지 않나 싶다.

152

때로는 허점과 약함을
적극적으로 보여 주는 것도 최상의 전략이다

강한 것은 부드러운 것을 잘 이기지 못한다. 이 때문에 외관적으로는 허약해 보여도 강한 것을 이길 수도 있다. 심지어 때로는 이렇게 허약한 모습을 일부러 보일 필요도 있다. 내가 허약하다는 사실을 고스란히 내보일 경우 적은 혹시 그것이 전략이 아닌가 하고 생각해 경거망동에 나서지 않을 수도 있기 때문이다. 이런 전략은 또 긴급한 상황이나 힘이 약할 때 사용하기도 한다. 유비는 이런 전략에 상당히 능했다. 아마 그래서 그 휘하의 장군들이 대체로 이런 전략을 잘 썼는지도 모를 일이다. 예컨대 장비와 조운이 그랬다. 모두들 짐짓 허술한 척하거나 허약함을 아예 노골적으로 드러냄으로써 막강한 적을 이긴 적이 있었던 것이다. 때로는 허약함을 보이는 것이 경우에 따라서는 최상의 전략일 수도 있다.

• • •

조조는 여포를 죽인 다음 유비를 데리고 허도로 돌아갔다. 유비는 조조 밑에서 은인자중했다. 가능하면 납작 엎드린 채 자신의 허약함을 드러냈다. 당연히 야심가의 면모는 가능하면 숨겼다. 조조는 이에 적잖게 안심을 했다. 그러나 곧 본색을 드러냈다. 원술을 공격하겠다는 핑계를 대고 허도를 빠져 나와 원술을 대패시켰다. 이어 그는 조조의 애장인 차주(車胄)를 살해한 다음 서주를 탈취했다. 이 정도에서 그치지 않았다. 원소를 꼬드겨서는 조조를 토벌하도록 했다. 조조는 분노하지 않을 수 없었다. 급기야 20만 대군을 일으켜 원소와 일전을 벌이는 동시에 유대(劉

曲), 왕충(王忠) 두 장군을 파견해 승상의 깃발을 내걸고 유비를 토벌하도록 명령했다.

때는 바야흐로 눈송이가 분분하게 흩날리는 초겨울이었다. 조조와 유비의 주력군은 눈을 무릅쓰고 진지를 죽 늘여 구축했다. 곧 관우와 왕충의 결전이 벌어졌다. 그러나 너무 싱거웠다. 자웅을 겨룬 지 겨우 몇 합 만에 관우가 말 위에서 왕충을 생포해 군막으로 돌아간 것이다. 장비는 처음부터 공을 세운 관우를 보자 은근히 마음이 초조해졌다. 그의 입에서 즉각 유비를 향한 부탁의 말이 터져 나왔다.

"이번에는 제가 유대를 사로잡아 오겠습니다."

유비가 대답했다.

"유대도 한때는 자신의 군사를 거느린 당당한 제후였네. 절대로 가볍게 볼 상대가 아닐세."

장비는 그러나 오불관언이었다. 냉소를 지으면서 다시 입을 열었다.

"그깟 인간쯤은 아무것도 아닙니다. 이 장비가 즉각 달려가 그놈의 목을 움켜쥐고 돌아오겠습니다."

"자네의 과격한 성정으로는 그자를 죽이고 말 것일세. 그러니 내가 걱정을 하지 않겠는가?"

"만약 제가 그자를 죽이게 되면 제 목을 내놓겠습니다."

유비는 그제야 3,000명의 인마를 장비에게 준 다음 성을 나가게 했다. 그러나 장비의 생각은 처음부터 어긋났다. 유대는 왕충이 사로잡힌 것을 알게 되자 영채를 더욱 굳게 지키고 나오지 않았다. 장비는 날마다 유대의 영채 앞으로 달려 나가 욕설을 퍼부었다. 그래도 유대는 영채 안에 틀어박혀 굳게 수비만 할 뿐 꼼짝도 하지 않았다. 관우와 비견되는 장비의 용맹을 잘 알고 있었던 것이다. 장비는 며칠 동안 욕설을 해도 유대가 대응을 하지 않자 초조해졌다. 유비에게 호언장담까지 한 터였으므로 더욱 그럴 수밖에 없었다. 그는 골똘히 머리를 굴렸다. 곧 어떤 영감이 그의 뇌리를 스쳐 지나갔다. 그는 느닷없이 군사들에게 엉뚱한 명령을 내렸다.

"오늘 이경(二更, 밤 9시에서 11시)에 적을 야습한다. 모두들 단단히 준비를 하도록 하라."

그다음은 더욱 엉뚱했다. 밤에 공격을 한다고 하고서는 낮부터 술을 마시기 시작한 것이다. 그뿐만이 아니었다. 그는 마치 작심한 듯 만취 상태에서 군막을 돌아다니면서 주정까지 부렸다. 심지어 어느 병사의 조그마한 실수를 트집 삼아 마구 때리는 추태도 보였다. 그는 그래도 분이 풀리지 않았는지 혀가 꼬부라진 상태에서 호통을 쳤다.

"오늘 밤 출병할 때 네놈의 머리를 놓고 승리를 기원하는 제사를 올리겠다."

장비가 길길이 날뛰는데도 주위에서는 누구 하나 말리는 사람이 없었다. 이윽고 밤이 되었다. 장비는 정신이 들었는지 부하들에게 치도곤을 당한 병사를 풀어주라는 지시를 내렸다. 병사는 풀려나기 무섭게 정신없이 탈출을 감행했다. 장비의 무자비한 폭행에 당한 것이 너무나 억울했던 모양이었다. 그는 곧이어 유대의 영채로 들어가 장비의 야습 계획을 알렸다.

유대는 의심이 들어 투항해 온 병사를 자세하게 뜯어봤다. 피부가 찢기고 터지면서 온몸이 상처투성이인 것이 눈에 들어왔다. 그는 병사의 말을 믿어야 한다는 생각이 강하게 드는 것을 어쩌지 못했다. 그의 입도 즉각 반응했다.

"좋아, 내가 오늘 장비 저놈에게 내 복병들의 용맹을 보여 주고야 말겠어."

유대는 모든 군병들에게 영채 밖에서 매복하라는 명령을 내렸다. 그것은 독 안에 든 자라를 잡는 전략이었다. 그는 그물을 쳐 놓은 채 그대로 장비의 야습을 기다렸다.

그날 밤 과연 장비는 병력을 세 부분으로 나눠 공격해 들어왔다. 첫째 번 한 갈래는 병사 30명만으로 이뤄져 있었다. 그들의 임무는 영채로 숨어 들어가 불을 놓는 것이었다. 나머지 두 갈래는 불을 신호로 좌우 양측으로 유대의 복병을 치는 것을 임무로 하고 있었다.

드디어 장비가 나설 시간이 되었다. 그는 직접 정병을 거느리고 유대가 도주해 올 것이 확실한 곳을 선택해 기다리기로 했다. 얼마 후 예정대로 장비의 선발대 30명은 유대 영채에 불을 붙였다. 유대의 복병들은 타오르는 불길을 보자마자 장비가 매복에 걸린 것으로 착각했다. 일제히 소리 높이 외치면서 영채 안으로 쳐들어갔다. 그러나 누가 알았을까, 장비의 두 갈래 군마가 일제히 달려 나와 유대의 복병들을 포위하면서 공격할 줄을. 유대의 군대는 전혀 예상도 하지 않은 공격을 순식간에 당하자 우왕좌왕하지 않을 수 없었다. 사방으로 뿔뿔이 흩어져 달아나기에 바빴다. 유대는 그제야 속은 줄 알고 황급히 패잔병을 거느리고 도주하려고 했다. 그러나 그건 생각뿐이었다. 그를 기다리는 것은 그토록 보고 싶어 하지 않았던 장비였다. 그는 급히 몸을 피했다. 장비가 가만히 있을 까닭이 없었다. 즉시 말을 몰아 그의 목덜미를 잡아챘다. 유대는 가볍게 사로잡히고 말았다. 나머지 위나라의 병사들은 모두 항복하지 않을 수 없었다.

기고만장해진 장비는 즉각 사자를 서주로 보내 유비에게 승전보를 보고했다. 유비는 마치 그럴 줄 알았다는 표정으로 환하게 웃으면서 관우에게 장비에 대한 칭찬을 했다.

"익덕은 늘 거칠고 성급하기만 하더니 이제는 지모까지 써서 전과를 올리는 구려. 이제 내 마음이 놓이는군."

장비는 삼국지의 무장 중에서는 가장 터프한 무장으로 손꼽힌다. 마초가 따로 없다고 해도 좋다. 실제로 그는 소설이나 정사에서 모략을 별로 쓰지 않은 가장 대표적인 무장으로 불려도 손색이 없다. 그렇다면 그는 때로는 허술하게 보이는 척하면서 승리를 낚는 것이 최상의 전략이 될 수 있다는 사실을 몰랐을까. 유대를 사로잡은 전략을 보면 그렇지는 않은 것 같다. 현재 찾아볼 수 있는 자료를 가지고서는 그가 유비와 자신의 전략과 관련해 어떤 교감을 가졌다거나 유비의 지시를 받았는지는 알 수 없다. 그러나 모략과는 거리가 먼 그가 모략을 썼다는 사실과 유비가 마치 기다렸다는 듯 장비를 칭찬한 것을 보면 가능성이 전혀 없지도 않은 것 같다. 유비 진영에서 허약한 모습을 보이는 전략을 통해 승리를 낚은 케이스가 더 있으니까 말이다. 예를 들어봐도 괜찮다.

건안 24년 황충이 하후연을 정군산에서 죽이고 승리를 낚았을 때였다. 조조는 엄청나게 격노했다. 직접 40만 대군을 인솔해 장안에서 사곡으로 공격해 올 정도였다. 그는 기세대로 요충지를 점령한 다음 장합에게 양식과 마초 등을 북산의 기슭에 옮기라고 명령했다. 이판사판이라는 말처럼 유비와 자웅을 겨룰 생각인 모양이었다.

유비는 세가 불리해진 것을 느끼자 지키는 전략을 선택했다. 또 제갈량과 적에 승리할 수 있는 전략을 상의하는 것도 잊지 않았다. 기대에 어긋나지 않게 제갈량이 말했다.

"지금 조조는 아직 군량미도 충분히 준비하지 않은 상태에 있습니다. 틀림없이 경솔하게 공격해 오지 않을 것입니다. 그렇다면 우리는 이걸 역이용해야 합니다. 조조의 영채에 몰래 잠입해 군량미를 불로 태울 경우 대군의 사기는 충천할 것입니다."

제갈량은 말을 마치자 바로 황충과 조운에게 출전 준비를 하도록 지시했다. 황충은 늙은 나이에도 전의가 넘치는 조운보다 먼저 출정에 나서고자 했다. 그러자 조운이 흔쾌히 대답했다.

"좋습니다. 장군께서 먼저 나가신다면 제가 영채를 수비할 것입니다. 내일 군량미를 불태워 버리고 점심 때 무사히 돌아오시면 저는 가만히 있을 것입니다. 그러나 만약 점심 때 돌아오지 않으시면 제가 병사를 동원해 지원하러 가도록 하겠습니다."

황충은 다음 날 동이 채 트기도 전에 군사를 이끌고 북산으로 향했다. 곧 조조의 군량미가 쌓이는 영채는 그의 병사들에 의해 포위되었다. 그의 병사들이 군량미에 불을 지르려 할 때였다. 조나라의 장군 장합이 달려와 황충과 격전을 벌이기 시작했다. 얼마 후에는 조조가 보낸 서황까지 합류했다. 황충은 점점 위급한 상황으로 내몰렸다. 점심때까지 싸웠는데도 포위를 뚫지 못했다.

황충이 돌아오기를 초조하게 기다리던 조운은 황급히 군사 몇십 명을 데리고 영채 밖으로 나갔다. 오래지 않아 앞쪽에 티끌이 자욱하게 일었다. 조조의 군대가 앞길을 가로막은 것이다. 그는 물러서지 않고 싸웠다. 하지만 조조의 군사들은 계속 많아지기만 했다. 그는 젖 먹던 힘까지 발휘해서야 겨우 포위망을 뚫고 영채 쪽으로 도주할 수 있었다.

조조가 직접 대군을 거느리고 조운을 추격했다. 조운이 영채에 다다르자 부장인 장익이 말했다.

"영채의 문을 닫아걸어야 하겠습니다."

하지만 조운의 말은 달랐다.

"아닐세, 영채의 문을 활짝 열어놓으라고. 나는 과거 장판파에서 혼자의 몸으로도 조조의 백만 대군 앞에서 무서워하지 않았어. 그런데 지금은 병사들이 있어. 무서워할 것이 뭐가 있겠는가?"

조운은 전혀 두려움이 없다는 표정을 지은 채 일부 병사들을 영채 밖의 구덩이 안에 매복까지 시켰다. 이어 나머지 병사들에게는 깃발을 내리고 북을 멈추라고 했다. 그는 그런 다음 창을 들고 홀로 영채 앞에 우뚝 섰다.

조조는 해가 지기 직전에 영채 앞에 이르렀다. 영채 안에서는 아무 소리도 들리지 않았다. 그저 조운만이 창을 든 채 홀로 겁도 없이 위풍당당하게 서 있었다. 조조는 조운의 모략에 걸려들지 않을 것인가 우려하기 시작했다. 얼마 후 그는 몸을 돌이켜 도주하기 시작했다. 아무래도 이상한 생각이 든 것이다. 조조의 병사들은 제 풀에 혼란에 빠져 버렸다. 조운은 그 틈을 놓치지 않고 추격전에 나섰다. 그러자 장합이 영채를 버리고 도주했다. 조조 역시 북산의 군량을 버리고 남정으로 도주했다. 유비는 승리의 소식을 듣고 조운에게 달려와 말했다.

"자룡은 참으로 담력이 대단하시오."

유비의 말은 사실 틀린 것이 아니었다. 만약 조조가 평소대로 전술을 운영했다면 조운 역시 위기에 봉착할 수 있었다. 그러나 조조는 그렇게 하지 못했다. 상대의 허약함을 보고 너무 깊게 생각하다 하지 않을 판단까지 한 것이다. 결과적으로 지지 않아도 되는 싸움에서 대패하고 말았다. 조조가 자신의 꾀에 빠진 케이스에 해당한다고 봐도 좋을 듯하다.

유비 그룹은 세 그룹 중에서 가장 전력이 약했다. 정공법으로 나갈 경우 도저히 상대에게 완승을 거두기가 어려웠다. 손자의 허허실실 전략으로 봐도 괜찮은 허약함을 보이는 전술이 유비를 비롯한 그의 진영 대부분의 장군들이 써먹은 것은 때문에 너무나 당연한 일이 아니었나 싶다.

남을 아는 만큼이나 자기 자신도 알다

남을 정확하게 아는 것은 쉬운 일이 아니다. 그러나 자신을 분명하게 통찰하는 것도 쉬운 일은 아니다. 오죽했으면 소크라테스가 "너 자신을 알라."고 설파했을까. 지도자로서 자신을 아는 것은 그러므로 반드시 갖춰야 할 기본 덕목이라고 해도 크게 틀리지 않는다. 특히 역경에 빠졌을 때는 항상 남뿐만 아니라 자기 자신을 객관적으로 통찰할 줄 알아야 한다. 일이 순조로울 때는 굳이 자신에 대한 통찰력을 발휘하지 못해도 크게 위태롭지 않을 수 있으니까 말이다. 유비는 이 점에서도 확실히 장점이 있었다. 자신을 너무나 잘 알았다.

· · ·

유비는 일생 동안 정치의 바다에서 수많은 시련을 겪었다. 시쳇말로 산전수전에 공중전까지 다 겪었다. 많은 경험을 쌓을 수밖에 없었다. 자연스레 사람을 식별하는 노하우도 나름대로 쌓을 수 있었다. 단적인 사례로 자신의 의제들인 관우와 장비를 제대로 파악한 능력을 볼 수 있다. 장점과 단점을 정확하게 지적해 내고 있다. 우선 관우에 대한 평가를 보자. 관우는 병사들은 살뜰하게 대해줬다. 그러나 정작 자신과 비슷한 입장인 장군들 앞에서는 거만하기 그지없었다. 반면 장비는 유능한 장군들을 존경하기는 했으나 술에 취한 다음에는 항상 병사들에게 가혹하게 굴었다. 심지어는 가혹한 채찍질까지 했다. 유비는 이 모든 것을 그야말로 부처님이 손바닥 안의 손오공을 보듯 잘 알고 있었다. 그가 얼마나 남을 잘 아는지는 임종할 때 마속에 대해 제갈량에게 말한 내용을 보면 알 수 있다.

"마속은 사실보다 과장해 말하는 좋지 않은 버릇이 있는 인물입니다. 크게 필요한 인물이 아닙니다."

그의 이 말은 마속이 가정에서 대패한 다음 그대로 실증이 되었다. 제갈량은 어쩔 수 없이 마속의 목을 쳐야 했다. 혹시 그의 뇌리에서는 자신보다 사람 보는 눈이 뛰어날 수도 있는 유비의 얼굴이 떠오르지 않았을까.

유비는 남을 아는 만큼이나 자신에 대해서도 잘 알고 있었다. 우선 자신을 조조에 비교한 말을 들 수 있다. "나와 조조는 불과 물처럼 융합할 수 없다."라면서 확실하게 다른 스타일이라는 사실을 강조한 바 있다. 그는 또 제갈량이 "명공(유비)께서는 스스로 조조와 비교해 어떻다고 생각하십니까?"라고 묻자 "비교할 수도 없다."면서 자신의 재주가 조조에 비해 많이 뒤떨어진다는 사실을 시인하기도 했다. 그는 바로 자신을 잘 아는 이런 능력 때문에 뛰어난 주변의 선비들을 예의와 겸손으로 대할 수 있었다. 당연히 이런 자세는 대단한 강점이었다. 많은 인재들이 그의 밑으로 들어올 수 있었다. 나중에는 점점 강해져 황제를 칭하는 것이 가능했다.

실례를 들어보면 정말 그렇다는 사실을 알 수 있다. 예컨대 마초는 유비에게 몸을 의탁할 때 "구름과 안개가 물러나고 푸른 하늘이 보이는 느낌이 들었다."고 말한 바 있다. 자신을 알아보는 것에 감동했다는 얘기가 될 수 있다. 조운의 케이스도 사례로 부족함이 없다. 무엇보다 그의 말에서 파악이 가능하다.

"저는 사방에서 분주하게 뛰어다니면서 살았습니다. 현명한 군주를 구하려고 했습니다. 그러나 구하지 못했습니다. 그런데 지금 주군을 따르게 되니 평생의 소원이 이뤄졌습니다. 간이 터져 나와 길에 쏟아지더라도 목숨을 아끼지 않을 것입니다."

아쉬운 것은 자신을 깊이 통찰하는 그의 능력이 시간이 지나면서 많이 퇴색해 갔다는 사실이었다. 특히 말년에는 더욱 그랬다. 제갈량뿐 아니라 충신들의 간언을 모르는 채 하는 경우도 적지 않았던 것이다. 한 가지 케이스를 예로 들어봐도 좋을 듯하다. 유비 만년에 한나라 헌제가 살해를 당했다는 소식이 급속도로 퍼졌다. 이에 유비는 상복을 입고 헌제를 위해 장례식을 치렀다. 또 헌제를 효민황제(孝愍皇帝)로 추증했다. 한때 황숙이라는 호칭으로 불린 그로서는 할 도리를 다 했다. 여기까지는 정말 그 자신의 역할을 너무나 잘 알았다. 그러나 신하들이 분분히 상주해 그에게 제위에 오르도록 강력 촉구했을 때는 사뭇 달랐다. 당시 전부사마(前部司馬) 비시는 상주문을 올려 다음과 같이 주장했다.

"대왕은 국적 조조 부자가 황위를 찬탈한 것을 응징해야 합니다. 그러기 위해 지금 힘을 기르고 있습니다. 그러나 지금 아직 승리를 거두지 못하고 있습니다. 그럼에도 먼저 자립하면 인심이 흉흉해질 수 있습니다. 옛날 고조(유방)께서는 장초(張楚)와 진나라를 계승하는 자는 왕이 된다고 약속했습니다. 그러나 본인이 함양에 진출하고 자영(子嬰)를 잡았는데도 여전히 왕의 칭호를 사양했습니다. 지금 대왕은 촉에서도 나가지 못하는 상태에 있습니다. 자립하는 것은 저의 졸견으로 볼 때는 마땅치 않다고 봅니다."

유비는 당시 신하들의 강권을 계속 피하고 있었다. 그럼에도 비시가 언짢은 말을 한 것에 대해서는 상당히 불쾌감을 가졌다. 급기야 비시의 지위를 강등시키는 조치를 취했다. 자기 자신을 잘 아는 사람치고는 명백하게 두드러지는 실수가 아니었나 싶다.

관우가 손권에 의해 죽었다는 소식을 들었을 때도 비슷했다. 우선 그는 평소의 조용한 스타일과는 다르게 소리를 외치면서 바닥에 쓰러져 기절했다. 이어 통곡을 하면서 말했다.

"나와 운장은 생사를 함께한다고 맹세까지 했다. 그러나 이제 아우가 세상을 떠났다. 이제 어떻게 나 홀로 살겠는가? 나 혼자 어찌 부귀영화를 누릴 수가 있는가?"

이후 유비는 진짜 자신의 말대로 했다. 하루에 네다섯 번이나 기절할 정도로 통곡했다. 또 사흘에 물 한 모금 안 마신 채로도 통곡했다. 심할 때는 눈물이 옷을 적셔 알록달록 피처럼 보이기도 했다. 매일 초혼(招魂)에 나서고 제사를 올린 것은 기본이었다. 그랬으니 신체에 눈물과 피가 고갈되는 상황이 도래하는 것은 별로 이상할 까닭이 없었다. 이 와중에 다시 비보가 날아들었다. 장비까지 살해를 당했다는 소식이었다. 유비는 더 이상 울 기운도 없었다. 급기야 절망에 몸부림치면서 말했다.

"익덕도 죽었으니 짐이 어찌 홀로 살고자 하겠는가?"

의동생들을 잃고 비통해하는 것은 비난할 것이 못 된다. 아니 그게 인간의 도리라고 해야 한다. 하지만 일국의 통치자라면 얘기가 달라진다. 슬픔을 뒤로 하고 국가를 제대로 관리하는 데 눈을 돌려야 했다. 그게 제대로 된 통치자의 자세라고 해야 한다. 그러나 그는 그렇게 하지 않았다. 개인적인 정리를 중요하게 생각했지 자신이 한 국가의 지도자라는 생각을 잊었다. 자신을 몰라도 너무 몰랐다.

물론 그는 마지막에 백제성에서 제갈량에게 탁고를 하면서 자신이 어떻게 해야 하는지에 대한 각성을 했다. 정신을 차린 것이다. 눈물을 비 오듯 하면서 다음과 말하기도 했다.

"짐은 승상을 얻은 이후 다행히도 제업을 이뤘습니다. 그러나 짐은 견식이 천박해 승상의 말을 듣지 않고 스스로 실패를 자초했습니다. 지금은 뼈저리게 뉘우치고 있습니다. 그러나 병이 위독하게 돼 목숨이 경각에 달려 있습니다."

그는 또 아들들에게도 자신의 실수를 인정하는 듯한 요지의 말을 했다.

"내가 떠난 후에 너희 형제 셋은 승상을 아버지처럼 모셔야 한다. 조금이라도 소홀히 여기면 안 된다. 그러면 하늘이 너희 불효자들을 멸할 것이다."

유비는 마지막에 확실히 자신을 잘 아는 과거의 그로 돌아와 있었다. 그러나 이미 화살은 시위를 떠난 뒤였다. 자신의 입장을 모르고 경거망

동한 대가를 치루지 않으면 안 되었다. 말할 것도 없이 결과는 국력의 급격한 쇠락이었다. 안타까운 일이 아닐 수 없었다. 하지만 마지막에 자신의 본분을 찾아 지키려고 노력했다는 사실을 감안하면 그는 그래도 누구보다 자신을 잘 아는 사람이었다고 해도 과하지 않을 듯하다.

제7장
전형적인 외유내강의 파이터

유비는 확실히 조조와 손권보다는 부드러운 이미지를 가진 사람이었다고 할 수 있다. 소설에서나 정사에서나 공히 그랬다고 해도 틀리지 않는다. 그렇다면 그는 언제나 양보하고 평화를 부르짖는 유약한 인물이었을까 하는 의문이 들지 않을 수 없다. 결론부터 말하면 그렇지 않다고 해야 한다. 만약 그랬다면 그는 아마 처음부터 거병을 하지 않았을 것이다. 또 설사 거병을 했더라도 남의 수하로서 만족했을지도 모른다. 하지만 그는 그렇게 하지 않았다. 한없이 무른 것 같으면서도 끊임없이 투쟁을 했다. 또 이 과정에서 부드러움으로 굳센 것을 물리쳤다. 약함으로 강함에 대항했다. 뛰어난 지모로 무력에 대응했다. 그는 이렇게 평생을 일관했다. 한 마디로 전형적인 외유내강의 싸움닭, 파이터였다. 어떻게 보면 중국 전통 무술인 태극권(太極拳, 동작이 부드러우나 웬만한 격투기는 가볍게 물리치는 것으로 알려진 무술)의 진정한 고수가 아니었을까? 그렇다고 단언해도 괜찮을 듯하다.

대를 위해 눈물을 머금고 양아들을 제거하다

고대에 후계자를 세우는 것은 어느 왕조나 집안에 있어서든 정말로 중요했다. 후계자를 어떻게 세우느냐에 따라 종종 한 왕조와 국가의 흥망이 엇갈렸다. 말할 것도 없이 후계자인 적장자(嫡長子), 즉 적통을 가진 큰아들을 세우는 것이 정상이었다. 이 원칙을 지키면 대체로 큰 탈은 없었다. 하지만 중국 역대 왕조의 통치자들을 보면 늘 이 문제에서 실수를 하곤 했다. 삼국 시대도 크게 다르지 않았다. 이 문제로 인해 촉발된 비극이 정말 많았다.

* * *

원소는 몰락한 황실 가족과는 비교도 안 되는 막강한 가문의 배경이나 이를 통해 확장한 세력으로 보면 충분히 일가를 이룰 만한 인물이었다. 그럼에도 그는 실패했다. 명실상부한 영웅이 되지 못했다. 그의 집안 역시 졸지에 역사 속으로 사라지는 운명에 처하지 않으면 안 되었다. 이유는 여러 가지가 있을 수 있다. 우선 군사적으로 실패했다. 더 큰 이유는 그가 임종할 때 내린 결정과 관련이 있다. 당시의 관습에 따르면 그는 적장자인 원담(袁譚)을 후계자로 내세워야 했다. 그도 처음에는 그렇게 생각했다. 그러나 실제로 그런 결정을 내리기에는 그가 셋째 아들 원상(袁尙)을 너무 사랑했다. 게다가 그는 갈수록 적장자인 원담을 탐탁치 않게 여겼다. 급기야 형의 양자로 보내고 말았다. 후계자에서 원천적으로 배제해 버린 것이다. 당연히 원소가 세상을 떠나자 원담은 적장자로서의 권리 찾기에 나섰다. 형제간의 피 터지는 싸움은 아주 자연스럽게 찾아왔다. 형제간의 싸움은 파멸을 불러왔다. 조조가 이 과정에서 어부지리를 본 주인공이었다. 이로써 원소 가문은 당시 정국에 아무런 영향을 미치지 못하는 별 볼 일 없는 집안으로 조용히 전락하게 되었다.

일반적으로 유비는 원소와 많이 다른 인물로 비교된다. 무엇보다 출신이 그렇다고 해야 할 듯하다. 우선 원소는 선대가 대대로 삼공(三公)의 자리에 올랐던 당대 최고 명문가의 자제였다. 그가 동탁을 토벌하는 18로 제후 연합군의 사령관이 된 것은 다 이유가 있었다. 반면 유비는 황실의 종친이라는 백그라운드는 있었으나 집안은 빈한했다. 출발 역시 달랐다. 원소는 태어날 때부터 입에 물었던 황금 숟가락을 바탕으로 승승장구했으나 유비는 죽어라 하고 고생을 했어도 기반을 닦지 못하고 있었다. 게다가 자식 복도 지지리도 없었다. 남에게 이리저리 몸을 의탁하고 있을 때인 초창기만 해도 아들이 없었다. '아두'로 불리는 유선이 태어난 것은 그나마 안정적인 기반을 가진 채 유랑하고 있을 때였다. 그가 양자를 들인 것은 그래서 전혀 이상할 게 없었다. 그가 들인 양자는 유봉(劉封)으로 유표의 조카 유반의 외조카였다. 원래 구(寇)라는 성을 쓰는 집안의 아들로 유비에게는 나름 괜찮은 양자라고 해도 좋았다. 양아버지인 유비가 익주를 공격할 때 출전해 대단한 용맹을 떨칠 정도의 인물이었으니까. 그는 이 공로로 익주가 평정된 다음 부군중랑장에 임명되기도 했다. 그러나 문제는 유비가 양자를 들인 직후 유선을 뒤늦게 얻었다는 사실이었다. 어쨌거나 적장자를 우선하는 것이 당연시됐던 당시 사람인 유비로서는 찜찜할 수밖에 없었다. 물론 당시에는 이 모든 것이 그저 조용히 묻혀 있었다.

하지만 유선이 점점 커가면서 상황은 복잡하게 꼬이기 시작했다. 뭔가 분위기가 좋지 않게 변하고 있었던 것이다. 변고가 일어날 조짐도 보이고 있었다. 그리고 그 순간은 너무나 빨리 오고 말았다. 때는 219년이었다. 유봉은 방릉을 공격한 맹달이 상용(上庸)을 공격하려 하자 유비의 명령을 받고 한중에서 군사를 이끌고 나갔다. 맹달의 주장이 돼 함께 상용으로 간 것이다. 그는 이때에도 맹활약을 했다. 상용 태수 신탐(申耽)의 항복을 받아냈다. 이 공으로 그는 부군장군에 임명되었다. 그러나 그는 조인을 번성으로 몰아넣은 관우의 원군 요청을 받았을 때는 응하지 않았다. 상용을 점령한 지 얼마 되지 않았다고 판단했기 때문이다. 또 주지하다시피 이로 인해 관우는 손권에게 패해 참수되었다. 유비는 당연히 유봉과 맹달에 대한 감정이 좋을 수가 없었다. 이 와중에 유봉과 맹달이 불화하는 상황이 발생했다. 급기야 유봉은 맹달의 군사들을 빼앗았다. 분노한 맹달은 위나라에 투항하는 극단적인 선택을 했다.

맹달은 위나라에 투항하기 무섭게 칼을 거꾸로 들이댔다. 정남장군 하후상(夏候尙), 우장군 서황을 이끌고 유봉을 공격했다. 이때 맹달은 유봉이 곧 숙청될 것이라는 사실을 예감했다. 그래서 그에게 위나라에 귀순할 것을 제의했다. 얼마 후 신탐의 아우 신의(申義)가 유봉을 배반하는 일이 벌어졌다. 유봉은 대패해 성도로 달아났고, 신탐은 유유히 위나라에 항복했다.

유비는 유봉이 귀국하자 관우를 돕지 않은 것에 대한 책임을 강하게 물었다. 제갈량 역시 그의 편은 아니었다. 결국 유봉은 자살 명령을 거부하지 못하고 목숨을 바쳤다. 맹달의 제의를 거절한 것이 후회막급이었으나 이미 물은 엎질러진 뒤였다.

소설 『삼국연의』에 따르면 유봉의 죽음은 당연한 것처럼 생각하기 쉽다. 이유는 간단하다. 그가 간접적으로 관우를 죽게 만드는 데 일조했으니까 말이다. 이에 대해 모종강은 "의형제의 죽음이 주는 고통을 이기지 못하고 양자와의 정을 저버렸다."라고 주장하기도 했다.

그러나 진실은 조금 다르다고 해야 한다. 유봉이 유선의 지위를 위협했기 때문이라고 봐야 진실에 더 가깝지 않을까 싶다. 물론 유비는 양자 유봉에게 자살을 명할 때 조금 망설이기는 했다. 친아들 유선을 위해서는 반드시 제거하기는 해야 하나 그동안의 정을 매정하게 끊는 것이 가슴 아팠다는 얘기가 되겠다. 그러나 당시 제갈량은 유비 집안의 상황을 너무나 분명하게 파악하고 있었다. 또 유비의 마음을 모르지 않았다. 그 때문에 유비에게 과감하게 유봉을 제거하라는 권고를 할 수 있었다.

그렇다면 제갈량은 유봉에게 무슨 감정이 있었을까? 도대체 비교적 인후한 성품인 그가 왜 유봉에게만은 싸늘한 태도를 견지했을까?

결론적으로 말해 제갈량은 유봉에게 아무런 개인적 원한이 없었다. 앞서 말한 대로 황위의 계승 문제가 가장 컸다고 해야 한다. 유비는 유봉을 입양하고 나서 유선을 낳았다. 자격으로 따져 보면 두 사람은 모두 유비의 계승자가 될 수 있었다. 그렇다면 도대체 누가 황위를 물려받아야 하는가? 유비에게 있어서는 당연히 자신의 육친인 유선에게 황위를 주고 싶었을 것이다. 또 전통적인 관념에 따르면 제갈량 역시 유선을 보좌하기 원했을 것이다. 바로 이 때문에 유봉은 은근하게 불복하는 감정을 가질 수도 있었다. 더구나 유비가 죽은 다음 성격이 강한 유봉이 황위 찬탈에 나서려고 할 경우 유선은 적수가 될 수 없을 가능성이 높았다. 생각이 여기에까지 미치자 제갈량은 부득이하게 유비에게 잔인한 건의를 할 수밖에 없었다. 유비 역시 주판알을 튕겨 본 다음 제갈량의 권고를 받아들였다. 죽은 유봉만 불쌍하게 된 것이다. 그러나 대국적인 견지에서 보면 유비의 결정은 어쩔 수 없는 고육책이었다고 해도 좋다.

소통은 조직 경영을 위한 최고 전략이자 덕목이다

기업의 CEO나 어떤 조직의 리더에게 필요한 덕목은 많다. 뛰어난 리더십과 능력, 인품 등이 역시 일반적인 덕목으로 가장 먼저 꼽힐 수 있겠다. 그러나 이런 덕목도 당사자가 아랫 사람들과의 뛰어난 소통 능력을 가지고 있지 못하면 별로 위력을 발휘하지 못한다. 자기 혼자 생각하고 결단하면서 조직의 효율을 극대화시키려 하는 것은 그야말로 연목구어와 별로 다를 바 없기 때문이 아닐까 싶다. 이런 점에서 보면 다른 것은 조금 부족하더라도 소통은 조직을 경영하기 위해서는 정말 없어서는 안 될 덕목이자 전력이 아닐까 싶다. 정사 『삼국지』나 소설 『삼국연의』 등이 이런 소통의 중요성을 곳곳에서 벌어지는 사건과 주인공들을 통해 강조하고 있는 것은 그래서 다 나름의 이유가 있는 것 같다. 당연히 유비는 이런 전략에서도 나름의 일가견이 있었다.

• • •

간언을 잘 받아들이는 것과 소통은 일견 같아 보인다. 그러나 깊이 들어가면 분명히 다르다. 간언을 잘 받아들인다는 것은 일단 좋은 덕목이기는 하다. 독불장군처럼 남의 말을 전혀 안 듣는 것보다는 분명 100배 정도는 낫다. 하지만 간언을 잘 받아들인다는 것은 역설적으로 남이 간언을 하게 만드는 결정적인 약점이 있다는 사실을 말해 준다. 한마디로 최선은 아닌 것이다. 그렇다면 최선은 주변에서 간언을 하지 않도록 만드는 것이 될 수밖에 없다. 이런 덕목은 말할 것도 없이 주변과의 소통에서 온다. 따라서 간언을 잘 듣는 것은 소통을 잘하는 것보다는 한 수 아래의 덕목이라고 해야 한다. 따라서 소통을 잘하는 사람은 기본적으로 간언도 잘 받아들인다. 반면 간언을 잘 받아들이는 사람이 소통을 반드시 잘하는 사람은 아닐 수 있다.

주인공들의 면면을 살펴볼 때 『삼국지』나 『삼국연의』에서 소통과 관련해 가장 먼저 거론해야 할 인물은 역시 유비가 아닌가 생각된다. 때와 운을 타고난 조조나 지리적인 이점을 가지고 있던 손권에 비한다면 완전히 적수공권인 그가 유랑걸식을 하면서 그래도 나중에 창업에 성공한 것은 역시 이 소통의 능력과 깊은 관계가 있다고 해야 하기 때문이다.

그의 소통 능력이 가장 대표적으로 발휘된 것은 일면식도 없던 관우, 장비와 맺은 도원결의 때라고 해야 할 듯하다. 당시 유비는 관우나 장비와 일면식이 전혀 없었다. 그럼에도 둘과 바로 의기 상통했다. 소통의 능력이 대단했다는 얘기가 되겠다. 이뿐만이 아니다. 관우와는 나이가 비슷했거나 더 어렸을 가능성이 있었음에도 결의형제를 입에 올리는 순간 형으로 바로 추대를 받았다. 관우와의 소통이 얼마나 물 흐르듯이 이뤄졌는지를 알게 해주는 대목이다.

제갈량을 스카우트한 삼고초려 대목 역시 그의 소통 능력을 언급할 때 빼놓을 수 없다. 정말 소통의 능력이 보통이 아니라는 사실을 알게 된다. 『삼국지』, 「제갈량전」의 다음과 같은 내용을 보면 더욱 확연해지지 않나 싶다.

"(삼고초려) 이후부터 유비는 제갈량과의 정이 나날이 친밀해졌다. 이에 관우와 장비 등이 기뻐하지 않았다. 유비는 아우들에게 설명을 하지 않을 수 없었다. '나에게 공명이 있는 것은 물고기가 물을 만난 것과 같소. 여러분들이 다시는 언급하지 않기를 원하오.' 이에 관우와 장비는 곧 논의를 그만뒀다."

제갈량뿐만 아니라 관우, 장비와도 소통이 잘 됐다는 사실은 더 이상 의심할 여지가 없다. 유비는 물론 소통을 말할 때 치명적인 약점이 없지는 않다. 관우가 손권에게 붙잡혀 죽은 다음에 이 약점은 드러났다. 소통은 고사하고 제갈량의 간언까지 듣지 않고 동생의 복수를 위해 문제가 많은 이릉 전쟁을 일으킨 것이다. 그러나 그는 오나라 정벌이 실패한 다음에는 신하들과 소통을 못한 자신의 과오를 바로 뉘우쳤다.

그러나 『삼국지』의 주인공 중에서 단연 소통의 달인을 꼽으라면 역시 제갈량을 지목하는 게 맞을 것 같다. 소설에서든 정사에서든 항상 대화와 타협을 통한 소통을 중시한 인물로 그 누구와 비교해도 단연 월등한 느낌을 주는 것이다. 한마디로 소통을 최고의 덕목으로 삼았다고 해도 과언이 아닌 영웅일 듯하다. 이는 그가 "군대를 동원, 창과 칼로 성벽을 공격하면서 싸우는 것은 가장 하책의 전략이다. 반면 백성들의 마음과 민심을 얻는 것은 상책의 전략이다."라고 늘 강조한 말에서도 그대로 드러난다.

그의 소통 능력이 가장 극명하게 발휘된 때는 적벽대전 당시라고 해야 한다. 거장 오우삼(吳宇森)의 영화 『적벽대전』을 보면 잘 알 수 있다. 이때 위의 조조는 수군과 육군을 합쳐 무려 80만 명에 이르는 대군을 이끌고 천하를 뒤덮을 기세로 남하했다. 촉의 유비나 오의 손권으로서는 그야말로 절체절명의 위기가 다가오고 있다고 해도 좋았다. 설사 촉과 오가 동맹을 맺는다 해도 대항하기가 쉽지 않은 상황이었다. 더구나 오는 백성들의 안전을 가장 먼저 도모한다는 명분을 내세워 촉과의 즉각적인 동맹을 망설이고 있었다. 그러자 제갈량은 손권을 설득하기 위해 오나라로 한걸음에 달려가는 의연함을 보였다. 손권의 진영에서는 한술 더 떴다. 촉과 오의 연합의 정당성과 동맹을 맺을 경우 승리할 수 있다는 설득을 하면서 다른 한편으로는 겁이 나면 조조에게 항복해도 좋다는 은근한 야유로 손권의 전의를 불태운 것이다. 소통의 달인다운 웅변술이었다고 할 수 있었다. 게다가 그는 손권을 만나기에 앞서 당시 오나라를 쥐고 흔들던 주유를 먼저 만나 동맹을 완벽하게 설득하는 소통 능력을 보였다. 『삼국지』를 깊이 있게 읽은 마니아들이 적벽대전의 하이라이트는 전투 그 자체가 아니라 이때 제갈량이 벌인 설득의 활약이라고 하는 것은 때문에 전혀 엉뚱한 견해라고만 볼 수 없다.

　적벽대전을 승리로 이끈 다음 도주하기에 여념이 없던 조조를 체포하기 위해 관우를 화용도에 보내 매복시키기로 한 소설 속의 사실 역시 제갈량이 얼마나 소통 능력이 뛰어난 인물이었는지를 웅변한다. 관우는 한때 조조의 진영에 잠시 몸을 의탁한 적이 있었다. 인품으로 볼 때 만약 화용도에서 조조를 만난다면 사로잡아 목을 벨 사람이 아니었다. 그럼에도 제갈량은 출정을 원하는 관우를 못 이기는 척하고 화용도로 보냈다. 아니나 다를까, 관우는 조조와 맞닥뜨리자 자신에게 베풀어 준 그의 옛정을 생각하고는 청룡언월도를 휘두르지 못했다. 제갈량은 빈손으로 돌아온 관우를 군령에 의해 다스릴 것을 주장하다 유비의 권고에 의해 슬며시 고집을 꺾는다. 그렇다면 관우나 유비는 이런 상황이 도래할 줄을 몰랐을까? 소설을 보면 아마 알았을 것으로 보인다. 제갈량, 관우, 유비 세 사람이 이심전심으로 소통을 했다고 볼 수 있는 것이다.

　제갈량이 어느 정도로 소통을 중시했는지는 그의 글에서도 잘 엿보인다. 그게 바로 『출사표』가 아닌가 싶다. 눈물 없이는 볼 수 없을 정도로 지금까지도 보는 독자들의 심금을 울리는 작품이다. 이랬으니 고집불통의 멍청이로 알려진 유비의 아들인 후주 유선과 소통이 되지 않을 까닭이 없었다. 심지어 그는 삼국 통일을 완수하지 못하고 세상을 떠나기 직전인 54세 때에는 당시 여덟 살인 아들 제갈첨과의 소통을 위해 『계자서』라는 글을 남겼다. 남만의 맹획을 일곱 번 사로잡아 풀어줬다는 이른바 칠종칠금(七縱七擒)의 고사 역시 크게 다르지 않다. 그가 맹획이 진정으로 복종할 수 있는 소통의 기회를 만들어 주기 위해 그랬다는 설이 대세를 이루고 있다. 실제로 맹획은 마지막에 제갈량의 생각을 읽고 진심으로 복종했다고 한다.

소통에 관한 한 조조 역시 유비와 제갈량에 비견되는 인물로 손색이 없다. 이 사실을 알 수 있는 사례 역시 무수히 많다. 딱 하나만 본다면 적벽대전 때 이리저리 도망을 다닐 때라고 해야 하겠다. 당시 그의 휘하 장군과 병사들은 완전히 전의 상실 상태에 빠져 있었다. 그러자 그는 수차례에 걸쳐 "만약 곽가가 지금까지 살아 있었다면 내가 이 지경이 됐겠는가?"라거나 "전위만 전사하지 않았더라면 좋았을 걸."이라는 말 등을 하면서 눈물을 흘렸다. 자신의 처지를 한탄하면서도 세상을 떠난 충성스럽고 재주 있는 부하들을 그리워한 것이다. 그의 눈물과 한탄을 들은 장군과 병사들은 당연히 바로 전의를 되찾을 수밖에 없었다. 저런 주군을 위해서는 목숨을 바쳐야 한다는 생각을 한 것이다. 물론 조조의 말과 눈물은 쇼의 요소가 없지 않다. 하지만 그가 소통의 힘을 몰랐다거나 소통의 능력이 없었다면 아마 이렇게 하지는 않았을 것이 분명하다.

손권은 아예 소통의 능력이 없었다면 아마 자리를 오래 보존하지 못했을 인물로 손꼽는다. 위기의 순간 때마다 멘토로 등장한 주유, 노숙, 여몽, 육손 등과의 소통을 통해 위, 촉과 삼국정립의 국면을 오래 지속시킬 수 있었다. 특히 적벽대전 때에는 황개(黃蓋)와 절묘하게 소통, 그의 고육책을 통해 조조의 수군을 궤멸시킬 수 있었다. 만약 이때 손권이 고육책을 쓰자는 황개의 의중을 전혀 모르고 항복하자고 주장한 그를 곤장을 치지 않고 목을 베었더라면 적벽대전의 결과는 아마 달라졌을지도 모른다.

『삼국지』에 등장하는 영웅들의 소통 능력이 더욱 돋보이는 것은 이런 능력이 없었던 인물들도 적지 않게 있었다는 사실이 아닐까 싶다. 대표적인 인물이 동탁과 여포가 아닐까 싶다. 주변의 충언은 아예 귀를 닫은 채 듣지 않고 오로지 자기 자신의 부귀영화만 추구하거나 용맹만 믿다가 인생을 망쳐버렸다. 출신성분으로만 보면 조조와는 비교도 되지 않는 원소 역시 동탁이나 여포를 비웃거나 우습게 볼 인물이 아닌 듯하다. 관도대전 당시 그는 도저히 비교가 되지 않는 압도적인 병력으로 조조를 압박했다. 그러나 그는 휘하 모사들의 말을 듣지 않는 고약한 버릇이 있었다. 결국 자기 멋대로 전술, 전략을 운용하는 우를 저질렀다. 심지어 조조의 본거지인 허도를 공격하자는 기가 막힌 허유(許攸)의 성동격서(聲東擊西) 전략까지 무시했다. 화가 난 허유는 급기야 조조 진영에 투항하고 이 결과 원소는 대패하는 수모를 당하지 않을 수 없었다. 그는 얼마 후 소통과는 담을 쌓은 죄로 역사의 무대에서 조용히 사라지게 되었다.

만물 중에서 사람만이 유일하게 구사할 수 있는 말의 가장 중요한 의의는 소통에 있다. 그러나 의의로 세상에는 소통에 서툰 사람들이 많다. CEO들 중에서도 이런 인간들이 전혀 없다고 하기 어렵다. 혹 이런 분들이 있다면 지금이라도 소통이 성공의 지름길이라는 사실을 웅변해 주는 『삼국지』의 교훈을 다시 한 번 되새겨야 하겠다.

도둑을 잡으려면 먼저 두목을 잡아야 한다

큰일을 하는 사람은 자신의 주변에서 도대체 무슨 모순이 일어나는지를 잘 알아내 해결했다. 역대 왕조의 제왕들 역시 마찬가지였다. 한마디로 "도적 떼를 잡으려면 두목을 먼저 잡아라."는 진리의 교훈을 제대로 실행에 옮겼다고 해도 좋을 것 같다. 유비가 군사를 일으켜 처음 황건적과 싸울 때 관우와 장비의 활약은 대단했다. 적의 선봉장의 목을 여지없이 베어 버렸다. 또 청주의 포위를 뚫을 때 유비는 객관적으로 상황을 분석해 매복 전략을 통해 적군의 주력을 일소했다. 모두가 무슨 일을 할 때면 주요 모순을 해결해야 한다는 사실을 잘 알았기 때문에 가능한 일이 아니었나 싶다.

• • •

유비는 핵심을 잘 파악하는 능력이 있었다. 난제들이 닥쳤을 때 무엇을 먼저 해결해야 하는지를 잘 알았던 것이다. 전쟁터에서도 이런 능력은 한껏 발휘되었다. 이런 능력은 아마도 본능적이었는지도 모른다. 그는 처음 군사를 일으켰을 때 추정(鄒靖)에게 갔다. 추정은 무명소졸이었으나 이는 나쁜 판단이 아니었다. 그가 유비를 데리고 자사 유언에게 갔으니까 말이다. 유언에게 가서 그는 비로소 자신을 크게 알릴 수 있었다. 진짜 황실의 일원인 유언이 아무 의심을 하지 않고 그를 조카로 인정한 것이다.

얼마 후 탁현으로 정원지(程遠志)가 이끄는 5만여 명의 황건적이 몰려왔다. 유언은 황급히 그와 추정에게 500명의 병사를 주고 응전하도록 했다. 5만여 명에 500명으로 대응하는 것은 정말 말도 안 되는 조치였다. 그러나 유비는 혼연히 말을 달려 대흥산 기슭에 이르렀다. 황건적들은 모두 풀어헤친 산발한 머리에 황색 천을 이마에 동여매고 있었다. 양군이 서로 맞붙자 유비가 우선 말을 박차면서 나섰다. 왼쪽에는 관우, 오른쪽에는 장비가 호위하는 대오였다. 유비가 채찍을 들어 황건적의 무리를 향해 꾸짖었다.

"나라를 뒤집어엎으려는 역적들아, 어찌하여 빨리 항복을 하지 않는가?"

정원지는 즉각 부장인 등무(鄧茂)를 출정케 했다. 그러자 장비 역시 갑자기 8자나 되는 장팔사모를 휘두르면서 튀어나왔다. 천하의 장비 앞에서 등무는 상대가 되지 않았다. 장팔사모로 찌르자 말에서 곤두박질치면서 나가떨어진 것이다. 이 모습을 본 정원지는 곧 칼을 휘두르면서 말을 달렸다. 바로 장비를 죽일 기세였다. 그러자 관우가 청룡도를 비껴들고 정원지를 향해 비호같이 달려 나갔다. 정원지는 비명 소리 한 번 내지르지 못한 채 몸이 두 동강이 나고 말았다.

나머지 적들은 정원지가 횡액을 당하는 모습을 보고 모두 도망쳤다. 유비는 기회를 놓치지 않고 재빨리 뒤에서 추격을 개시했다. 적지 않은 황건적 무리들은 삼삼오오 투항했다. 유비는 바로 개선장군이 돼 돌아왔다. 소식을 들은 유언은 직접 마중을 나와 군병들에 대한 포상을 진행했다. 만약 유비가 적의 핵심을 노리지 않고 변방만 건드렸다면 얻지 못했을 과실이 아니었나 싶다.

어느 날이었다. 황건적이 청주성으로 몰려들었다. 급히 원군을 보내달라는 급보가 여지없이 날아들었다. 유언은 즉각 유비와 상의를 했다. 유비가 지체 없이 말했다.

"제가 가서 청주성을 구원하겠습니다."

그러자 유언이 추정에게 명령을 내렸다.

"병마 5,000명을 거느리고 유 장군을 선봉으로 해서 청주를 구하고 오라."

유언의 말이 떨어지기 무섭게 유비는 관우와 장비를 데리고 쉴 새 없이 청주로 달려갔다. 청주성을 에워싸고 있던 황건적들은 원군이 오는 것을 보고 바로 군대를 나눠 대응했다. 유비는 중과부적이라는 사실을 깨달았다. 처음 생각과는 달리 무려 30리나 철수해 영채를 세울 수밖에 없었다. 그런 다음 유비가 관우와 장비에게 말했다.

"적군은 많고 우리 군사는 적네. 도리 없이 계교를 써야 해. 나는 기병으로 맞서지 않으면 이길 수가 없다고 생각해."

유비는 말을 마친 다음 관우에게 군사 1,000명을 거느리고 산 오른편에 매복하도록 했다. 이어 장비에게도 역시 1,000명을 거느리고 왼편에 매복하도록 지시했다. 징 소리가 울리면 함성을 지르면서 적을 향해 돌진한다는 약속은 이미 돼 있었다. 날이 밝았다. 유비와 추정은 북을 치고 함성을 지르면서 적을 향해 달려 나갔다. 적들은 기다렸다는 듯 응전에 나섰다. 유비는 말머리를 돌려 달아나기 시작했다. 기세가 오른 황건적은 유비를 뒤쫓았다. 유비는 산기슭에 이르자 황급히 징을 울렸다. 징소리와 함께 산 좌우에서 관우와 장비가 지휘하는 복병들이 함성을 내지르면서 달려 나왔다. 퇴로는 즉각 끊길 수밖에 없었다. 황건적은 우왕좌왕 갈피를 잡지 못했다. 유비는 관우, 장비와 함께 도망치는 적을 추격했다. 내친김에 청주성의 성벽 아래까지 몰아붙였다. 이에 태수 공경(龔景)은 성문을 활짝 열고 마주 달려 나와 황건적을 무찔렀다. 청주는 가볍게 위기에서 벗어날 수 있었다.

유비는 관우나 장비에 비한다면 무장이라고 할 수 없었다. 본인 역시 무장으로 행세한 적도 별로 없다. 만약 남을 섬기는 입장이 됐다면 제갈량과 같은 문신이 됐을 가능성이 높다. 그러나 그는 전략에 대해서 너무나도 잘 알고 있었다. 도적을 잡으려고 하면 두목을 먼저 잡아야 한다는 사실을 말이다. 더구나 그는 자신의 전 생애에 걸쳐서 이런 자세를 견지했다.

유비가 평생의 화두로 삼은 진리는 두보(杜甫)의 『출새곡(出塞曲)』, 「전출새(前出塞)」에 나오는 시구다. 감상해 볼 필요가 있을 것 같다.

활을 당기려면 강하게 당기고
화살을 쏘려면 멀리 쏘아야 한다.
사람을 쏘려면 먼저 그 말을 쏘고
적을 잡으려면 먼저 그 지휘자를 잡아라.

「전출새」의 이 내용은 『삼십육계』의 제18계로도 정리돼 있다. 그 정도로 고금을 불문한 진리가 아닌가 싶다.

철학적 시각에서 보면 주요 모순은 많은 모순을 지배하는 역할을 하는 모순이다. 그 때문에 주요 모순이 해결되면 다른 자질구레한 모순 역시 순차적으로 해결이 가능하다. 유비는 아마도 책에서 이 진리를 익혔다기보다는 전장을 전전하면서 경험적으로 체득하지 않았나 싶다.

당연히 이 진리는 유비만 알고 있었던 것은 아니다. 『신당서(新唐書).』, 「장순전(張巡傳)」을 한번 볼 필요가 있을 듯하다. 당나라 숙종(肅宗) 때 장순과 윤자기(尹子奇)는 각자의 병력을 지휘해 전투를 벌였다. 승기를 잡은 것은 장순이었다. 결정적인 타격을 가해 윤자기 부대를 혼란에 빠뜨렸다. 장순은 손에 다 들어온 승리를 확실하게 잡기 위해 윤자기를 죽이려고 했다. 그러나 그는 윤자기의 얼굴을 몰랐다.

장순은 순간 꾀를 하나 떠올렸다. 그는 병사들에게 뜬금없이 볏짚으로 만든 화살을 쏘게 했다. 그러자 윤자기의 병사들이 장순 부대의 화살이 모두 떨어졌다고 윤자기에게 보고했다. 장순은 그 모습을 보고 윤자기를 찾아낼 수 있었다. 장순은 부하 장군에게 진짜 화살을 쏘게 했다. 화살은 쏜살같이 날아가 윤자기의 왼쪽 눈을 맞혔다. 윤자기의 군대는 철저하게 궤멸되었다.

현대에 들어와서도 이 진리는 통했다. 때는 1948년 7월 국공 내전 시기였다. 당시 중국 홍군은 양양을 공략하기 위한 대대적 공세에 나섰다. 그러나 양양은 동, 서, 북쪽은 한수(漢水)에 인접해 있고 남쪽은 산을 등진 천연 요새였다. 또 성 밖의 산들 가운데에는 토치카와 엄폐물이 구축돼 있었다. 한마디로 견고한 방어선이 형성돼 있었던 것이다. 국민당의 지휘관 장쩌(姜澤)는 당연히 자신들이 가지고 있는 전략적 우세를 모르지 않았다. 국민당 부대가 철저하게 수비로 나온 것은 때문에 결코 이상한 일이 아니었다. 그러나 결론적으로 전술은 공산당이 한 수 위였다. 양양만 탈취하면 모든 것이 끝난다는 사실을 알고 직접 윽박지른 것이다. 결과적으로 양양 외의 국민당 병력은 제 역할을 전혀 발휘하지 못했다. 장쩌는 생포되고 양양은 함락의 운명에 봉착하지 않으면 안 되었다.

병법에는 이른바 외곽을 때리는 전략이 있다. 이른바 성동격서의 전략이다. 그러나 이 전략은 어디까지나 정면으로 공격하는 정공법이 먹혀들지 않았을 때 쓰는 것이다. 역시 주요 모순을 해결하는 것이 최선의 전략이라는 얘기가 되겠다. 기업의 지도자들이 만약 유비처럼 이 전략을 잘 쓴다면 세상에 이루지 못할 목표가 없지 않을까 싶다.

유비의 불필요한 관용
– 채찍과 당근 전략 잣대는 동일해야 한다

장비는 주지하다시피 천하의 맹장이었다. 전공도 혁혁하게 세웠다. 대단한 영웅이라고 굳이 우기지 않아도 괜찮다. 모르는 사람이 이상하다. 그러나 그는 비참하게 최후를 마쳤다. 끝이 좋아야 다 좋다는 독일 속담을 들먹이면 크게 성공한 인생을 살았다고 단언하기 힘들다. 그렇다면 그의 일견 실패한 것 같은 인생은 누구의 책임인가? 말할 것도 없이 장비 그의 책임이 대부분이라고 해야 한다. '내 인생은 나의 것'이라는 말대로 누가 자신의 인생을 대신 살아주는 것이 아니니까 말이다. 그러나 『삼국지』의 장비라는 사실을 감안하면 얘기는 다소 달라진다. 그가 그렇게 된 것은 그에 대한 컨트롤의 책임이 있는 유비의 실수라는 것이다. 의동생이라는 생각에 장점만 봤지 치명적인 단점을 굳이 대수롭지 않게 판단해 비명횡사하도록 만들었다고 궁극적인 책임을 돌릴 수 있다. 물론 있을 수 있는 실수였다. 그러나 이로 인한 대가는 너무나 컸다. 궁극적으로 촉나라의 국운 쇠락으로 이어졌다.

• • •

유비는 비교적 인재들을 잘 알아보고 효율적으로 썼다. 당근과 채찍 전략도 냉정하고도 적절하게 잘 구사했다. 진짜 그런지는 장완(蔣琬)의 케이스를 보면 별로 어렵지 않게 알 수 있다. 장완은 젊었을 때부터 유비를 따랐다. 촉에도 함께 들어갔다. 이로 인해 건안 19년(214년)에는 광도(廣道) 현령으로 임명될 수 있었다. 한번은 유비가 광도 시찰에 나섰다. 그런데도 장완은 매일 아무 일도 하지 않으면서 곤드레만드레 술에 취한 모습을 보이기만 했다. 유비는 노발대발하지 않을 수 없었다. 그래서 호되게 처벌하려는 극단적인 생각까지 했다. 그로서는 다행히도 제갈량이 이 사실을 알고 대신 용서를 빌었다.

"장완은 나라를 위해 큰일을 해야 할 드문 인재입니다. 작은 현을 관리할 사람이 아닙니다. 그는 나라와 백성의 이익을 염두에 두고 버슬을 하는 것이지 피상적인 일만 하려는 것이 아닙니다. 주군께서는 그를 거듭 관찰하시고 임용하십시오."

유비는 제갈량의 말이 완전히 틀린 것은 아니라고 생각했다. 그 자신 역시 장완이 언젠가는 큰일을 할 것이라고 생각하고 있던 차였다. 그러나 그렇다고 완전히 관리로서의 책임을 방기한 장완을 그대로 놔둘 수는 없었다. 그는 고심 끝에 장완을 면직만 시키는 결정을 내렸다. 나중에 다시 쓰기 위해 자숙의 시간을 준 것이다. 이후 장완은 제갈량의 기대대로 맹활약을 했다. 심지어 제갈량을 대신하는 역할까지 감당했다. 제갈량의 간언을 받아들이기는 했어도 유비가 장완에게 당근과 채찍 전략을 유효적절하게 구사한 덕분이었다고 할 수 있었다.

유파에 대한 태도를 봐도 잘 알 수 있다. 유표와 사이가 나빴던 유상(劉祥)의 아들인 유파는 처음에는 유비를 골치 아프게 한 인물이었다. 유비가 형주에 들어올 때 조조에게 몸을 의탁하러 갔을 정도였으니 더 이상의 설명은 필요 없다. 유비로서는 목숨을 빼앗아도 괜찮았을 인물이었다. 실제로도 그런 생각을 실행에 옮길 생각도 했다. 그러나 그는 꾹꾹 참았다. 이후 제갈량에게 편지 한 통을 보내 다음과 같이 말하도록 했다.

"유황숙은 지금 걸출한 영웅 중의 한 분이오. 게다가 형주를 차지하고 있소. 그분에게 몸을 의탁하지 않으면 누구에게 가겠소?"

유파는 사실상 유비의 입장인 제갈량의 권고에도 굴복할 생각을 하지 않았다. 실제로도 그렇게 했다. 익주로 가서 유장에게 몸을 의탁한 것이다. 게다가 유비가 촉에 들어오는 것을 계속 반대했다. 유비의 입장에서는 유파에 대한 원한이 더욱 골수에 쌓일 법도 했다. 그러나 유비는 제갈량의 거듭된 설득에 마음을 바꿨다. 급기야는 성도에 들어갈 때 "유파를 살해하는 사람은 삼족까지 사형에 처하겠다."는 말까지 했다. 유파로서는 이 상황에 이르러서는 감동을 하지 않을 수 없었다. 자발적으로 유비에게 찾아가 사과도 했다. 유비는 뛸 듯이 기뻐했다. 행동으로도 옮겼다. 서조연(西曹掾)으로 등용해 좌장군부의 인사 임면을 책임지도록 한 것이다.

유파는 이에 완전히 안하무인에까지 이르게 되었다. 장비가 축하를 하기 위해 찾아가자 아예 쳐다보지도 않았다. 자존심 강한 장비로서는 화가 날 수밖에 없었다. 제갈량은 곧 상황을 파악할 수 있었다. 다시 편지를 써서 따끔한 충고를 한 것은 다 까닭이 있었다.

"익덕은 순수한 무인이오. 그러나 마음속으로는 그대를 대단히 존경하고 있소. 지금 주공께서는 문무 겸비의 인재를 모아 천하의 대사를 도모하려 하고 있소. 그런데 족하는 타고난 재주만 믿고 극도의 우월감에 젖어 있소. 다른 인재들을 그렇게 대하면 좋지 않소."

제갈량의 훈계는 은근했다. 유파의 재주를 칭찬하면서 가능하면 자세를 낮추라는 충고를 한 것이다. 그러나 유파는 제갈량의 체면도 세워주지 않았다. 대답도 대단히 직설적이었다.

"대장부는 사해의 영웅들하고만 교제하면 됩니다. 별 볼 일 없는 일

186

개 무부와 교류를 해서 뭐하겠습니까?"

유비는 유파의 말을 전해 들었다. 그만 그에 대한 참았던 과거의 분노까지 일시에 폭발하고 말았다.

"내가 천하를 안정시키려고 하는데 이 녀석이 또 훼방을 놓는군. 네 녀석이 재주가 뛰어난 것은 내가 모르는 바는 아니야. 그러나 진심으로 나를 보좌하지 않으려 한다면 방법이 없지. 이제는 해직시키는 수밖에. 따끔한 맛을 보여 주겠어."

유비의 말에 제갈량은 화들짝 놀랐다. 서둘러 유비의 분노를 가라앉혔다.

"모략을 세우는 것에 관한 한은 제가 어린 자초(子初, 유파의 호)에 비교가 안 됩니다. 진짜 백성을 기쁘게 하고 군사적으로 도움을 받으려면 그와 상의를 해야 합니다."

유비는 다시 양보하지 않으면 안 되었다. 유비는 천하의 인재를 갈망했다. 당사자가 한때의 적이라도 좋았다. 그러나 아무리 뛰어난 인재라도 행동이나 생각이 도에 지나치거나 원칙에 어긋나는 경우 그의 트레이드마크인 무한정 관용을 베풀지만은 않았다. 반드시 짚고 넘어갔다. 그 때문에 장완은 호되게 한 번 당했고 유파 역시 몇 번이나 아슬아슬한 위기에 처한 바 있었던 것이다.

그러나 유비는 장비에게는 불행히도 그렇게 하지 못했다. 장비의 단점을 분명하게는 파악하고 있었으나 장완이나 유파 등에게 휘둘렸거나 휘두르려고 했던 채찍을 사용하지 않았다. 정말 그런지는 장비의 파란만장한 일생을 보면 잘 알 수 있다.

건안 3년(198년) 12월에 장비는 유비와 함께 하비에서 조조의 부대를 격파했다. 여포의 할거 세력 역시 일소했다. 이 전공으로 인해 그는 조조에 의해 중랑장으로 임명되었다. 이후 그는 유비와 함께 온갖 고초를 겪었으나 이름은 천하에 알리게 되었다. 이어 세월이 흘러 건안 13년(208년)이 되었다. 조조는 대군을 인솔해 형주의 유표를 정벌하려고 나섰다. 이 와중에 유표에게 몸을 의탁하고 있던 유비는 조조의 대군에게 추격을 당해 장판파까지 쫓기게 되었다. 이때 장비는 20여 명의 기병으로 5,000여 명에 이르는 조조의 대군을 물리쳤다. 결정적으로 유비를 위기에서 구해 냈다. 그가 유비를 구해낸 것은 이때뿐만이 아니었다. 관우와 함께 피와 살을 나눈 친형제보다 더 지극정성으로 유비를 보필했으므로 그럴 수밖에 없었다. 유비의 입장에서는 생명의 은인이라고 해도 좋았다. 당연히 팔이 안으로 굽을 수밖에 없다. 또 실제로도 그랬다.

장비는 앞서 언급한 대로 부하들에게 혹독하게 굴었다. 원한을 많이 사지 않는 것이 이상할 정도였다. 유비 역시 이에 대해 수차례 경고를 했다.

"자네는 너무 군기가 엄격해. 더구나 병사들의 목숨도 앗은 적이 있어. 자네한테 당한 병사들은 언젠가는 보복할지 몰라. 병사들에게 좀 적당하게 대하게나."

그러나 유비의 경고는 대의를 위한 것이 아니었다. 오로지 장비의 안위를 위한 것일 뿐이었다. 용인할 때 채찍과 당근을 함께 쓰는 유비의 평소 스타일과는 달라도 너무 많이 달랐다. 더구나 장비는 유비의 경고에도 신경을 별로 쓰지 않았다. 결국 술에 취해 부하들에 의해 목숨을 잃고 말았다.

장비의 죽음은 그의 운명이다. 또 그 자신의 책임이다. 이렇게만 하면 더 이상의 말이 필요 없다. 그러나 그는 유비 그룹의 핵심 인물이었다. 만약 유비가 제대로 그를 컨트롤했다면 상황은 달라질 수 있었다. 장비의 죽음에 유비의 책임이 일정 부분 있었다는 얘기가 된다. 현대에도 가슴에 새겨야 할 교훈이 아닌가 싶다. 특히 크던 작던 조직을 이끌어가야 하는 리더들은 더욱 그렇다고 해야 할 듯하다.

남의 관점이 틀리다는 사실을 직설적으로 지적해 돌파구를 찾아라

평범한 사람은 대부분의 경우 어려운 상황에 봉착하면 그저 우악스럽게 정면으로 돌파하려고 한다. 그러나 이렇게 하면 대체로 상황이 어려워지게 된다. 눈썹을 그릴수록 까맣게 되듯 말이다. 하지만 상대방 관점의 빈틈을 노려서 대처하게 되면 훨씬 상황이 쉬워지게 된다. 바꿔 말해 상대방이 틀리다는 사실을 증명할 수 있다면 반대로 할 경우 자신이 옳다는 사실을 증명하게 된다는 것이다. 이것이 바로 이른바 이박대립(以駁代立)의 전략이다. 그 핵심은 상대방의 관점에서 돌파구를 찾는 것이다.

• • •

『삼국연의』 제25회와 26회에는 다음과 같은 내용이 나온다.

"안량이 쓰러지자 그 휘하의 병사들은 모두 도망을 갔다. 그들은 도망가는 도중에 원소와 만났다. 원소는 대추 빛 얼굴에 가슴까지 드리운 수염을 가진 긴 칼을 쓰는 맹장이 안량의 목을 자르고 떠났다는 말을 듣자 화들짝 놀라 '도대체 안량과 같은 호걸의 목을 베어 버린 자가 누구인가?' 라고 물었다. 옆에 있던 저수(沮授)가 '아마 그는 현덕의 의제 관우라는 자일 것입니다.' 라고 대답했다. 원소는 노발대발했다. 이어 유비를 가리키면서 '내 귀중한 용장이 그대의 의제 관우의 손에 죽었소. 그대는 조조와 내통하고 있음이 분명하오. 이제 그대를 살려 줄 이유가 없소!' 라고 말했다. 이어 도부수를 불러 현덕의 목을 베라고 명령했다.”

장황에게 이 대목을 인용한 이유는 다른 데 있지 않다. 위험한 국면에 직면했을 때는 정면으로 논쟁하지 않고 상대방의 관점에서 돌파구를 찾는 것이 좋다는 사실을 증명하기 위해서다. 이때 유비는 두 가지 변명을 했다. 하나는 자신이 관우가 죽었는지 살았는지 모른다, 그런데 어떻게 관우와 내통할 수 있겠는가? 하는 주장이었다. 또 하나는 세상에 외모가 근사하게 생긴 사람은 많다. 그러니 붉은 얼굴과 긴 수염을 가지고 있다는 사실만으로 당사자가 관우라고 단언할 수 없다, 라는 변명이었다. 이 변명으로 유비는 진짜 위험을 벗어났다. 원소의 생각이 틀리다는 사실이 입증된 것이다.

그러나 얼마 후에 다시 위기가 도래했다. 곽도(郭圖)와 심배(審配) 두 대장이 원소의 앞으로 나와 진언을 올렸다.

“이번에 문추를 살해한 자 역시 현덕의 의제 관우라고 합니다. 현덕이 모른 척하고 있으나 그건 말이 안 됩니다.”

화가 머리끝까지 난 원소가 이번에는 작심하고 유비에게 욕설을 퍼부었다.

“야, 이 큰 귀를 가진 작자야! 이번에는 정말 변명의 여지가 없을 것이다."

유비는 가슴이 뜨끔했으나 침착하게 말했다.

"한마디만 듣고 제 목을 베더라도 베십시오. 조조는 분명히 저라는 사람을 미워합니다. 조조는 제가 명공과 함께 있다는 사실을 알고 있습니다. 그래서 일부러 운장을 시켜 안량, 문추를 공격하게 했습니다. 이는 명공의 힘을 빌려 저를 죽이려고 하는 계략입니다. 이 사실을 아셔야 합니다."

원소는 과연 유비의 말에 넘어갔다. 바로 자세를 고치더니 미안한 어조로 말했다.

"공의 말이 맞습니다. 한때의 화풀이를 위해 공을 죽였더라면 나 원소는 어진 사람을 멀리한다는 오명을 들을 뻔했습니다. 천하의 비웃음을 살 뻔했습니다."

원소는 말에서 그치지 않았다. 좌우의 부하들을 꾸짖으면서 다시 유비를 상석에 앉혔다. 유비가 거듭 감사를 표했다.

"저는 명공에게 이처럼 두터운 은혜를 입고도 갚을 길이 없습니다. 제가 지금 은밀히 의제에게 서신을 보내 여기 있다는 사실을 알리기만 하면 그는 밤을 새워서라도 이리로 달려올 것입니다. 앞으로 저와 의제가 함께 명공을 보좌해 조조를 죽이고 안량, 문추의 치욕을 씻어주는 것은 어떨까요?"

원소는 뛸 듯이 기뻐했다.

"내가 운장을 얻는다면 안량, 문추를 거느리는 것보다 10배는 더 든든할 것입니다."

유비는 원소의 말이 끝나자마자 바로 편지를 써서 관우에게 보냈다.

보다 정확한 이해를 위해 비슷한 사례를 꼽아봐야 할 듯하다. 송나라 때 심징(沈徵)이 쓴 『해사(諧史)』라는 고전에는 다음과 같은 재미있는 얘기가 수록돼 있다. 구준(丘浚)이라는 한 가난한 수재(秀才)가 있었다. 그가 어느 날 산(珊)이라는 법명의 스님을 방문하러 항주로 향했다. 스님은 구준이 지위도 낮을 뿐 아니라 옷차림도 형편없는 것을 보고 그를 몹시 깔봤다. 거만한 자세로 대하는 것은 때문에 기본이었다. 게다가 스님답지 않게 음담패설 등도 많이 토해 냈다. 얼마 후 항주 시내 한 고관의 아들이 스님을 만나기 위해 왔다. 스님은 고관의 아들에게는 완전히 사죽을 못 썼다. 황급하게 달려가 맞이했다. 태도가 아주 공경했다. 아니 비굴하기까지 했다. 구준은 마음이 영 편치 않았다. 고관의 아들이 떠난 다음에 그가 스님에게 따지듯 물은 것은 당연할 수밖에 없었다.

"스님은 왜 거만한 태도로 나를 대하는 겁니까? 반면 그 고관의 자제에게는 어찌 또 그토록 공경하게 대합니까?"

스님은 대답이 궁했다. 그러나 대답은 바로 나왔다. 그는 임기응변에 능한 사람이었다.

"대접하는 것은 대접하지 않는 것이요, 대접하지 않는 것은 대접하는 것이오."

스님의 대답은 그럴싸했다. 산문(山門)의 선문다웠다. 그러나 스님의 진면목은 이미 완전히 까밝혀진 뒤였다. 구준은 분노하지 않을 수 없었다. 바로 벌떡 일어나서 방망이를 집어 스님을 마구 때렸다. 그의 입에서는 스님이 했던 비슷한 말이 흘러나오고 있었다.

"스님께서는 화 내지 마시오. 때리는 것은 때리지 않는 것이요, 안 때리는 것은 때리는 것이오."

남의 관점에 서서 틀렸다는 사실을 공격하는 전략을 흔히 이류제류(以謬制謬)라고 부른다. 상대방의 방법을 역이용해 제압하는 전략인 것이다. 유비는 평생을 고생과 어려움에서 벗어난 적이 없다. 특히 힘이 없었던 탓에 인간관계에서는 더욱 그랬다. 그럼에도 끝까지 생존했다. 이유는 분명해지지 않나 싶다.

위험은 기꺼이 무릅써야 할 최고의 전략이다

"위험은 기회를 의미한다."는 말이 있다. 어떻게 보면 상당히 어폐가 있는 말인 것 같다. 그러나 절대로 그렇지 않다. 진짜 그렇다. 위험을 무릅써야 크게 성공할 수 있다. 『삼국연의』에는 이런 전략이 많이 쓰여 있다. 오늘날은 경쟁이 치열한 사회다. 가만히 있으면 기회가 잘 오지 않는다. 그렇다면 위험을 무릅써서 기회를 잡는 방법을 생각해 볼 수 있다. 대사를 이루고 싶은 사람은 위험을 감수하는 모험 정신이 필요하다는 얘기다.

• • •

조조가 익주에서 여포와 대치하고 있을 때였다. 원소는 이 얘기를 들었다. 이에 모사 심배가 진언했다.

"여포는 승냥이와 같은 성질을 갖고 있습니다. 만약 연주를 탈환한다면 다음에는 익주를 노릴 것이 뻔합니다. 그럴 바에야 조조와 손을 잡고 여포를 제거하는 것이 주공에게는 더 이로운 전략이 될 것입니다."

원소는 심배의 말에 따라 즉각 부하 장군 안량에게 5만여 명의 군사를 줘서 조조 진영으로 보냈다. 이 소식은 여포에게도 전해졌다. 여포는 크게 당황해 진궁과 진지하게 상의를 했다. 진궁이 말했다.

"유현덕은 막 서주목을 제수 받았습니다. 그를 찾아가면 어떨까요?"

여포는 진궁의 말을 그대로 따랐다. 유비에게 달려갔다. 유비는 여포의 일족이 서주에 와 있다는 얘기를 듣자 바로 입을 열었다.

"여포는 당대의 영웅이니 그를 맞도록 해야겠소."

그러자 미축이 나서면서 극력 반대했다.

"여포는 승냥이와 같은 도적입니다. 맞아들일 수 없습니다. 우리를 해칠 게 분명합니다."

유비는 자신의 뜻을 굽히지 않았다.

"지난번에 여포가 조조의 연주를 치지 않았더라면 서주는 조조로부터 화를 면할 길이 없었을 거요. 지금 나에게 구원을 요청하는데 어떻게 내가 여포의 궁박한 처지를 모른 척한다는 말이오."

장비가 옆에서 은근하게 미축의 편을 들었다.

"형님은 마음씨가 너무 착하십니다. 그 자식을 맞이하더라도 만반의 준비는 해야 될 것입니다."

유비는 부하들을 데리고 성 밖 30리까지 나가 여포를 맞았다. 이어 말머리를 나란히 해 성으로 돌아왔다. 둘은 관아에 이르자 서로 예를 갖춰 인사를 나눴다. 자리에 앉자마자 여포가 먼저 입을 열었다.

"나는 왕윤과 뜻을 같이해 동탁을 제거했소. 그러다 뜻밖에 이각, 곽사의 변을 만나 관동을 정처 없이 떠돌았소. 그럼에도 제후들은 나를 받아 주지 않았소. 그 와중에 때마침 조조도 까닭 없이 서주를 침공했소.

다행히 유공께서 구원에 나섰소. 그때 이 여포는 연주를 공격하면서 조조의 힘을 분산시키려 했소. 그러나 간교한 책략에 넘어가 장수와 군사를 잃는 패장이 되고 말았소. 이제 유공께 몸을 던져 함께 조조를 치고자 하는데 유공의 의향은 어떠하오?"

여포의 물음에 유비가 대답했다.

"도공께서 세상을 떠나신 후에 서주를 맡아 다스릴 사람이 없었습니다. 그 때문에 제가 잠시 고을을 맡아 일을 보고 있을 따름입니다. 이제 장군께서 이곳으로 오셨으니 서주 이 땅을 넘겨 드리는 것이 합당하다 생각합니다."

유비는 말을 마치자 바로 태수의 인을 여포 앞에 내밀었다. 여포는 이게 웬 떡이냐 하는 생각으로 덥석 받았다. 옆에 서 있던 관우와 장비는 분노로 몸을 떨었으나 방법이 없었다.

유비가 여포에게 몸을 굽히는 광경은 아무리 생각해도 익숙한 모습이 아니다. 능력이나 인품으로 봐도 그래서는 안 될 듯하다. 그러나 그는 휘하 측근들의 극력 반대에도 그렇게 했다. 그가 바보라거나 성격이 좋아서 그런 것은 당연히 절대로 아니었다. 그렇다. 그는 그렇게 위험을 무릅쓰는 것이 자신에게 유리할 것으로 판단했다. 끌어들일 수 있는 모든 세력은 자신에게 이롭다는 판단에 모험을 한 것이다. 더구나 여포는 용맹 하나만큼은 관우나 장비에게 뒤지지 않았다. 유비가 호랑이를 끌어들이는 모험을 한 것은 따라서 전략적 차원에서 해석하면 충분히 이해가 된다. 물론 그는 여포를 이용하는 위험을 무릅쓴 이 전략으로 크게 재미를 보지는 못했다. 그러나 나름 고심한 흔적이 엿보이는 꽤 괜찮은 전략이라고 해도 괜찮을 것 같다.

현대에도 이런 전략은 유효하다. 그렇게 했던 사례를 들어도 좋다. 미국 월 스트리트의 전설인 JP 모건은 1857년 독일 괴팅겐대학을 졸업하고 어느 조그마한 회사에 들어가 일을 했다. 그는 젊은 사람 특유의 총명한 머리와 독특한 개성과 능력을 바탕으로 일을 아주 완벽하게 처리하고는 했다. 그가 생선, 새우 같은 해산물 구입 차 쿠바를 방문하기 위해 뉴올리언스 부두 앞 호텔에 묵고 있을 때였다. 낯선 남자 한 명이 그의 방에 들어왔다.

"선생님, 커피를 사시겠습니까? 고급 커피입니다. 그러나 반값으로 팔겠습니다!"

"고급 커피! 반값?"

모건은 낯선 남자의 말을 되뇌면서 의심 어린 눈빛으로 고개를 갸웃거렸다. 이어 그를 쳐다보자 자신을 소개하기 시작했다.

"저는 이곳 항구에 정박한 브라질 화물선의 선장입니다. 얼마 전 미국 업자에게 전달하기 위해 대량의 커피를 운송해 왔습니다. 그런데 그 업자가 갑자기 파산을 해 버렸더군요. 그러나 어떻게 합니까? 그래서 화물선에 커피를 가득 싣고 이곳 항구에 정박해 있습니다. 만약 당신이 이 커피를 살 수 있다면 저한테는 엄청난 도움이 됩니다. 저는 기꺼이 반값에 팔 생각입니다. 하지만 반드시 현금으로 결제를 해야 합니다."

모건은 선장이 건네는 커피를 살펴봤다. 품질은 좋았다. 게다가 가격도 저렴했다. 그는 회사의 이름으로 그 커피를 과감하게 사들였다. 그는 회사에 즉각 전보를 보내 자신의 과감한 베팅을 알렸다. 그러나 회사 사장이 보인 반응은 그의 생각과는 180도 달랐다. 이미 회사가 몇 번이나 그런 사기에 속았기 때문이다. 사장은 즉각 다시 답전을 보냈다.

"이 망할 놈아, 너 지금 회사를 가지고 노는 거야? 즉각 거래를 취소해. 그렇지 않으면 우리가 입는 손해는 네가 배상을 해야 해."

모건은 생각지도 못한 욕을 먹자 황당했다. 자신이 사기를 당했다는 생각 역시 들었다. 그는 어쩔 수 없이 런던에 있던 재력가 아버지에게 도움을 요청했다. 다행히 그의 아버지는 모건이 유용한 돈을 갚아줬다. 그는 너무 기뻤다. 내친김에 아예 위험을 무릅쓰는 모험을 하기로 작정도 했다. 브라질 선장의 추천을 받아 다른 화물선에 실려 있는 커피까지 몽땅 다 사들인 것이다.

모건의 사업은 확실히 엄청난 모험이라고 할 수 있었다. 만약 잘못되면 아무리 아버지의 재력이 든든하다 해도 낭패를 볼 가능성이 높았다. 그러나 공교롭게도 하늘은 그에게 특별한 은전을 베풀었다. 그가 커피를 대량으로 사들인지 얼마 되지 않았을 때였다. 브라질에 갑자기 한파가 몰려왔다. 커피 생산은 아주 자연스럽게 줄어들었다. 커피 가격은 폭등하기 시작했다. 무려 세 배로까지 뛰었다. 모건은 일거에 엄청난 돈을 벌어들였다.

모건은 커피 사업을 통해 과감하게 결정을 내려야만 돈을 벌 수 있다는 사실을 깨달았다. 그 후부터 그는 어떤 장사를 해도 위험을 두려워하지 않았다. 위험 부담이 크면 클수록 그 만큼 더 돈을 많이 벌 수 있다고 믿었기 때문이다. 그 결과 그는 월 스트리트 최고의 거물이 될 수 있었다. 더불어 그의 가문 역시 지금까지 월 스트리트를 좌지우지하는 명문가로 부상하게 되었다. 혹시 그는 어린 시절 『삼국연의』를 읽지는 않았을까. 만약 읽지 않고 위험을 무릅쓰는 전략을 터득했다면 그에게 천재적인 사업가라는 이름을 붙여도 무방할 것 같다.

제8장
시세에 순응하는 정의의 지사(志士)

유비는 군주이기 이전에 신하였다. 그래서 자신의 군주에게 충성을 다했다. 이는 그 누구도 부인할 수 없는 사실이다. 정말 그런지는 그가 위험을 무릅쓰고 피로 쓰인 헌제의 밀조에 서명한 사실만 봐도 잘 알 수 있다. 만약 충성심이 없었다면 누가 뭐래도 서명을 하지 않았을 것이다. 그러나 그는 충성심이 강했어도 외곬으로 그러지는 않았다. 시세에 따라 변해 갔다. 또 그는 이를 적절하게 이용할 줄도 알았다. 예컨대 초창기에는 자신의 실력을 확충시키는 도구로 사용했다. 또 만년에는 자신의 정권을 공고하게 하는 도구로 이용했다. 성공은 필연이었다.

사익보다는 천하에 눈을 돌리다

세상에 재물을 싫어하는 사람은 없다. 『보물섬』의 저자인 유명한 소설가 스티븐슨은 "적게 벌고 그보다 덜 써라"는 청교도적인 재물관을 보여 주는 명언을 했으나 평범한 장삼이사들은 이런 생각조차 가지지 않는다. 눈을 뜨나 감으나 재물 생각인 경우가 많다. 그러나 뛰어난 군주는 굳이 이익을 도모하지 않는다. 그러나 그렇게 하는 것이 어쩌면 최대의 사익을 추구하는 것인지도 모른다. 제왕의 목표는 누가 뭐래도 단 하나뿐인 천하이니까 말이다. 만약 군주가 되고 나서도 신하들처럼 재물을 탐내면 결과는 너무 뻔하다. 정권이 위기에 빠질 가능성이 높다. 유비는 이 사실을 잘 알았다. 개인적으로 사익에 눈을 돌리지 않았다. 그의 최대 사익은 바로 촉이라는 천하였다.

．．．

유비는 성도에 입성할 때 자신의 이익에 대해서는 전혀 생각하지 않았다. 대신 휘하의 사람들에게는 신경을 많이 썼다. 우선 병사들은 잔치를 벌여 위로했다. 성에서 빼앗아온 재물, 비단들도 공로의 경중에 따라 부하들에게 나눠줬다. 백성들에게는 양식과 의복이 부족하지 않도록 만들었다.

이 정도에서 그치지 않았다. 유비는 성도의 비옥한 논밭과 집까지 장군들에게 하사할 생각을 하고 있었다. 그러나 이때는 조운이 즉각 나서서 말렸다.

"곽거병(霍去病)은 흉노의 난이 평정되기도 전에 개인의 가정이나 업적에 신경을 쓰면 안 된다고 생각했습니다. 지금 우리의 국적은 흉노와는 비교할 수 없을 정도로 강력합니다. 그 때문에 우리는 향락을 더욱더 절제해야 합니다. 천하를 안정시킨 다음에 군사들을 모두 고향으로 보내고 자신들의 논밭에서 경작하도록 할 때에야 행복한 삶을 살 수 있는 것입니다. 지금 익주 백성들은 오랫동안 전란에 시달렸습니다. 논과 밭, 집을 많이 잃었습니다. 지금 도움을 절실히 필요로 하는 사람들은 장군들이 아닙니다. 바로 이 백성들입니다. 이들에게 모든 것을 돌려주고 농사를 위한 환경을 회복시켜 줘야 합니다. 그래야 민심을 얻을 수 있습니다. 백성들의 땅과 집을 빼앗아 장군들이 사적인 이익을 챙기도록 하는 것은 마땅치 않습니다. 물론 주공께서는 전혀 사익을 취하려는 생각이 없다는 사실을 저는 잘 압니다."

유비는 조운의 말에 무릎을 쳤다. 자신의 생각과 자신의 불찰을 너무나도 잘 알고 있었던 것이다. 그는 즉각 조운의 의견을 받아들였다. 조운의 말이 늘 사익보다는 천하를 우선하는 유비의 생각을 제대로 건드렸다고 볼 수 있었다.

사익을 과도하게 취하지 않는 유비의 자세는 권력을 독점하지 않고 나누는 것에서도 잘 엿보인다. 그는 제갈량뿐 아니라 법정에게 대대적인 권한을 위임했다. 유비의 그룹에서 각종 모략과 정책을 제갈량만큼이나 많이 쏟아낸 인물이었으므로 사실 그래야 마땅했다. 그러나 법정은 성격에 문제가 있었다. 애증이 분명한 스타일이라서 밥 한 끼 얻어먹은 은혜도 갚아야 하고 자신에게 눈을 부라리기만 해도 복수해야 하는 성격을 가지고 있었다. 이 때문에 법정은 제 멋대로 많은 사람을 죽였다. 이에 적지 않은 사람들이 제갈량에게 불평을 털어놨다.

"법정 그 사람은 너무 포악무도합니다. 주공에게 진언해 권한에 좀 제한을 가하도록 해 주십시오."

제갈량은 유비라는 사람을 너무나 잘 알고 있었다. 그래서 즉각 대답할 수 있었다.

"주공께서는 공안(公安)에 계실 때에는 북쪽의 강한 조조를 무서워했소. 동쪽의 손권이 주는 위협도 솔직히 그냥 무시하기는 어려웠소. 어디 그 뿐이겠소. 집에서는 영웅의 풍모가 있는 손 부인의 기세에 주눅이 들어 눌려 지내셨소. 이럴 때 법정은 주공의 날개가 돼 줬소. 주공을 적극적으로 보좌해 다른 사람들의 기세에 눌려 지내지 않도록 해줬소. 그런데 어떻게 이제 와서 법정의 권한을 제한하고 자유를 박탈한다는 말이오? 더구나 주공은 사익을 추구하기보다는 천하를 보는 분으로 신하들에게 권력을 골고루 나눠주시는 분이오. 법정이 다소 문제가 있더라도 조치를 취하지 않을 것이오."

유비는 세상을 떠나는 그 순간까지 자신의 스타일을 고집했다. 아마 그래서 제갈량을 비롯한 신하들이 황제 자리에 오르라고 했을 때 펄쩍 뛰었을지도 모른다. 이에 비한다면 조조는 천하보다는 사익을 더 추구한 사람이라고 해야 할 것 같다. 황제를 받드는 것 같으면서도 결과적으로는 늘 머리 위에 있는 듯한 자세를 취했으므로 이렇게 단언해도 괜찮다. 더구나 그는 종종 황제 앞에서도 신하의 그것이라고 도저히 생각할수 없는 언행도 서슴지 않았다.

천하를 늘 먼저 생각하는 유비의 정신은 훗날 중국 건국의 아버지로 불리는 쑨원(孫文)에 의해 계승됐다고 해도 괜찮을 성 싶다. 그의 경우는 아예 '천하위공(天下爲公)', 다시 말해 천하는 개인의 것이 아니라 온 천하 만민의 것이라는 슬로건을 내걸었으므로 이런 결론은 충분히 가능하다. 그렇다면 쑨원과 라이벌 관계에 있으면서 충돌하다 나중에는 황제에까지 오른 위안스카이(袁世凱)는 혹시 조조의 아바타는 아니었을까. 스타일을 놓고 보면 그렇게 단언해도 크게 틀린 것은 아닐 듯하다.

이기지 않으면 아무 의미가 없는 것이 전쟁이다

국가나 어떤 집단, 조직 간에 분쟁이 생겼을 때 제일 좋은 방법은 싸우지 않고 이기는 것이라고 해야 한다. 그러나 이게 말처럼 그렇게 쉽지 않다. 그 때문에 갈등은 종종 피비린내 나는 전쟁으로 이어진다. 이때에도 승리 전략은 있다. 손자병법에 나오는 '지피지기 백전불태(知彼知己 百戰不殆)', 즉 '적을 알고 나를 알면 백 번

싸워도 절대로 위태롭지 않다.'라는 말이 되겠다. 위태롭지 않으면 이기는 것이니 필승의 전략이다. 하지만 이 역시 간단하지 않다. 적을 아는 것은 말할 것도 없고 나를 아는 것은 더 어려운 일일 테니 말이다. 그렇다면 전쟁에서 승리하는 보다 쉬운 다른 전략은 없는 것일까? 당연히 있다. 『삼국지』의 전쟁들을 살펴보면 웬만 한 승리 전략은 다 알 수 있다.

· · ·

우선 『삼국지』의 3대 전쟁 중 하나인 관도대전을 볼 필요가 있을 듯 하다. 건안 5년(200년)에 일어난 이 전쟁은 당시 대륙의 북방에서 최고의 세력을 형성하고 있던 원소와 그에 비하면 뉴 페이스에 불과한 조조 군 대와의 전쟁이었다. 사실 이 전쟁은 처음부터 조조에게는 말도 안 되는 불리한 게임이었다. 무엇보다 병력부터가 비교가 되지 않았다. 나관중 의 소설 『삼국연의』도 그렇고 진수의 정사 『삼국지』도 조조의 병력이 원소의 10분의 1밖에 되지 않았다고 기록하고 있으니까 말이다. 게다가 난다 긴다 하는 전쟁의 신들인 맹장들 역시 당시에만 해도 단순한 유망 주에 불과했던 조조와는 비교조차 안 되는 명문가의 자손인 원소의 진 영에 훨씬 더 많았다.

실제로도 전황은 조조에게 대단히 불리하게 전개되었다. 전쟁이 지 구전 양상으로 전개되자 기본이 제대로 갖춰지지 않은 조조의 군대가 크게 고전하기 시작한 것이다. 당초부터 모자랐던 군량미는 더욱 부족 해지고 있었다. 전쟁에 대한 자신을 잃은 조조가 모사인 순욱에게 밀서 를 보내 철수에 대해 의논을 해야 했을 정도였다. 그러나 순욱이 끝까지 버티면 반드시 이길 것이라고 한 전쟁의 양상은 이후 진짜 급반전되었다. 원소 진영의 모사인 허유가 조조에게 투항한데다 맹장 장합을 비롯한 일부 장군들마저 칼을 어제까지의 주군에게 돌린 것이 결정적인 이유였다. 급기야 전쟁은 계속 밀리기만 하던 조조의 완벽한 승리로 끝나게 되었다. 전쟁에서 패한 원소는 2년 후 피를 토하면서 세상을 하직하는 불행까지 겪지 않으면 안 되었다.

관도대전은 단순하게 보면 조조와 원소의 용병 능력의 현격한 차이였다고 할 수 있다. 적은 병력과 장군들을 똘똘 뭉치게 한 조조에 비해 원소는 10배나 되는 맨 파워를 가지고도 이를 제대로 활용을 못한 채 지리멸렬한 것이다.

그러나 전략을 자세하게 살펴볼 경우 얘기는 달라진다. 당시 조조는 유명무실하기는 했으나 그래도 여전히 황제라는 이름을 가지고 있던 헌제를 허창(許昌)으로 데리고 간 다음 나름대로 잘 모셨다. 저 유명한 '천자를 끼고 제후를 호령한다.'는 말을 만들어 낸 것이다. 나관중의 『삼국연의』는 협천자를 협천자(脅天子), 다시 말해 천자에 대한 협박 정도로 폄하해 해석했으나 조조가 헌제를 황제로 모신 것은 어쨌든 분명한 사실이었다. 요즘으로 하면 정통성이 있었다는 얘기가 되겠다. 또 대의명분도 확실했다. 이 사실은 무엇을 말하는가? 원소와 전쟁을 하는 데 있어 한참 위에서 내려다보면서 할 수 있었다는 결론이 가능하다. 반면 원소는 그렇지를 못했다. 그는 막강한 세력을 가지고는 있었으나 그저 단순한 군벌에 지나지 않았다. 몇 수 밑지고 들어가지 않으면 안 되었다. 굳이 고사성어로 말하면 '이명위중(以名爲重, 명분을 중시한다)'이라거나 '이의위중(以義爲重, 의를 중요하게 생각한다)'이라는 대전제에서 이미 지고 있었다. 그를 따르던 장군들과 병사들 역시 이 사실을 잘 알고 있었다. 패배의 씨앗은 이미 내부에서 자라나고 있었다고 해도 틀리지 않는다.

8년 후인 건안 13년(208년), 이번에는 『삼국지』 최고의 하이라이트인 적벽대전이 벌어진다. 아이러니하게도 이 전쟁은 관도대전 이후 천하를 호령하게 된 조조가 원소의 처지로 내몰리는 전쟁이 돼 버리고 말았다. 엄청난 대군을 이끌고 남하, 유비의 촉과 손권의 오나라를 멸망시킨 다음 천하를 통일하겠다는 야심을 불태웠으나 오히려 5만 명에 지나지 않는 촉오 연합군에 대패하는 치욕을 당했다. 그의 대군이 주요 전쟁터인 물에 약한 것이 결정적인 이유를 제공했다. 배들을 쇠사슬로 서로 연결해 떨어질 염려가 없게 하라는 방통의 연환계(連環計)를 조조가 아무 의심 없이 받아들이자 스스로 곤장을 맞는 고육계를 쓴 오나라의 황개(黃蓋)가 항복을 하는 척하면서 화공을 가해 전멸시켜 버린 것이다. 어떻게 보면 페어플레이가 아닌 속임수 전략이라고 비난을 받을 수도 있다. 그러나 전쟁은 원래 잔인하고 비열한 것이다. 이기는 쪽이 선이고 지는 쪽이 악이다. 속임수를 써서라도 반드시 이겨야 한다. 그래서 손자는 일찍이 전쟁은 속이는 것이라는 의미에서 '병자궤야(兵者詭也)'라고 했다. 또 병법은 속임으로써 성립한다고도 했다. 이게 바로 고사성어로 굳어진 병이사립이라는 유명한 전략이다. 적벽대전은 유비와 손권의 입장에서 이 고사성어를 그대로 적용한, 이길 수밖에 없었던 전쟁이 아니었나 싶다.

『삼국지』에는 병이사립 전략을 적용한 전쟁이나 전투가 이외에도 무수히 많다. 대표적인 것을 하나 더 고르라면 제갈량이 오장원 전투에서 위나라의 최고 사령관 사마의에게 써먹은 속임수 전략을 들어야 하겠다. 세상을 떠나기 전에 미리 자신의 전신 목각 인형을 만들어 놓은 탓에 기회를 노리고 쳐들어온 사마의를 줄행랑치게 한 것이다. "죽은 제갈량이 산 사마의를 달아나게 만들었다."라는 말은 바로 이 전투에서 나왔다. 그렇다고 사마의를 형편없는 장군이라고 하면 안 된다. 전쟁에서 가장 훌륭한 전략 중 하나가 36계 줄행랑이라고 손자도 분명히 말했다.

이제 마지막으로 촉나라의 멸망을 앞당긴 전쟁인 221년 여름에서 이듬해 여름까지 벌어진 촉과 오나라의 이릉(夷陵)대전을 살펴봐야 하겠다. 유비와 육손이 이끄는 대군들 사이에 벌어진 이 전쟁은 처음에는 촉의 일방적인 우세하에 전개되었다. 완전히 파죽지세라는 말이 과언이 아니었다. 그만큼 육손의 오나라 대군은 지리멸렬 그 자체라고 해도 좋았다. 하지만 그건 그의 은인자중의 허허실실(虛虛實實) 전략이었다. 그는 유비의 촉나라 대군 주력이 정신없이 공격해 들어온 다음 밀림 속에 진을 치자 비로소 오합지졸 같은 모습을 보였던 오나라 대군을 지휘, 화공으로 전멸시키는 대 전과를 올린다. 또 이 와중에 촉나라의 수군을 공격하는 척하면서 육군을 공격하는 이른바 성동격서(聲東擊西) 전략도 구사했다. 유비는 이 전쟁에서 비참하게 패한 다음 백제성으로 도주했으나 패전의 충격으로 이듬해 세상을 떠나야 했다. 손권의 부대에 사로잡혀 처형당한 동생 관우의 복수만 생각하다 결정적인 한방을 위해 끝없이 약한 모습을 보이면서 기다린 육손의 허허실실 전략에 완전히 말려든 것이다.

『삼국지』에는 위에 예를 든 전쟁들 외에도 합비(合肥)전쟁, 천탕산(天湯山)전쟁 등 수많은 전쟁이 있었다. 이유 없이 승패가 갈린 전쟁은 하나도 없었다. 주목해야 할 전략들 역시 적지 않다. 이를테면 속전속결을 의미하는 배도이진(倍道而進) 전략, 임기응변을 뜻하는 수기응변(隨機應變) 전략, 제갈량이 써먹었던 이른바 공성계(空城計), 허를 찔러 순식간에 공격해 들어가는 승허섬격(乘虛閃擊) 등 이루 헤아릴 수조차 없다. 얼핏 생각할 경우 그저 과거 눈만 뜨면 전쟁을 하던 시기에 이런 전략이 있었구나 하고 생각할 수도 있을지 모른다. 하지만 온고지신(溫故知新)이라는 말이 있듯 오늘날에도 이런 전략을 사업이나 인생 경영에 원용하지 말라는 법이 없다. 더구나 세상은 요즘 말로 1등이 아니면 기억하지 않는 더러운 세상이 돼가고 있다. 앞으로 기업이나 기업인들이 전쟁이라고 해도 과언이 아닌 글로벌 경쟁에서 살아남으려면 『삼국지』가 가르쳐 주는 전쟁에 이기는 이런 전략에도 눈을 돌려봐야 할 것 같다.

마지막 순간에도 빛난 반어법의 미학

반어법이라는 것이 있다. 말을 은근하게 돌려 하는 것을 이렇게 일컫는다. 유비는 장비처럼 단순하지 않았다. 가능하면 말을 완곡하게 했다. 그럼에도 정확한 의사 전달을 하는 데에는 어려움이 없었다. 어떨 때는 직설적인 화법보다도 더 파괴력이 있을 수도 있었다. 그는 시종일관 이런 자세를 견지했다. 이런 성향은 생의 마지막에도 빛났다. 제갈량에게 탁고를 하면서 반어법을 통해 자신의 할 말을 다한 것이다. 그가 아니라면 어려웠을 대목이 아닌가 싶다.

· · ·

오나라 정벌에 실패한 다음 유비는 백제성에서 철군했다. 이후 근심 걱정에 잠을 이루지 못했다. 게다가 병이 악화돼 체력도 바닥이 나고 있었다. 더 이상 버티는 것이 어려울 지경에까지 이르렀다고 해도 좋았다. 그는 제갈량을 불렀다. 그의 눈에서는 하염없이 눈물이 흘러 내렸다. 그가 한참 후 겨우 눈물을 훔치면서 말을 이었다.

"내가 아무래도 일어나지 못할 것 같습니다. 살만큼 살았으니 여한은 없습니다. 그러나 한 가지 일이 아무래도 마음에 걸립니다. 아들 문제입니다. 나는 아들을 승상에게 맡기고 싶습니다."

그러자 제갈량이 즉각 승낙을 했다. 이에 유비가 다시 입을 열었다.

"내 아들이 보좌할 만하면 보좌를 하십시오. 그러나 보좌할 만하지 않으면 승상께서 스스로 자립하십시오."

유비의 전혀 예상 밖의 말에 제갈량은 깜짝 놀랐다. 당황해 어쩔 줄도 몰라 했다. 그러나 그는 바로 무릎을 꿇었다. 딴마음을 품지 않고 충성을 맹세하겠다는 표시였다.

이 대목은 사실 대단히 드라마틱한 장면이라고 해야 한다. 『삼국연의』 제85회는 그래서일까, 이에 대해 정사보다 더욱 자세하게 그리고 있다. 다음과 같은 내용이다.

"나는 글 읽기를 즐겨 하지 않았습니다. 그러나 그 뜻은 대략 알고 있습니다. 성인께서 말씀하시기를 '새는 죽을 때 그 울음소리가 슬프다. 또 사람이 죽을 때는 그 말이 착하다.'고 했습니다. 하지만 불행히도 일을 채 끝마치지도 못하고 중도에서 내가 이렇게 되고 말았습니다. 승상께서는 번거롭겠지만 내 뜻을 태자 선에서 전해 주십시오. 거듭 바라건대 모든 것을 잘 가르쳐 주십시오."

유비의 비장한 당부에 제갈량이 땅에 엎드려 울면서 말했다.

"부디 폐하께서는 옥체를 돌보시옵소서. 신들은 견마지로를 다해 폐하께서 신들에게 내리신 은혜에 보답하겠습니다."

유비는 환관에게 제갈량을 부축해 일으키도록 명령했다. 이어 한 손으로는 눈물을 닦으면서 다른 손으로는 제갈량의 손을 잡고 말했다.

"나는 이제 죽어가는 몸입니다. 그래서 가슴 속에 묻어둔 말 한마디만 더 하려고 합니다."

제갈량이 물었다.

"무슨 말씀입니까?"

유비가 마치 준비했다는 듯 말을 이었다.

"내 아들이 재목이 되지 못하거든 승상께서 성도의 주인이 되도록 하십시오."

제갈량은 유비의 말을 듣는 순간 온몸에 땀을 흘렸다. 손발도 마구 떨었다. 곧이어 그가 몸을 제대로 가누지 못한 채 다시 엎드려 울면서 말했다.

"제가 어찌 태자를 섬기지 않고 다른 생각을 하겠습니까? 이 목숨이 다할 때까지 충의로 태자를 받들겠습니다."

제갈량은 말을 마치자 바로 땅에 머리를 짓찧었다. 머리에서 피가 나지 않는 것이 다행일 정도였다. 그러자 유비가 제갈량을 더욱 가까이 앉게 한 다음 유선의 동생들인 노왕(魯王) 유영(劉永)과 양왕(梁王) 유리(劉理)를 앞으로 불러 앉혔다.

"너희들은 모두 나의 말을 가슴에 새겨듣도록 하라. 너희 형제 셋은 내가 죽거든 승상을 아버지 섬기듯 해라. 섬김에 조금이라도 게으름이 있어서는 안 될 것이다."

유비는 아들들에게 준엄하게 가르침을 내린 다음 제갈량에게 절을 올리도록 했다. 두 왕은 즉각 제갈량에게 절을 올렸다. 그러자 제갈량이 침통한 얼굴로 맹세하듯 말했다.

"신은 분골쇄신이 되는 한이 있더라도 폐하의 당부를 잊지 않을 것입니다. 어찌 제가 폐하의 은혜에 보답하지 않겠습니까?"

유비는 제갈량의 말에 흡족한 표정을 지었다. 이어 주위의 신하들을 둘러보면서 말했다.

"경들도 모두 조금의 소홀함이 있어서는 안 될 것이오. 승상을 잘 섬기도록 하시오. 부디 짐의 당부를 저버리지 않도록 하시오."

유비의 말대로 죽어가는 사람은 거짓말을 잘하지 않는다. 아무리 천성이 사악한 사람이라고 해도 그렇다. 그렇다면 평생을 인의를 중요하게 여긴 유비의 탁고의 말은 거짓이 없어야 한다. 마지막 그의 말을 진심으로 봐야 할지도 모른다는 얘기가 되겠다. 그러나 반어법을 염두에 두면 얘기는 다소 달라진다. 이는 유비가 사악하거나 남의 뒤통수를 잘 치는 사람이라 그런 것이 아니었다. 거짓말을 마치 밥 먹듯 해서도 아니었다. 자신의 진심을 알리기 위해서는 무엇보다 완곡한 표현을 해야 한다는 사실을 알았기 때문이다. 그래서 그는 제갈량에게 깜짝 놀랄 말을 했다. 중요한 사실은 제갈량이 무엇보다도 그의 이런 의도를 잘 알았다는 사실이었다. 만약 그렇지 않았다면 유비는 그렇게 말을 하지도 않았을 것이다. 더불어 그에게 탁고를 하지도 않았을 게 분명했다. 어떻게 보면 둘은 최후의 순간에도 이심전심으로 통했다고 할 수 있었다.

남송 초년의 어느 날이었다. 명장 악비(岳飛)가 금(金)나라와의 전선에서 잠시 수도 건강(建康)으로 돌아오게 되었다. 그러자 고종이 그를 불러 물었다.

"장군이 최근에 좋은 말을 얻었다고 하더군요."

악비는 평소 국정에 대한 자신의 생각을 고종에게 피력하려고 기회를 엿보고는 했다. 그러나 기회가 없었다. 그런데 가는 날이 장날이라고 고종이 먼저 물어봤으니 피할 이유가 없었다. 그는 거침없이 대답했다.

"저는 옛날에 아주 좋은 말 두 필이 있었습니다. 이 말들은 매일 몇 말의 콩을 먹었습니다. 일반 말들보다 몇 배나 많이 먹었죠. 또 음식도 대단히 가렸습니다. 조금만 깨끗하지 않아도 먹지 않았습니다. 이런 말은 키우기가 조금 번거롭습니다. 그러나 능력은 일반 말보다 훨씬 뛰어납니다. 제가 아침에 이 말을 타고 출발한 경우가 종종 있었습니다. 처음에는 별로 빠르지 않았습니다. 그러나 뛰면 뛸수록 빨라지는 것이었습니다. 한번은 한 100리나 달렸을까요. 갑자기 말이 구름을 타는 것처럼 뛰기 시작했습니다. 그 상태로 거의 점심때까지 달렸습니다. 그런데도 말은 여전히 힘이 좋았습니다. 오후에도 다시 200리를 달렸습니다. 저는 목적지에 도착한 즉시 말을 살폈습니다. 그랬더니 말은 숨을 가빠하지도 않고 땀도 흘리지 않았습니다. 이런 말이야말로 1,000리를 달릴 재주를 갖춘 말이 아닐까요. 중임을 충분히 감당할 말이 아닌가요?"

악비의 말에 고종은 고개를 끄덕거렸다. 악비의 말을 이해한다는 뜻이었다. 악비가 말을 계속 이어갔다.

"불행히도 이 두 말은 나중에 다 죽고 말았습니다. 제가 지금 타는 말은 폐하께서 말씀하신 대로 좋은 말입니다. 키우기가 아주 편합니다. 어떤 마초도 가리지 않고 잘 먹습니다. 더러운 물 역시 당연히 잘 먹습니다. 그러나 뛰기 시작하면 제가 미처 제대로 앉기도 전에 잘난 척하기 위해 마구 뜁니다. 하지만 100리도 되기 전에 힘이 다 빠집니다. 땀을 흘리는 것은 기본이고 숨 역시 헐떡거립니다. 이런 나쁜 말은 키우기가 정말 쉽습니다. 그러나 끈기가 없습니다. 이 말이 나쁜 말 아닐까요?"

악비는 줄곧 사람에 대해서는 아무 말도 하지 않았다. 그러나 고종은 악비가 말하는 것이 말이 아니라 사람이라는 사실을 모르지 않았다. 인재를 아끼고 돌보라는 말이었던 것이다. 이처럼 두 사람은 아무도 "인재를 아껴야 한다."라는 말을 하지 않았다. 그럼에도 마음은 통했다. 반어법의 절묘한 효과가 아니었나 싶다.

유비는 다급한 마음에 제갈량에게 계속 자신의 아들을 잘 돌봐달라고 할 수도 있었다. 그러나 그렇게 할 경우 자신의 진심이 주는 파괴력이 약할 가능성이 높았다. 그래서 그는 반어법을 사용하는 최후의 선택을 했다. 적절한 판단이었다고 단언해도 좋을 듯하다.

남의 개성을 잘 이용하는 것이 용인술의 핵심이다

용인술에는 여러 가지가 있다. 우선 장점을 잘 발휘하도록 다독거려 쓰는 방법이 있다. 또 흥분을 해야 하는 인재에게 쓰는 이른바 격장법(激將法) 역시 있다. 그러나 모든 용인술의 기본은 역시 쓰고자 하는 인재의 개성을 가장 잘 안 다음에 활용하는 것이 아닌가 싶다. 이유는 크게 별다를 것이 없다. 한 개인의 장점과 직결되는 성격은 주로 개성에 좌우되기 때문이다. 예컨대 말의 속도가 빠르고 행동이 민첩하면서 감정 기복이 심한 사람은 일반적으로 조급한 유형의 성격을 가지고 있다. 조용하고 뭔가 우울해 보이는 사람은 성격이 괴팍한 경우가 많다. 또 말을 과장되게 하거나 허풍을 치는 사람은 교만한 경우가 많다. 사람을 쓸 때는 바로 이런 개성을 잘 파악해 써야 한다. 그렇지 않으면 그 사람의 장점을 최대한 끌어

올릴 수 없다. 최악의 경우에는 그 사람뿐 아니라 그 사람이 속해 있는 조직도 망치게 된다. 대화를 할 때에도 마찬가지라고 해야 한다. 항상 상대방의 개성을 파악하고 대화를 해야 갈등이 생기지 않는다.

· · ·

마초가 가맹관(葭萌關)을 공격할 때였다. 제갈량이 깜짝 놀라 유비에게 말했다.

"마초는 보통 사람이 아닙니다. 웬만한 장군으로는 대적할 방법이 없습니다. 최소한 장비나 조운 두 사람 중 한 명을 보내야만 해결할 수 있습니다."

유비 역시 화들짝 놀란 얼굴로 대답했다.

"자룡은 군사를 이끌고 밖으로 나가 아직 돌아오지 않았습니다. 다행히 익덕이 지금 여기에 있습니다. 빨리 익덕을 보내야 하겠군요."

제갈량은 그러나 더 이상 흥분하지 않았다. 잠시 숨을 고르면서 말을 이었다.

"주공께서는 일단 장 장군에게는 아무 말도 하지 마십시오. 제가 먼저 장 장군을 자극시켜야 하겠습니다."

제갈량이 말을 마칠 즈음 장비가 씩씩거리면서 들이닥쳤다. 마초가 가맹관을 친다는 소식을 듣고 급히 달려온 것이다. 그가 숨도 고르지 않은 채 말했다.

"군사, 제가 그놈을 물리치겠습니다. 이길 자신이 있습니다."

제갈량은 그러나 장비의 말을 못 들은 체했다. 그런 다음 유비에게 걱정스러운 얼굴로 힘없이 중얼거렸다.

"마초는 문무를 겸비한 뛰어난 인물입니다. 우리에게는 대적할 마땅한 인물이 없습니다. 이렇게 하는 게 좋겠습니다. 형주에 있는 운장을 부르는 겁니다."

장비가 제갈량의 말에 화를 버럭 냈다.

"군사께서는 어찌해서 나를 그토록 가볍게 여기십니까? 나는 일찍이 조조의 백만 대군을 소리 한 번 질러서 쫓아버린 사람입니다. 그까짓 마초 같은 놈을 내가 무서워하겠습니까?"

제갈량이 말했다.

"그때는 조조가 우리 쪽의 현실을 잘 알지 못했기 때문에 그랬소. 만약 그가 우리의 허실을 알았더라면 장군이 무사히 돌아왔겠소? 마초의 용맹은 천하가 다 아는 바요. 지난 번 그가 위교(渭橋)에서 치른 여섯 차례의 싸움에서는 조조마저도 죽을 뻔한 고비를 맞았소. 절대로 가볍게 볼 사람이 아니오. 설령 관운장이 간다 하더라도 반드시 이긴다고는 장담할 수 없을 것이오."

제갈량은 정색을 했다. 마초를 한껏 칭찬도 했다. 장비는 약이 바짝 오를 수밖에 없었다. 그가 성질을 꾹 죽이면서 말했다.

"나는 반드시 출정할 것입니다. 만약 마초를 이기지 못하면 내 목을 자르는 군령이라도 달게 받아들이겠습니다."

제갈량은 빙긋이 미소를 지으면서 말했다. 자신의 전략이 맞아 들어가기 시작한 것이다. 그가 드디어 준비된 말을 토했다.

"좋소. 장군이 서약서를 써 두고 가겠다고 하면 받아들이겠소. 선봉에 서서 출정을 하시오."

장비는 자신이 한 말이 있는 만큼 사력을 다해 싸웠다. 무려 1박 2일 동안 220합을 겨뤘을 정도였다. 그래도 승부를 가릴 수가 없었다. 그러나 이로 인해 천하의 그 누구도 아랑곳하지 않을 것 같았던 마초의 기세는 많이 누그러들었다. 나중에는 제갈량의 계략에 넘어가 유비에게 귀순하게 되었다. 말할 것도 없이 제갈량이 장비의 전의를 불태우게 만들기 위해 그에게 해 준 적절한 말이 결정적이었다고 할 수 있었다.

제갈량은 장비와는 개성이 완전히 다른 관우에게는 다른 말로 그를 컨트롤했다. 예를 들어보면 더욱 확연해진다. 마초가 유비에게 귀순한 직후였다. 관우는 마초가 얼마나 대단한지 알고 싶어 했다. 그래서 그와 무예를 겨뤄보자는 생각을 했다. 제갈량은 두 호랑이가 다툴 경우 어느 누군가가 큰 상처를 입을 것이라는 걱정을 하지 않을 수 없었다. 그는 곧 관우에게 자신의 절절한 생각을 적은 편지를 보냈다.

"장군께서 마초와 무예를 겨뤄보고 싶은 생각은 제가 잘 알고 있습니다. 그러나 마초의 무예가 아무리 뛰어나다한들 어떻게 미염공(美髥公)의 절륜함에 이르겠습니까? 마초의 무예는 그저 익덕과 겨룰 정도에 불과합니다. 더구나 장군께서는 형주를 지키는 중차대한 책임을 지고 있습니다. 그런 장군께서 서천으로 왔다가 만약 형주에 뜻하지 않은 변고라도 생긴다면 그 죄가 얼마나 크겠습니까?"

관우는 극진한 예의를 갖춘 제갈량의 편지를 읽은 다음 수염을 쓰다듬으면서 껄껄 웃었다. 이어 만족스럽다는 표정으로 말했다.

"군사는 역시 내 마음을 알아주는 사람이군. 굳이 그렇게 말을 하면 내가 여기 형주를 떠날 수가 없지."

관우는 제갈량의 편지를 주위 사람들에게 보여 주고는 조정으로 들

216

어가겠다는 생각을 버렸다. 역시 제갈량이 그라는 인물의 개성을 잘 알아보고 대응한 탓이었다.

용인술에서뿐만이 아니다. 남과의 대화에서도 이런 기술은 필요하다. 이 경우는 관우와 친분이 두터웠던 조조 그룹의 장료가 관우를 설득했을 때의 장면을 떠올리면 이해가 빠를 듯하다. 관우가 유비와 헤어지고 하비성에서 포위를 당했을 때였다. 조조는 장료를 보내 관우에게 투항을 권고하도록 했다. 장료는 관우의 개성을 너무나 잘 알았다. 체면을 세워주지 않으면 죽어도 투항하지 않을 것이라는 사실을 말이다.

장료는 말을 몰아 관우가 있는 하비성으로 들어갔다. 아니나 다를까 그와 만난 관우는 결사항전을 다짐했다. 그러자 장료가 말했다.

"형께서 여기에서 싸우다 죽으면 세 가지의 죄를 짓는 것이 됩니다."

관우가 장료의 말에 크게 놀랐다. 황급히 어떤 죄를 짓게 되는지 물을 수밖에 없었다. 장료가 기다렸다는 듯 엄숙하게 대답했다.

"형께서는 현덕 공과 도원결의를 하면서 생사를 함께 하기로 맹세를 하지 않았소? 그런데 지금 현덕 공은 소패성의 싸움에서 패했소. 이런 상황에서 형께서 죽음으로 항전한다면 어떻게 되겠소. 나중에 현덕 공께서 권토중래할 때 형의 도움을 받지 못한다면 당초의 맹세를 어기는 것이 아니겠소. 이것이 바로 첫 번째 죄인 것이오."

관우가 가만히 고개를 끄덕였다. 틀린 말이 아니었던 것이다. 장료는 속으로 쾌재를 부르면서 말을 이었다.

"현덕 공은 가솔을 형에게 맡겼소. 잘 보호해드려야 할 의무가 있소. 그러나 형께서 여기에서 죽음을 맞는다면 현덕 공의 가솔은 어떻게 되겠소? 죽는다 하더라도 당당하게 죽는 것이 아니오. 충의를 저버리고 책임을 저버리는 것이 아니겠소. 어찌 부끄럽지 않겠소."

관우가 가볍게 신음을 토했다. 장료가 갈수록 옳은 말을 한다는 표시였다. 장료는 내친김에 마지막 이유를 들었다.

"형은 무예가 출중하오. 경전과 사서에도 밝소. 현덕 공을 도와 한실을 떠받들 수 있소. 그런데도 헛되이 필부처럼 자신의 한 몸만 생각하려고 하오. 그것을 어찌 충절이라고 할 수 있겠소."

관우가 마지막으로 들이미는 장료의 마지막 이유에 고개를 숙였다. 이어 한참 동안이나 생각에 잠긴 듯한 모습을 보였다. 장료가 드디어 마지막 한 방을 날렸다.

"지금 사방은 맹덕 공의 군사들로 뒤덮여 있소. 투항을 하지 않으면 죽는 길밖에는 없소. 그것은 결코 의로운 죽음이 되지 못하오. 차라리 항복해서 뒷날을 도모하는 것이 더 낫소. 그러면 기회를 엿봐 현덕 공도 찾을 수 있을 것이오. 어디 그뿐이오. 한실을 일으킬 수도 있소. 현덕 공의 가솔을 살리는 것은 더 말할 것이 없소."

관우는 장료의 말에 완전히 넘어갔다. 투항은 자연스러운 수순이 되었다.

상대방을 설득할 때는 반드시 상대의 개성을 확실히 파악하고 귀에 쏙쏙 들어가는 말을 해야 한다. 그렇지 않고 반대로 하면 상대를 설득시키는 것은 거의 불가능하다. 용인술도 마찬가지다. 아랫사람의 개성을 존중하지 않고 굵는다면 결과는 뻔할 수밖에 없다. 유비 그룹은 이 방면에서는 단연 최고의 경지에 올랐다. 거의 예술의 경지라고 해도 좋았다. 이렇게 된 데에는 제갈량의 탁월한 용인술도 작용을 했겠으나 아랫사람의 개성을 존중하는 유비의 스타일과도 큰 관련이 있지 않았나 싶다.

왕도를 내걸면서도
간웅의 본색을 잃지 않는 이중전략

소설 『삼국연의』를 읽는 대부분의 독자들은 대체로 조조가 삼국의 영웅들 중에서 가장 간웅의 색채가 농후한 인물이라고 생각한다. 그러나 읽는 횟수가 많아지면 조금 다르게 생각할 수도 있다. 진정한 간웅은 조조가 아니라 유비라고 말이다. 물론 조조도 내로라하는 간웅이라고 할 수 있다. 그러나 유비 앞에서는 아무래도 조금 손색이 있지 않나 싶다. 정말 그런지는 유비의 일생을 살펴보면 잘 알 수 있다. 그는 우선 유장을 삼켰다. 유표도 핍박했다. 조조도 속이고 여포를 가지고 놀았다. 여기에 원소를 헛갈리게 했을 뿐 아니라 손권은 동맹을 맺은 사이인데도 토벌을 했다. 조운 앞에서는 아두를 내던지는 쇼도 했다. 장송에게는 아첨을 하고 원술은 가볍게 속였다. 그의 간웅의 본색은 소설 곳곳에서 계속 보인다고 해야 하지 않을까?

• • •

유비는 간웅과는 거리가 먼 사람이라는 느낌을 준다. 하지만 소설이나 정사를 모두 잘 읽어보면 별로 그렇지도 않다는 사실을 느낄 수 있다. 은근하게 뒤통수를 치는 인물이었던 것이다. 이런 느낌은 그와 동시대를 살았던 인물들이 더 잘 느꼈지 않을까 싶다. 그에 대한 평가를 보면 고개가 끄덕거려질 수밖에 없다. 먼저 조조의 평가를 봐야 할 것 같다. "패군의 보잘것없는 놈이 감히 황숙을 자칭하다니! 그자는 신의가 전혀 없는 자야. 겉모습은 군자이나 속은 소인배나 다름없어!"라면서 유비가 간웅이라는 선입관을 강하게 피력한 바 있다. 채모 역시 그랬다.

그의 말이다.

"유비는 먼저 여포를 졸졸 따라다녔어. 그다음에는 조조에게 몸을 얹혔어. 또 원소에게도 의탁했어. 그럼에도 끝내 충성을 다하지 않았어. 그의 사람됨은 굳이 설명할 필요가 없지."

여포는 "역시 너는 가장 신의 없는 작자야!"라면서 유비에게 아예 대놓고 욕을 했다. 내가 아니고 네가 간웅이라는 주장이었다. 물론 여포를 비롯해 조조, 채모 등은 하나같이 유비의 적이었다. 좋은 말을 해 줄 까닭이 없었다. 그에 대한 평가의 잣대로 하기에는 너무나 가혹할 수도 있다는 얘기다. 그러나 유비의 기록에 대한 행간을 읽어보면 조조나 여포, 채모 등이 너무 유비를 짜게 평가했다고만 단언하기는 어렵다. 그렇다면 증거를 찾아야 한다. 정말 적지 않다. 우선 한실 종친이라는 말을 입에 달고 살았다는 사실을 들어야 하겠다. 당시 사람들의 머릿속에는 이른바 정통 사상이 뿌리 깊게 박혀 있었다. 그는 이 사실을 본능적으로 알았다. 그래서 누가 뭐라던 말던 틈만 나면 한실을 들먹였다. 자신을 포장하려는 노력을 게을리하지 않았다. 놀랍게도 이 방법은 상당한 효과가 있었다. 장비를 처음 만났을 때도 그랬다. 유비는 이 한마디로 장비의 고개를 숙이게 만들었다. 관우도 마찬가지였다. 장비로부터 말을 전해 듣자 바로 유비를 따르겠다는 결심을 했다.

천둥, 번개가 칠 때 조조를 속였던 일화 역시 크게 다르지 않다. 유비가 정통파였다면 절대 그런 치사한 방법을 쓰지 않았을 것이다. 그러나 그는 기꺼이 그 방법을 선택하고 조조를 속였다. 후세 사람이 당시 상황을 묘사한 시에서도 그가 간웅 스타일이었다는 사실은 잘 드러난다. 다음과 같은 내용이다.

호랑이 동굴에 잠시 몸을 얹었었네.

영웅이라는 사실을 들켜 덜덜 놀란 척을 했네.

천둥소리를 빌려 상대를 속였으니

임기응변이 놀랍기만 하네!

이외에도 유비가 간웅의 기질이 농후했다는 사실을 보여 주는 비슷한 일화는 많다. 조조가 여포를 잡았을 때를 예로 들 수 있다. 당시 여포는 조조가 자신을 죽일지도 모른다는 생각을 하고 조조가 잠깐 자리를 비운 사이에 유비에게 도움을 청했다. 이때 유비는 천연덕스럽게 도움을 주겠다고 흔쾌히 승낙했다. 그러나 정작 조조가 그에게 여포를 어떻게 처리했으면 좋겠냐고 묻자 언제 그랬냐는 듯 얼굴을 바꿨다. 죽이라고 권한 것이다. 그랬으니 그가 조운이 보는 앞에서 아두를 집어던진 것은 충분히 있을 수 있는 일이었다.

유표도 유비의 이런 스타일을 간파한 사람 중의 한 명이었다. 유비는 조조에게 대패한 후에 형주의 유표에게 찾아갔다. 유표의 휘하 장군들은 유비가 예사로운 사람이 아니라고 주장하면서 받아들여서는 안 된다고 간언했다. 그럼에도 유표는 그를 흔쾌히 받아들였다. 유비는 유표의 기대를 저버리지 않았다. 늘 유표의 눈치를 보고 조심스럽게 행동했다. 유표는 유비가 진정한 군자라는 자신의 생각을 완전히 굳히게 되었다. 그러던 어느 날이었다. 유표가 유비를 초청할 때였다. 유비는 기분이 한껏 고무돼 초청에 응했다. 그러나 그는 이 자리에서 말을 실수하게 된다. 유표가 무능하다는 말을 얼결에 한 것에서도 모자라 형주를 가질 수 있었으면 하는 속내를 드러낸 것이다. 유표로서는 기분이 좋을 까닭이 없었다. 더구나 그는 술에 취한 탓이었는지 이때 유표를 안중에도 두지 않는 듯한 자세를 보였다. 유표는 아무리 술자리에서 한 말이었으나 유비의 말에 기분이 나빴다. 급기야 유비를 경계하기 시작했다. 심지어 나중에는 그를 변방으로 보내기도 했다. 유비가 털어서 먼지 하나 나오지 않는 진짜 성인군자였다면 유표는 이렇게 하지 않았을 터였다.

유비의 간웅 기질은 원소의 진영에서 밥을 빌어먹고 있을 때에도 빛났다. 관우가 원소의 애장인 안량, 문추를 죽였는데도 얼굴에 철판을 깐 채 오리발을 내밀었던 것이다. 그는 아슬아슬하게 고비를 넘긴 다음에는 바로 후속 계획에 착수했다. 그것은 호랑이 입이나 다름없는 원소의 진영에서 탈출하는 것이었다. 그는 생각이 탈출에 미치자 원소에게 은근하게 말했다.

"유표는 지금 형주의 9개 군을 차지하고 있습니다. 병사들도 용맹하고 군량도 충분히 가지고 있습니다. 그와 연합해 조조를 공격한다면 모든 것이 순조롭게 풀릴 것입니다."

원소가 유비의 말에 솔깃해진 듯 대답했다.

"나도 그렇게 생각합니다. 그런 생각에 사자를 보냈습니다. 그러나 그는 생각이 없는 것 같습니다."

유비는 옳다구나 하고 말을 이었다.

"그 사람은 저와 같은 한실의 후손입니다. 제가 가면 거절할 까닭이 없습니다. 제가 가겠습니다."

원소는 유비의 말에 크게 기뻐했다. 그를 유표에게 가도록 즉각 허락했다. 이렇게 해서 유비는 원소의 소굴에서 무사히 벗어날 수 있었다. 간웅의 기질이 한몫을 단단히 했다고 할 수 있다. 그는 그러나 좀처럼 간웅으로 일컬어지지 않는다. 그 오명은 조조가 온전하게 뒤집어썼다. 아마도 평상시에는 처세의 왕도를 잃지 않았기 때문이 아닐까 싶다. 실상과는 달리 전혀 그렇지 않은 인물로 곡해되고 있는 조조는 너무도 억울하겠지만 말이다.

오불관언과 생떼도 때로는 전략이 된다

유비가 설사 간웅의 기질을 가지고 있다고 하더라도 생떼는 아무래도 그에게 어울리지 않는다는 느낌이 없지 않다. 역시 그에 대한 선입관은 전형적인 인군(仁君)이라는 편견에서 발산되는, 사람을 진심으로 대하는 너그러운 사람이라는 것이니까 말이다. 그러나 그는 반드시 그렇지만은 않았다. 간웅의 기질을 대변하는 담략 크고 모략이 많은 인물이었을 뿐 아니라 때로는 생떼를 부리기도 했던 것이다. 심지어 그는 생떼가 필요하다고 생각하면 적극적으로 그렇게 하기도 했다. 생떼를 전략으로 심화시켰다는 얘기가 될 수도 있다.

• • •

유비가 형주의 유표에게 몸을 의탁하고 있을 때 괴월과 채모는 이를 몹시 못마땅하게 여겼다. 특히 유표의 처남인 채모는 더욱 그랬다. 둘이 유비를 몰래 불러 성곽 밖에서 죽이려고 한 것도 다 이유가 있었던 것이다. 이때 괴월의 부하 한 명이 유비의 얼굴을 보고는 깜짝 놀랐다. 유비의 얼굴이 둥근 보름달 같고 완전히 용안(龍顏)으로 범상치 않은 탓이었다. 급기야 그는 유비에게 두 사람의 음모를 밀고하기에 이른다. 유비는 대경실색해 황급히 말을 타고 달아났다. 얼마 후 말은 단계(檀溪)강 언덕에 이르렀다. 앞에는 더 이상 갈 길이 없었다. 그럼에도 뒤의 병사들은 추격을 멈추지 않았다. 유비로서는 절망적인 상황이었다. 그 절체절명의 순간, 유비는 자신의 애마 적로마(的盧馬)에게 채찍질을 가했다. 그러자 신기하게도 적로마는 하늘로 도약하더니 가볍게 단계강을 건넜다. 그 광경을 보고 있던 괴월과 채모는 탄식할 수밖에 없었다. 그 엄청난 말도 말이지만 강물의 흉흉한 기세도 오불관언, 다시 말해 아랑곳하지 않은 채 강을 건넌 유비의 무모함에 질린 탓이었다.

유비의 애마 적로마에는 간단치 않은 에피소드가 있었다. 조운이 도적 장무(張武)를 찔러 죽인 다음이었다. 그는 장무가 타던 말을 노획해 유비에게 선물로 줬다. 바로 이 말이 관우가 타던 적토마와 이름이 비슷한 적로마였다. 아무려나 그다음 날 유표가 적로마를 보고는 흥분을 금치 못했다. 자신의 마음에 딱 들었던 것이다. 유비는 말을 유표에게 흔쾌히 선물했다. 유표는 기분이 좋아 적로마를 바로 시승했다. 그러던 중 괴월을 만났다. 괴월이 뭔가를 발견했는지 황급히 말했다.

"이 말의 눈 아래에는 움푹 들어간 곳을 뜻하는 누조가 있습니다. 눈물을 흘리는 샘이라고 할 수 있습니다. 또 이마에는 흰 점이 별처럼 턱하니 박혀 있습니다. 이런 말을 적로라고 부릅니다. 문제는 주인에게 화를 불러온다는 미신이 있다는 사실입니다. 타는 것을 재고하십시오."

유표는 괴월의 말에 기분이 찜찜했다. 즉각 유비에게 적당한 핑계를 대고 말을 돌려주는 조치를 취했다. 유비의 그룹에서는 이적(伊籍)이 적로마에 대해 잘 알고 있었다. 그 역시 유비에게 말했다.

"이 말은 위험합니다. 타지 마십시오."

유비는 그러나 대수롭지 않다는 듯 대답했다.

"사람의 생사라는 것은 하늘에 달려 있습니다. 어찌 말 탓을 할 수 있겠습니다. 나는 그런 미신은 신경 쓰고 싶지 않습니다."

얼마 후 서서가 다시 유비에게 간언을 했다.

"장군께서 타는 말이 천리마이기는 합니다. 그러나 언제든지 주인에게 화를 가져올 수 있습니다. 절대로 타지 마십시오. 만약 정 타고 싶으시다면 장군께서 평소에 미워하는 사람에게 즉각 이 말을 주십시오. 그 사람에게 화가 미친 다음 이 말을 타면 됩니다."

유비는 서서의 말에 안색을 바꿔 말했다.

"선생께서 나를 올바른 길로 인도하지 않고 오히려 남을 해치는 일을 가르치다니요. 나는 받아들일 수 없습니다."

서서는 유비의 말에 감동했다. 세상의 미신에 오불관언하는 모습이 보기 좋았던 것이다. 이후 그는 유비를 보좌해야겠다는 생각을 더욱 굳혔다.

이처럼 유비는 일반적으로 알려진 것처럼 남의 말만 순순히 듣는 사람이 절대 아니었다. 또 생떼도 적지 않게 썼다. 이제 사례를 살펴봐야 할 것 같다. 우선 유장의 익주를 탈취하는 과정이 그랬다고 단언해도 좋다. 법정과 장송의 도움이 없지는 않았으나 기본적으로는 자신의 생각을 마구 밀어붙임으로써 익주를 손에 넣을 수 있었다. 이에 대해서는 줄곧 촉을 정통으로 봤던 동진(東晉) 사학자 습착치(習鑿齒)까지 불만을 토로했을 정도였다. "유장의 국토를 억지로 탈취해 자신의 사욕을 챙겼다. 정의를 저버리면서 인덕은 완전히 더러워졌다."고 말한 것이다. 그를 비교적 긍정적으로 평가한 사학자로부터도 욕을 먹었으니 당시 얼마나 생떼를 썼는지를 알 수 있지 않나 싶다.

유비가 익주를 탈취한 후의 상황을 살펴봐도 좋다. 당시 손권은 제갈근을 보내 형주의 각 군을 돌려 달라고 했다. 이에 유비가 대답했다.

"내가 양주를 공략해서 취하기로 했습니다. 이 계획이 예정대로 이뤄지면 반드시 형주를 돌려드릴 생각입니다."

손권은 유비를 너무나 잘 알고 있었다. 당연히 그의 말을 믿지 않았다. 그래서 다음과 같은 말을 할 수 있었다.

"그 사람 말은 핑계에 불과해. 시간을 미루려는 것뿐이야. 다시 시간이 되면 생떼를 부릴 게 분명해."

손권은 자신의 생각을 곧바로 행동으로 옮겼다. 강제로 형주를 수복하기로 한 것이다. 후속 조치도 취했다. 장사, 영릉, 계양을 다스릴 관리를 임명하고 즉각 취임하도록 했다. 그러나 그가 임명해 파견한 관리들은 임지에 도착하자마자 바로 관우에게 쫓겨났다. 손권은 노기가 충천해 여몽을 보내 무력으로 형주를 탈취하도록 했다. 유비의 생떼는 이렇게 해서야 겨우 꺾이게 되었다.

유비는 생애 마지막 순간에도 생떼를 부렸다. 형주를 잃은 다음 관우까지 오나라에 의해 무참히 살해를 당하자 제갈량의 만류에도 불구하고 이릉대전을 일으킨 것이다. 당연히 이 생떼의 결과는 처참했다. 궁극적으로 촉나라가 삼국통일을 하지 못하는 원인이 되고 말았다.

제9장
자신을 숨길 줄 아는 정객

진정으로 뛰어난 인재는 자신의 재주를 가능하면 잘 드러내지 않는다. 딱히 드러내야 할 때는 결정적인 순간에만 잠깐 드러내고 다시 수면 아래로 사라진다. 이런 것을 이른바 은(隱)이라고 한다. 이 은에는 대략 세 가지가 있다. 은자 역시 세 부류가 있다는 얘기다. 가장 하수의 은자는 가장 초절정의 은자 같지만 사실 아니다. 산속에 은거하는 은자가 이에 해당한다. 전문 용어로는 소은(小隱)이라고 한다. 중은(中隱)은 그다음에 해당한다. 그렇다면 가장 뛰어난 은자, 즉 대은(大隱)은 소은과는 반대의 경우에 해당해야 한다. 그렇다. 대은은 가장 세속적인 환경에 숨어 사는 것이다. 심지어는 가장 사람들의 주목을 받는 곳에서 숨어 지낸다. 요즘 같으면 정치를 하는 사람이 이에 해당한다. 유비가 바로 이런 인물이었다. 그는 일생 동안 자신을 숨겼다. 그것도 산천에 은거하지 않고 모든 사람들이 다 보는 앞에서 그렇게 했다. 진정한 은자였다고 해도 좋다.

침묵은 순금과 다를 바 없다

말을 잘하는 것은 정말 하늘이 주는 은총이라고 할 수 있다. 사자후라는 말만 봐도 이 사실은 그다지 어렵지 않게 알게 된다. 그러나 평소 말을 잘하더라도 실언을 하면 곤란하다. 이 경우 자칫하면 목숨을 잃을 가능성도 있다. 차라리 그럴 바에야 말을 잘하려고 하기보다는 침묵하는 것이 더 나을 수 있다.

유비는 성격이 신중했다. 말도 뛰어나게 잘하지 못했다고 한다. 그래도 실언을 했다. 그가 유표에게 몸을 의탁할 때 그랬다. 아무 생각 없이 유표 집안의 후계자 문제에 대해 솔직하게 언급했다. 더구나 그는 "허벅지에 너무 살이 쪘다."라는 말도 했다. 자신의 원대한 포부를 아차 하는 사이에 토로한 것이다. 모두 별것 아니라고 할지 모른다. 그러나 그는 이로 인해 대재앙을 맞이할 뻔했다. 유표 부인이 그를 암살하려고 한 것이다. 유비의 경우를 보면 아무리 침착한 사람이라도 말을 잘못할 가능성이 높다. 그렇다면 침묵은 정말 금이 될 수 있다고 하겠다.

· · ·

"병은 입으로 들어오고 화는 입에서 나온다."는 속담이 있다. 이 속담이 불후의 진리라는 사실은 유비가 입을 뻔한 횡액을 보면 절로 고개가 끄덕여진다.

건안 12년 겨울 조조는 원소의 잔존 세력도 소멸할 겸해서 오환 평정 길에 올랐다. 결과는 폭풍과 같은 승리였다. 조조는 가벼운 마음으로 허도로 돌아왔다. 유비는 유표의 진영에서 이 소식을 들었다. 좌절감이 드는 것은 당연했다. 더구나 조조가 북부를 평정한 탓에 언젠가는 형주와 양양을 공격할 가능성이 높았다. 그럴 경우 그의 입지는 더욱 좁아질 수밖에 없었다. 그는 불면의 밤을 계속 보내지 않으면 안 되었다.

하루는 유표가 유비를 형주로 불렀다. 유비로서는 초청을 마다할 이유가 없었다. 둘은 인사를 나눈 다음 식탁에 앉았다. 곧 술이 몇 순배 돌았다. 그러자 유표가 갑자기 눈물을 흘렸다. 유비는 전혀 예기치 않은 유표의 눈물에 어쩔 줄을 몰랐다. 얼마 후 그는 유표에게 눈물을 흘린 원인을 물었다. 유표가 한숨을 쉬면서 대답했다.

"사실 나는 전처인 진(陳)씨에게서 낳은 맏아들 기(琦)와 후처 채(蔡)씨에게서 얻은 둘째 아들 종(琮)을 놓고 고민을 하고 있네. 기는 성품은 대단히 어질어. 그러나 마음이 너무 나약해. 큰일을 맡을 만한 재목이 못 돼. 이에 반해 종은 아주 총명해. 큰일을 맡지 못할 다른 결격 사유도 찾기 어려워. 하지만 맏아들을 제쳐두고 그 아이를 후계자로 세우는 것은 조금 그래. 그렇게 하는 것은 예법에 어긋나는 일이니까. 그렇다고 맏아들을 세우는 것도 괴로운 일이야. 채씨 일족이 형주의 군권을 쥐고 있는 마당에 그렇게 했다가는 변란이 일어나지 말라는 법이 없지. 그래서 이러지도 저러지도 못하고 있네. 그저 밤낮으로 걱정만 하고 있지."

유비는 유표의 걱정 어린 말에 별로 깊은 생각을 하지 않고 말했다.

"예로부터 맏아들을 대신해 동생을 후사로 정했을 때는 어김없이 난이 일어났습니다. 나라가 어지러워졌죠. 만약 채씨 일가의 권세가 대단하다면 서서히 견제하면 되지 않겠습니까? 나중에는 완전히 권력을 박탈해 버리면 되죠. 아무려나 둘째 아들을 어여삐 여겨 후사로 삼으시는 일은 피하도록 하십시오."

유비의 서슴없는 충언에 유표는 대꾸를 하지 못했다. 태도로 봐서는 말과는 달리 유비와는 다른 생각을 가지고 있는 듯도 했다. 유비는 무거운 분위기를 바꿀 요량으로 화장실에 가는 것처럼 하면서 자리를 떴다. 그로서는 병풍 뒤에 채씨 부인이 숨어서 자신들의 말을 엿듣는 것을 눈치챌 턱이 없었다. 그녀가 자신의 말에 이를 갈고 있다는 사실은 더 말할 것이 없었다.

화장실에서 볼일을 보던 유비는 갑자기 서글퍼졌다. 허벅지에 살이 두둑하게 오른 것이 눈에 들어온 것이다. 그는 급기야 눈물을 쏟았다. 잠시 후 방으로 돌아온 유비를 보자 유표가 의아한 생각이 드는지 서둘러 물었다. 유비는 한숨을 쉬면서 대답했다.

"이 아우, 여러 해 동안 말을 멀리했습니다. 그러다 보니 허벅지에 살이 두툼하게 올랐습니다. 게다가 세월만 덧없이 흘려보내고 이룬 공이라고는 하나도 없습니다. 이 어찌 슬픈 일이 아니겠습니까?"

230

유표가 유비를 위로하겠다는 듯 말했다.

"조조가 그 권세와 위엄을 가지고도 아우 그대를 가장 먼저 영웅으로 꼽았네. 그런데 어찌 공을 세우지 못했다고 근심하는가?"

유비는 술기운이 약간 올라 있던 터라 유표의 말에 앞뒤를 돌아보지 않고 다시 내뱉었다.

"이왕 그렇게 말씀하시니 솔직히 말하겠습니다만 이 유비에게 의지할 근거지가 있다면 뭐가 걱정이 있겠습니까? 천하의 하찮은 무리들 쯤이야 문제가 되지 않겠죠."

유비의 갈수록 호방해지는 말에 갑자기 유표의 안색이 달라졌다. 유비가 평소에는 거의 입에 올리지 않은 본심을 피력한 것이다. 유비는 자신의 실수를 즉각 깨달았다. 그의 뇌리에서는 순간적으로 '내가 이 사람의 집안일에 너무 참견을 했어. 방금 부주의로 엉뚱한 말도 내뱉었고. 내가 화를 자초하게 됐어.'라는 생각이 스쳐 지나갔다.

유비는 더 이상 실수를 하지 않기 위해 유표에게 서둘러 작별 인사를 하고 몸을 빠져나왔다. 아니나 다를까, 병풍 뒤에서 유비의 말을 엿듣고 있던 채씨는 유표를 단도직입적으로 다그쳤다.

"그 사람은 우리 형주를 집어삼키려 하고 있습니다. 만약 지금 없애지 않으면 뒷날 큰 화를 당하게 됩니다. 용단을 내리십시오."

유표는 부인 채씨의 말이 틀리다고는 생각하지 않았다. 그렇다고 같은 종친인 유비에게 잔혹한 살수를 펼칠 수는 없었다. 그는 말없이 방에서 물러나는 것으로 대답을 대신했다. 살수를 펼치는 것에는 반대하나 적당히 하라는 뜻일 수도 있었다. 이에 채 부인은 동생 채모를 불러 유비를 죽이는 음모를 꾸미기 시작했다. 이후부터의 스토리는 앞에 언급한 적로마의 에피소드와 같이 전개되었다. 유비로서는 말 한마디 잘못해 죽음을 당할 뻔한 것이다.

솔직히 말해 유비가 겪은 횡액은 너무나 당연했다. 그는 함부로 유표의 집안일에 대해 자신의 입장을 밝히지 말아야 했다. 맏아들이나 둘째 아들이나 각자의 뒤에는 정치적인 그룹이 있었을 것이 분명했다. 만약 그가 한쪽 그룹을 일방적으로 비호할 경우 다른 그룹의 원수가 되는 것은 필연일 수밖에 없었다. 그뿐만 아니었다. 그는 조조 앞에서는 한없이 엎드렸다. 졸장부처럼 천둥, 번개를 무서워하는 모습을 일부러 보여 줬다. 하지만 유표 앞에서는 전혀 달랐다. 노골적으로 야심을 드러냈다. 아무리 유표가 그에게 좋은 감정을 가지고 있더라도 기분이 마냥 좋을 수는 없었던 것이다.

유비가 입으로 화를 자초한 것은 다 까닭이 있었다. 자부심 때문이라고 단언할 수 있다. 자부심은 종종 어리석은 말을 불러온다. 영국의 저명한 철학자 버트런드 러셀이 "내가 알기로는 자부심은 인류의 고질적인 병폐다. 이것을 고칠 수 있는 유일한 방법은 계속 자기를 깨우치는 것이다. 지구는 그저 우주의 한 구석에 있는 별일뿐이다. 인류의 역사는 단지 이 별에서 수많은 생물 발전사의 한 에피소드에 불과하다."라는 말을 음미하면 아마도 이런 자부심에서 나오는 어리석은 말도 피할 수 있지 않을까. "말하는 것은 은이고 침묵은 금이다."라는 금언에서 보듯 말을 상당히 신중하게 해야 한다는 얘기가 된다.

물론 신중하게 말해야 한다는 것은 반드시 해야 할 말을 하지 말라는 얘기는 전혀 아니다. 그저 한 가지 교훈만 견지하면 되지 않을까 싶다. 바로 투르게네프의 "입을 열기 전에 먼저 혀를 입에서 열 바퀴 돌려라."

는 권고가 아닌가 싶다. 만약 그랬다면 유비는 굳이 당하지 않아도 될 횡액을 진짜 당하지 않았을 것 같다.

신의에만 지나치게 사로잡히지 마라

큰 업적을 이루고자 하는 사람은 하나같이 신의를 얻으려고 하거나 저버리지 않으려고 한다. 그러나 신의를 최종의 목표로 삼지는 않는다. 또 신의에만 사로잡히지도 않는다. 신의를 내거는 것은 그저 인심을 얻기 위해서일 뿐이다. 한마디로 정치적 목표를 이루는 일종의 수단에 지나지 않는다. 유비도 당연히 예외가 아니었다. 그는 신의를 받들었다. 그러나 절대로 신의에만 사로잡히지 않았다. 그래서 이런 관점에서 볼 때 유비는 천하의 성인군자는 아니었다고 해도 좋다.

• • •

익주를 차지하고자 한 유비의 생각은 제갈량이 우선 촉발시켰다. 이어 유비가 수긍했다. 유비는 그래서 형주를 빌려온 다음에는 적극적으로 익주 탈취를 획책하기 시작했다. 그러나 유비는 속으로 익주 탈취를 계획하고 있었음에도 겉으로는 노골적으로 드러내지 않았다. 때로는 부하들에게 엉큼한 속셈을 감추기도 했다. 예컨대 방통과 법정이 유비에게 대화를 나누는 기회를 이용해 유장을 죽이라고 권했을 때를 보면 잘 알 수 있다. 유비는 능청스럽게 이렇게 말했다.

"계옥(유장)은 나와 같은 한실 종친입니다. 차마 그럴 수는 없습니다."

유비는 하지만 방통과 법정이 계속 다그치자 비로소 속마음을 털어놓았다.

"지금 막 촉에 진출하고 신의를 세우고 있는 마당에 이런 행동을 하는 것은 곤란합니다."

이후 유비는 자신의 속마음을 그대로 행동으로 옮겼다. 완전히 배은망덕했다고 해도 좋았다. 그는 우선 장송을 꼬드겨 법정을 자신에게 오게 했다. 거액의 물자와 재물 역시 유장이 자신에게 주도록 만들었다. 그럼에도 그는 법정을 통해 익주를 탈취할 계책도 얻어냈다. 그러나 그는 이런 상황에서도 계속 자신의 진실한 모습을 가린 채 거짓으로 일관했다. 방통이 익주를 탈취해 "대사를 확정한다."고 했을 때 그가 다시 능청스레 "작은 이익을 위해 천하의 인심을 버리는 짓은 내가 할 수 없다."고 헛소리를 한 것은 다 그 때문이라고 할 수 있었다. 이에 방통은 유비에게 그럴듯하게 말했다.

"정의를 위해 먼저 익주를 취해야 합니다. 그런 다음 대사를 이뤄야 합니다. 또 이후 인의로 갚으면 됩니다. 그렇게 하면 그것은 인의를 저버린 것이라고 할 수 없습니다."

방통은 그야말로 절묘한 레토릭으로 유비에게 핑계를 만들어 줬다. 그제야 유비는 못 이기는 척하고 익주를 쳐들어오는 장로를 막아준다는 명분으로 출정에 나서게 되었다. 이후 유비는 순조롭게 익주의 파군에 이르렀다. 이어 파수(巴水) 유역에서 몇백 리를 거슬러 올라가 익주 내지에 깊숙하게 들어갔다. 유비가 내지에 도착했을 때 유장은 친히 성도를 떠나 유비 마중에 나섰다. 유장은 마중만 나온 것이 아니었다. 유비를 정성껏 대해주고 기뻐했다. 또 유비에게 많은 군병과 재물을 줬다. 이처럼 유장은 유비에 대해 모든 성의를 다했다. 그러나 유비는 장로를 토벌하지 않았다. 하기야 그럴 수밖에 없었다. 그의 당초 목적은 그것이 아니었다. 신의를 지키는 척만 하는 것이 그의 의도였다. 또 이 와중에 민심도 사야 했다. 유장은 유비가 엉뚱하게 나오는 것을 보고서야 그의 속셈을 간파할 수 있었다. 이미 때는 늦었으나 그래도 그는 유비에게 모든 협력을 아끼지 않은 내부의 치명적인 간신 장송을 잡아 살해했다. 뒤늦게 사태를 수습하려고 호들갑을 떨었다고 할 수 있었다.

그러나 "귀신은 맞이하기는 쉬우나 잘 달래 보내기는 힘들다."는 속담처럼 모든 것은 유장의 뜻대로 되지 않았다. 장로를 막아준다는 감언이설에 속아 유비를 쉽게 받아들이기는 했으나 보내기는 힘들었던 것이다. 그로서는 장송 등에게 속아 화를 자초한 것이나 다름없었다. 유비가 신의 없는 자식이라고 욕을 해봐야 이미 소용도 없었다. 유비는 유장이 뒤늦게 모든 상황을 알아차리자 미련 없이 가면을 벗었다. 신의라는 덕목도 잠시 주머니 속에 넣어뒀다. 유장은 군사력으로 윽박지르려는 유비에게 어떻게 할 방법이 없었다. 투항하는 것 외에는.

유비는 하지만 마지막까지 신의를 지키는 척했다. 유장 앞에 나타난다는 것이 어색했던지 그를 다른 지역으로 이주시킨 것이다. 유장 입장에서는 죽이지 않은 것만 해도 다행인지 모를 일이었다. 이후 유비는 유장을 다시 만나지 않았다. 그는 아마도 죽을 때까지 유장에게 살 길을 남겨뒀다고 자위를 하지 않았을까. 그래야 그로서도 신의를 중시했다는 명분을 잃지 않을 수 있었을 테니까 말이다.

유비가 외견적으로만 신의를 중시했다는 사실은 유표와의 관계를 봐도 여실히 드러난다. 유표는 당시 아우라고 세상에 공포하다시피 한 유비에게 너무나 많은 은혜를 베풀었다. 그럼에도 그는 형주를 호시탐탐 노렸다.

유표는 물론 세상을 떠나기 전에는 이미 유비가 자신의 아들들에게 위협이 된다는 사실을 너무나 잘 알고 있었다. 그러나 그의 경우에도 이미 때는 많이 늦었다. 외면적으로 분칠이 된 신의를 중시하는 듯한 유비의 트릭에 일찌감치 넘어간 탓이었다. 그가 안 되는 줄 알면서 유비에게 탁고를 한 것 역시 다 그 때문이었다고 해도 과언이 아니었다.

유비는 외견적으로는 유표의 탁고를 들어주는 척도 했다. 유표 사후에는 신의를 끝까지 붙잡으려는 노력을 했다는 사실을 대외적으로는 보여 주고 싶었던 것이다. 그러나 유표가 세상을 떠난 지 얼마가 지났을 때는 그렇게 하고 싶어도 할 수 없었다. 이미 상황이 완전히 달라져 있었던 것이다. 그가 유표의 탁고에도 불구하고 유종이 아닌 유기를 지지해 유표 아들들 사이를 이간질시켰기 때문이다. 당연히 유종은 반발했다. 내부의 위기는 유비의 생각대로 격화될 수밖에 없었다. 이때 제갈량은 유비에게 다음과 같이 권했다.

"유종을 공격해 형주를 탈취하십시오."

유비는 제갈량의 권유에 짐짓 정색을 한 채 반문했다.

"유표는 임종할 때 나에게 탁고를 했습니다. 그런데도 유종을 공격하는 것은 신의를 저버리는 행동입니다. 대의를 저버리고 자신의 이익을 챙기는 짓은 하고 싶지 않습니다. 만약 내가 이렇게 하지 않으면 나중에 세상을 떠난 다음 무슨 염치로 유표의 얼굴을 볼 수 있겠습니까?"

하지만 그의 말은 내심에서 우러나온 말이 아니었다. 또 모든 상황은 제갈량이 권한대로 굴러갔다. 유종은 유비의 끊임없는 압박에 조조에게 투항해 버렸다. 신의를 철석같이 지키고자 했다는 유비의 다른 얼굴을 볼 수 있도록 해주는 스토리가 아닌가 싶다. 그러나 그의 이런 행동은 자신의 정치적 목표에 초점을 둔 것으로 보면 크게 틀리지 않는다. 원래부터 본성이 그렇지는 않았다는 얘기다. 그렇다면 어느 정도 이해는 할 수 있지 않을까.

일당백의 인재로 관리하라

촉나라의 인재들은 확실히 위나라나 오나라보다는 훨씬 적었다. 그래도 인재가 전혀 없지는 않았다. 유비는 이 인재들이 최대한 능력을 발휘하도록 했다. 이를테면 일당백의 인재들로 관리했다는 얘기가 될 수 있다. 아마 그래서 모든 면에서 라이벌인 두 나라보다 인재가 적었어도 끝까지 버티지 않았나 싶다. 그렇다면 그들은 어떤 인물들이었을까. 도대체 어떤 인물들이었기에 하나같이 일당백의 능력을 발휘할 수 있었을까.

• • •

촉나라는 인재가 귀했다. 그러나 일단 인재라는 레테르가 붙었다 하면 하나같이 인물들이 대단했다. 조조나 손권 진영의 인재들이 부러워할 정도였다. 심지어 조조와 손권도 그랬다고 해도 좋았다. 면면을 보면 정말 그럴 수밖에 없다는 사실을 알 수 있다.

우선 관우를 봐야 할 것 같다. 유비의 의형제이기 때문에 중용됐다고 하기 어려울 만큼 군사적 능력이 뛰어났다. 당연히 유비 그룹에 공헌을 많이 했다. 유비는 그의 공로를 높이 사 탕구(盪寇) 장군과 양양 태수로 임명했다. 유비가 촉에 들어간 다음 정식으로 형주를 관리하는 전권을 부여받았다. 그는 자부심이 강했다. 성격 역시 거만했다. 그러나 충분히 그럴 만한 능력을 갖추고 있는 인물이었다. 조조가 늘 자신의 휘하 장군으로 삼았으면 하고 탐을 냈으니 더 이상의 설명은 필요 없다. 유비가 한중왕을 자칭한 다음에는 전장군으로 임명되었다. 그는 건안 24년 7월에 우금의 대군을 수공으로 물리쳤으나 너무 자신감에 넘친 나머지 손권에게 패배하는 운명에 직면하고 말았다. 이로 인해 형주를 잃어버렸고 맥성에서 손권에게 살해당했다. 그는 하지만 이로 인해 체면이 깎이지는 않았다. 오히려 이때의 죽음으로 인해 후세인들의 가슴을 아프게 했다. 훗날 재신(財神)으로까지 불리면서 거의 신적인 존재로 추앙되었다.

장비 역시 만만치 않았다고 해야 한다. 군사적으로는 관우 못지않았다. 공도 많이 세웠다. 관우와 함께 위나라의 정욱에게 만인적(萬人敵)이라는 별명으로 불렸을 정도였다. 정로(征虜) 장군으로 임명된 다음 파서 태수가 되었다. 건안 20년에는 장합을 참패시켰다. 유비가 한중왕을 자칭한 후에는 우장군이 되었다. 이어 유비가 황제 자리에 오른 후에는 거기 장군으로 임명되었다. 훗날 부하들에게 살해당하지 않았다면 더 많은 명성을 휘날렸겠으나 아쉽게도 그의 운명은 거기까지였다.

조운은 관우와 장비 못지않게 오랜 세월 유비를 보좌했다. 두 번이나 유선을 구출하기도 했다. 그는 물욕이 없는 것으로도 유명했다. 유비가 성도에 진출한 다음 잔치를 벌이고 병사들을 위로하기 위해 부고(府庫)의 금은들을 부하들에게 나눠줄 때였다. 그는 그런 유비를 강하게 만류했다. 자신들보다는 백성들을 먼저 생각해야 한다는 생각을 했던 것이다. 유비는 그의 말이 맞는다고 생각해서 건의를 받아들였다.

그의 능력은 유비 사후에 더욱 빛을 발했다. 223년 자신이 두 번이나 위험에서 구해 냈던 유선이 즉위하자 그는 중호군(中護軍), 정남(征南) 장군이 되었다. 이어 영창정후(永昌亭侯), 진동(鎭東) 장군으로 임명되었다. 227년 그는 제갈량을 따라 한중에 주둔한 다음 이듬해 제갈량과 함께 위나라로 출병했다. 노구를 이끌고 1차 북벌에 참전한 것이다. 그러나 1차 북벌은 실패한다. 조운은 이로 인해 진군(鎭軍) 장군으로 좌천되었다. 그는 하지만 이때에도 의연한 모습을 보였다. 패전의 모든 책임을 자신이 뒤집어썼다. 제갈량이 패하고서도 크게 기뻐한 것은 다 그의 자세 때문이었다고 한다. 그는 그러나 1차 북벌 2년 후인 229년 병사하고 말았다. 그는 어떻게 보면 관우의 의리 및 덕과 장비의 용맹을 두루 갖춘 장군이었다. 또 이치에 맞는 행동만 했고 누구에게든 예를 갖출 줄 알았다. 그래서 유비뿐 아니라 제갈량에게도 인정을 받았다. 실제로 제갈량이 촉나라에서 유일하게 자신의 마음속에 있는 것을 모두 털어놓을 수 있는 사람이 바로 그였다. 조운이 일생을 마감하자 제갈량이 그 누구보다도 서럽게 통곡한 것도 다 그 때문이었다고 한다.

제갈량과 방통은 와룡과 봉추라는 별명만 거론하면 된다. 굳이 구구한 설명이 필요하지 않다. 방통이 건안 19년에 겨우 36세의 나이로 죽지만 않았어도 삼국의 행로는 달라졌을 것이 분명했다.

제갈량과 방통에 필적할 만한 인물인 법정은 원래 유장의 부하였다. 그러나 주군이 뛰어난 인물이 아닌 것을 일찌감치 알았다. 그럼에도 그는 유장이 섬길 만한 인물이 아니라는 사실을 한탄하지만 않았다. 장송과 맹달과 함께 주군을 배신하고 유비를 도운 것이다. 이 공로로 유비에 의해 촉군 태수에 임명되었다. 그는 능력이 뛰어났다. 하지만 성질이 너무 까칠했다. 이런 성질은 행실로도 그대로 이어졌다. 이로 인해 제멋대로 많은 사람을 죽이는 우를 범하게 되었다. 그는 하지만 뛰어난 능력만큼은 주위로부터 인정을 받았다. 우선 제갈량이 그랬다. 성질이 괴팍하고 마구 사람을 해쳤어도 능력을 인정해 특별하게 제어하지 않았다. 인재를 각별히 아낀 조조는 더 말할 필요가 없었다. "나는 천하의 간웅들을 모두 수하로 거둬들였다. 그러나 어찌 법정은 얻지 못했다는 말인가?"라면서 한탄했다고 한다. 후세 사가들 역시 그를 높이 평가했다. 진수와 사마광이 이런 사가들이었다. 그는 유비가 한중왕으로 자립한 후에는 그동안의 공로를 인정받아 상서령에 임명되었다. 그러나 재주를 다 펴지 못하고 건안 25년(220년) 병에 걸려 세상을 떠났다. 아까운 나이 45세 때였다.

마초도 거론하지 않으면 섭섭하다. 유비에게 귀부한 다음 뛰어난 능력이 인정을 받아 편장군으로 임명되었다. 유비가 촉에 들어간 후에는 평서(平西) 장군이 되었다. 이어 차례로 좌장군, 표기(驃騎) 장군 등으로 승진했다. 양주목에 제수되기도 했다. 빼어난 용맹으로 조조를 격파하고 추격하는 신화를 남기기도 했다. 당시 조조는 수염을 자르고 전포를 버리는 치욕을 당했다. 장무 2년에 병사했다. 향년은 47세였다.

미축은 유비의 처남이었다. 유비와 끈끈한 관계를 맺기 전에는 도겸의 별가종사(別駕從事)로 활약했다. 그는 충성심이 강했다. 그래서 주군이었던 도겸의 유언대로 유비를 서주목으로 받들 수 있었다. 유비가 가장 어려울 때 누이동생을 유비에게 시집보냈다는 점에서도 사람을 보는 혜안이 있었다고 할 수 있다. 유비의 인척이었던 탓에 제갈량보다 외견적인 지위는 높았다. 그랬음에도 제갈량이 크게 불만을 표하지 않은 데에서 보듯 나름의 능력은 갖췄다고 할 수 있었다. 건안 25년에 병사했다.

손건은 자가 공우(公佑)로 북해 사람이었다. 유비를 무려 20년 동안이나 따랐다. 외교와 협상에 능한 탓에 유비의 창업 초창기에 그를 원소와 연결시키는 역할을 했다. 이어 유표와도 연결시켜 기반을 다지게 하는 데 공헌을 했다. 유비가 촉에 들어간 후에는 병충(秉忠) 장군에 임명되었다. 건안 말년에 병사했다.

허정은 원래 남양의 명사로 이름을 떨치다 나중 유장에게 몸을 의탁해 촉군의 태수를 맡았다. 그는 유비의 대군이 익주 성 밑에까지 와서 압박을 가했을 때 투항하려고 했다. 당시 유장은 그의 속셈을 간파했으나 익주의 안위를 고려해 죽이지는 않았다. 유비는 이 사실을 알게 된 후에 허정을 대놓고 멸시했다. 당연히 그를 등용하려고 하지 않았다. 그러나 법정이 강력하게 등용을 권고했다. 유비는 자신의 고집을 굽히고 그를 등용했다. 유비가 한중에서 왕을 칭한 다음에는 태부로 임명돼 역량을 발휘했다. 장무 2년(222년)에 병사했다.

이외에 유비의 그룹에는 위연, 황충, 유봉, 마속, 유파, 황권, 미방, 이적 등의 인재들이 더 있었다. 위나라나 오나라처럼 인재가 득시글해서 차고 넘치지는 않았으나 꼽아보면 나름 전혀 없지도 않았던 것이다. 더구나 이들은 하나같이 유비가 키운 사람들이 아니었다. 모두가 자신과 적대적인 관계에 있던 이들의 심복이거나 친척들이었다. 또는 유비를 대단히 미워했던 인재들이었다. 그럼에도 유비는 이들을 받아들여 자신의 인재 풀로 끌어들였다. 또 재주를 최대한 발휘하도록 했다. 그것도 일당백이라는 말이 무색할 정도로 적재적소에 등용해 이용했다. 그가 자본이 두둑하지 못했음에도 끝까지 버틴 이유는 그래서 크게 놀라운 일이 아니라고 해도 좋을 듯하다.

부드러움이 강함을 이긴다

유비는 삼국 중에서 가장 약한 그룹의 군주였으나 늘 패배한 것만은 아니었다. 적지 않게 승리의 기쁨을 맛보기도 했다. 그렇다면 그의 적지 않은 승리는 단순하게 상대를 윽박질러 얻은 승리였을까. 꼭 그렇지는 않다. 그는 간혹 부드러움으로 강한 것을 깨뜨리는 전략으로 승리를 거두고는 했다. 감정으로 상대방을 감화시켜 굴복시키는 것이 이를테면 그런 전략이었다. 또 설득을 통해 상대방을 꼼짝 못하게도 했다. 사실 무력을 동원해 상대를 굴복시키는 것보다는 이런 방법이 훨씬 더 합리적이라고 할 수 있다. 만약 그렇지 않고 무력을 사용한다면 이기더라도 자신에게도 손실이 적지 않게 된다. 대가를 적지 않게 치러야 하기 때문인 탓이다. 지는 것보다 못한 승리를 하게 된다는 얘기다. 결론적으로 말해 손자가 말했듯 싸우지 않고 이기는 것이 최고의 승리인 것이다.

• • •

『삼국연의』 제56회는 노숙이 형주를 돌려 달라는 말을 하기 위해 촉나라로 향하는 광경에서부터 본격적으로 이야기가 시작된다. 이때 유비는 제갈량에게 대책을 물었다.

"노숙이 이번에 온 목적은 분명하지 않습니까. 다른 뜻이 있을까요?"

제갈량이 기다렸다는 표정으로 대답했다.

"지난번에 손권이 주공을 형주목으로 천거한 것은 조조의 계책에 넘어가 그렇게 했다고 보면 크게 틀리지 않습니다. 그렇습니다. 노숙은 형주를 되돌려 달라는 말을 하기 위해 우리한테 오는 것이 분명합니다."

유비가 다시 물었다.

"그렇다면 나는 어떻게 대답해야 하겠습니까?"

제갈량이 미리 생각해 둔 말을 꺼냈다.

"주공께서는 그저 목을 놓아 우시기만 하면 됩니다. 그다음에는 제가 나와서 일을 마무리 짓겠습니다."

"좋습니다. 나도 그렇게 생각은 하고 있었습니다. 뒷일을 잘 부탁합니다."

유비와 제갈량은 이처럼 미리 전략을 짠 다음 노숙을 불러들였다. 유비는 인사를 마치고 노숙에게 자리에 앉기를 권했다. 그러자 노숙은 사양하면서 대뜸 준비한 말부터 입에 올렸다.

"이제 유황숙께서는 우리 오나라의 사위가 되셨습니다. 이 노숙에게도 주군이 됐다고 할 수 있겠습니다. 어찌 제가 감히 자리를 마주하고 앉겠습니까?"

유비가 노숙의 말에 웃으면서 말했다.

"그대는 나의 옛 친구가 아닙니까. 사양할 필요 뭐 있습니까?"

노숙은 마지못한 듯 자리에 앉았다. 이어 차를 마시면서 자신이 온 목적을 말했다.

"제가 우리 주군의 명을 받들어 여기에 온 것은 형주를 빌려드린 일과 관련해 할 말이 있기 때문입니다. 황숙께서는 이 땅을 빌리신 지가 이미 오래됐습니다. 그럼에도 아직 돌려주지 않고 있습니다. 이제 양쪽 집안이 혼인을 맺었습니다. 인척이 된 것입니다. 그렇다면 정리를 봐서라도 땅을 빨리 돌려주셔야 하지 않겠습니까?"

노숙이 정색을 하고 말하자 유비는 소매로 얼굴을 가린 채 큰소리로 목을 놓아 울었다. 노숙은 낭연히 깜짝 놀랐다. 황급히 물을 수밖에 없었다.

"황숙께서는 어찌해서 이토록 슬피 우십니까?"

유비는 내친김에 대답을 하지 않고 계속 울었다. 나중에는 목소리가 더욱 서럽게 들렸다. 바로 그때 제갈량이 병풍 뒤에서 나와 노숙에게 조용히 말했다.

"제가 두 분의 말을 이미 듣고 있었습니다. 자경(노숙)께서는 우리 주공께서 왜 이토록 슬퍼하시는지 그 까닭을 모르시겠습니까?"

노숙이 당황스러운 표정으로 대답했다.

"나는 정말 뭣 때문에 황숙께서 이러시는지 모르겠습니다."

"처음 우리 주공께서 형주를 빌리실 때 서천을 취하면 형주를 돌려주기로 약속을 했습니다. 그러나 그 뒤 가만히 생각해 보니 상황이 조금 묘해졌습니다. 익주의 유장은 우리 주공과 한실의 종친입니다. 그런 유장에게 군사력을 동원해 익주를 빼앗는다면 세상 사람들이 우리 주공을 어떻게 생각하겠습니까? 아마도 욕할 겁니다. 하지만 그렇지 않고 형주를 돌려주게 되면 또 어떻게 되겠습니까? 몸을 둘 곳이 없어지게 됩니다. 그렇다고 형주를 돌려주지 않는다면 처가인 오나라와 서로 좋은 얼굴로 대할 수도 없습니다. 그래서 이러지도 저러지도 못하는 처지가 되고 말았습니다. 주공께서는 이 일이 너무 가슴이 아파 눈물을 흘리는 것입니다."

제갈량이 슬픈 표정으로 말을 하자 유비는 다시 자신의 처지가 정말로 처량하게 느껴진다는 듯 가슴을 치고 발버둥을 쳤다. 급기야 더 큰 소리로 울음을 터뜨렸다. 천성이 착한 것으로 유명한 노숙으로서는 위로하고 싶은 생각을 가질 수밖에 없었다. 급기야 그가 한참을 생각하다 입을 열었다.

"황숙께서는 너무 슬퍼하지 마십시오. 제가 공명과 함께 이 일을 서두르지 않고 상의해 보겠습니다."

노숙의 말이 떨어지기 무섭게 제갈량이 말을 받았다.

"고맙습니다. 그러나 그 정도 가지고는 안 될 것 같습니다. 수고스러우시겠지만 자경께서 돌아가셔서 우리 주공의 딱한 처지와 괴로워하시는 모습을 전해 주십시오. 한번 말미를 주십사 하고 말입니다. 우리 주공은 귀측의 사위 아닙니까?"

"만약 우리 주공께서 내 말을 듣지 않으신다면 어떻게 할까요?"

"사사롭게 우리 주공은 오후(吳侯, 손권을 일컬음)의 매제가 됩니다. 어찌 그만한 일을 돕지 않을 수가 있겠습니까? 바라건대 자경께서는 오후께 잘 말씀을 드려 우리 주공의 뜻을 물리치지 않게끔 해 주십시오."

노숙은 소문만큼이나 『삼국지』, 『삼국연의』 둘 모두에서도 진짜 너그럽고 어진 성품을 지닌 인물로 묘사되고 있다. 당연히 유비의 딱한 처지를 동정할 수밖에 없었다. 그는 결국 고개를 끄덕이면서 제갈량의 부탁을 들어주겠다는 의향을 표시했다. 유비와 제갈량은 노숙에게 감사를 표한 다음 잔치를 열어 그를 후하게 대접해 돌려보냈다.

유비는 마치 악질 채권자처럼 구는 손권 그룹의 독촉에 화가 날 수도 있었다. 아니 마음속으로는 화가 폭발했을 가능성이 높았다. 그 때문에 형주를 돌려 달라고 했을 때 즉각 직설적으로 반발할 수도 있었다. 그러나 유비는 제갈량의 코치도 있기는 했으나 단세포적으로 대응하지 않았다. 할 수 있는 데까지 가능한 한 고개를 숙였다. 어떤 면에서 보면 비굴하기까지 했다. 하지만 그는 그렇게 함으로써 노숙뿐 아니라 손권까지 어떻게 대응할 방법을 찾지 못하게 만들었다. 이후 그의 이런 전략은 상당 기간 이어졌다. 또 대단한 효과도 있었다. 관우가 빼앗길 때까지 형주를 오랫동안 자신의 세력을 키우는 발판으로 삼을 수 있었다. 부드러움으로 강함을 이긴 대표적인 케이스가 아니었나 싶다.

이런 비슷한 사례는 춘추전국 시대에도 있었다. 기원전 266년 조(趙)나라의 혜문왕(惠文王)이 세상을 떠났다. 그의 아들은 자연스레 왕위를 물려받아 효성왕(孝成王)으로 불렸다. 효성왕은 그러나 나이가 어렸다. 직접 정치에 참여할 수 없었다. 그 때문에 국가의 대권은 다 태후에 의해 장악돼 있었다. 진나라는 조나라의 왕이 어린 것과 국상을 당한 기회를 놓치지 않았다. 즉각 3개의 성을 빼앗아 갔다. 조나라는 제나라에 원조를 요청했다. 그러자 제나라는 장안군(長安君)을 인질로 보내 줘야만 원병을 보내 줄 수 있다는 조건을 제시했다. 조나라가 도움을 받은 후에 제나라에게 감사를 표하지 않을 것을 우려해 이런 요구를 제안한 것이다. 장안군은 조태후가 제일 사랑하는 막내아들이었다. 제나라가 그를 인질로 요구한 것은 다 이유가 있었다.

하지만 조태후는 아들을 너무 사랑했다. 차라리 성을 그대로 잃어버리는 것이 낫지 아들을 인질로 멀리 보낼 수는 없었다. 대신들은 너도나

246

도 태후에게 진언을 올렸다. 장안군을 인질로 보내라는 것이었다. 그녀는 짜증이 나지 않을 수 없었다. 그녀의 입에서는 결국 단호한 말이 터져 나왔다.

"누구라도 더 진언을 올리는 사람이 있으면 내가 그의 얼굴에 침을 뱉을 것이오. 엄청난 모욕을 가할 것이오."

어느 날 좌사(左師) 촉룡(觸龍)이 조태후를 설득하기 위해 찾아왔다. 조태후는 촉룡의 얼굴을 보자 틀림없이 장안군을 제나라에 보내라는 진언을 하러 온 것이라고 지레짐작을 했다. 그녀는 촉룡에게 화를 내려고 단단히 준비를 했다.

그러나 촉룡은 조태후를 만난 다음 아주 힘든 모양으로 천천히 발걸음을 옮겼다. 더구나 인질에 대한 얘기는 아예 꺼내지도 않았다. 오히려 예상치도 않았던 엉뚱한 말만 했다.

"제가 발이 몹시 아픕니다. 조금 천천히 걸어가도 양해해 주십시오. 이 병으로 인해 오랫동안 태후를 뵙지 못했습니다. 그동안 잘 지내셨나요?"

촉룡의 말은 완전히 조태후의 예상에서 벗어났다. 그녀는 마지못한 듯 대답했다.

"나도 이제는 늙었어요. 밖에 나갈 때는 반드시 수레를 타야 해요."

촉룡이 말을 이었다.

"하루 식사하는 양은 줄지 않으셨죠?"

조태후가 대답했다.

"딱딱한 음식은 씹을 수가 없어요. 그저 죽처럼 부드러운 음식만 먹을 수 있죠."

촉룡은 조태후의 말을 듣자 건강을 유지하는 방법에 대해 장광설을 늘어놓기 시작했다.

"저는 최근에 너무 밥 먹는 것이 싫었습니다. 그럼에도 매일 많이 걸어야 한다는 생각은 했습니다. 그래서 저는 매일 3, 4리의 거리를 걷고 운동을 했습니다. 그랬더니 식욕이 살아나더라고요. 몸도 아주 가뿐해졌습니다."

조태후는 전혀 기대하지 않은 말을 촉룡으로부터 듣자 평소 경계하는 마음이 사라졌다. 그녀는 자신도 모르게 대꾸를 했다.

"나 같은 할머니는 그렇게는 못하지요."

촉룡은 그러자 자신의 아들에 대한 얘기를 화제로 올렸다.

"제 막내아들 놈은 서기(舒祺)라고 합니다. 그러나 썩 쓸모가 있는 녀석은 아닙니다. 제가 아직 젊다면 그 애를 잘 기를 수 있습니다. 하지만 아쉽게도 나이가 든 탓에 녀석을 방임하게 됐습니다. 제가 실은 태후께 부탁이 있어서 이렇게 왔습니다. 혹시 제 아들에게 궁궐을 호위하는 자리를 하나 주실 수는 없는지요. 늙은이의 소원입니다. 염치가 없지만 태후께 부탁을 드리는 바입니다."

조태후는 별 생각도 하지 않고 시원하게 승낙했다.

"좋아요. 나이가 몇이죠?"

촉룡이 대답했다.

"열다섯 살입니다. 조금 어리지만 제가 세상을 떠나기 전에 녀석에게 일자리를 하나 마련해 주고 싶네요."

조태후는 막내아들에 대한 촉룡의 애끓는 마음에 측은함을 느꼈다. 그녀가 다시 친근감 넘치는 어조로 물었다.

"아버지도 아들을 사랑하나요?"

"어머니보다 더합니다!"

조태후가 그 말에 흥분이 된 듯 말했다.

"에이, 아무래도 어머니가 아들을 더 사랑하죠!"

촉룡은 조태후의 얼굴이 빛나는 것을 분명히 봤다. 자연스럽게 조태후의 자녀들을 화제로 올릴 수 있었다.

"제가 보기에는 태후께서는 장안군보다 연왕(燕王)에게 시집을 보낸 딸을 훨씬 더 사랑하시는 것 같은데요."

"천만의 말씀이에요. 나는 그 딸보다는 장안군을 훨씬 더 사랑하거든요."

"에이, 아닌 것 같아요. 지금 태후께서는 기회만 되면 딸이 돌아오지 않기를 기도합니다. 왜 그렇습니까? 딸이 낳은 아들이 나중 왕위를 물려받도록 하기 위해서가 아닙니까? 그러나 태후께서는 장안군에게는 그렇게 하지 않습니다. 높은 지위, 비옥한 땅, 금은, 진주 등 보석들을 그저 많이 주기만 하지 공을 세울 기회를 주지 않습니다. 그러다 나중 태후께서 뜻밖의 변고를 당하면 장안군은 무엇으로 조나라에서 발을 붙일 수 있을까요? 제가 태후께서 장안군보다 따님을 훨씬 사랑한다고 말한 것은 바로 그래서라고 할 수 있습니다."

촉룡은 조태후에게 장안군을 인질로 보내라는 말은 단 한마디도 하지 않았다. 하지만 그의 말은 조태후를 가볍게 움직였다. 조태후는 즉각 장안군을 제나라의 인질로 보내는 것을 허락했다.

만약 촉룡이 다른 대신들처럼 조태후에게 장안군을 제나라에 인질로 보내라고 강압적으로 권유했다면 어떻게 됐을까? 당연히 조태후는 권유를 받아들이지 않았을 것이다. 나아가 촉룡의 목을 벴을지도 모른다. 그러나 촉룡은 부드럽게 접근했다. 결국에는 조태후의 허락을 받았다. 부드러움이 강함을 이기는 방법을 보여 준 또 다른 전형적 케이스가 아닌가 싶다. 유비가 당시 이 고사를 알고 있었는지는 모른다. 그러나 어쨌든 그는 제갈량의 코치를 잘 받아들여 부드러움으로 강함을 이기는 전형을 확실하게 보여 줬다.

교만은 백해무익하다

자신감을 가지는 것은 나쁘지 않다. 아니 권장할 만한 덕목이다. 때와 장소에 따라 다르겠으나 자신감을 가질 경우 생각했던 것보다 훨씬 더 훌륭한 결과를 가져올 수 있다. 자신감은 그러나 교만과는 다르다. 교만은 자신감만 넘치고 남을 모를 때 생기기 쉽다. 또 이렇게 하면 자칫 잘못할 경우 자신을 망치게도 된다. 한마디로 백해무익하다. 유비는 평생을 살면서 대체로 교만하지 않았다. 그러나 말년에는 다소 달랐다. 그로 인해 자신이 창업한 국가에 치명적인 상처도 입혔다. 교만이 얼마나 불필요한 해악인지는 굳이 장황하게 설명할 필요도 없다.

• • •

관우가 피살된 다음 유비는 관우의 복수를 다짐했다. 그의 다짐은 곧 현실로 나타났다. 무려 백만 대군을 몰고 오나라 토벌에 나선 것이다. 이에 손권은 육손을 총사령관으로 기용해 삼군을 지휘하도록 했다. 육손이 자신에게 맞설 사령관이 됐다는 소식은 바로 유비에게 전해졌다. 유비는 기가 막힌다는 표정으로 주위를 둘러보면서 물었다.

"육손이 도대체 누구입니까?"

마량이 가장 먼저 나서 대답했다.

"오나라의 젊은 서생입니다. 그러나 걸출한 인물입니다. 형주를 탈취하는 모략은 바로 그가 생각해 낸 것입니다."

유비는 형주에 대한 얘기가 나오자 즉각 분노의 감정을 토로했다.

"내 반드시 육손을 사로잡고 말겠소이다. 내 동생 관우와 장비의 치욕을 어떻게 해서든 씻을 겁니다."

마량이 다시 말했다.

"육손은 보통 사람이 아닙니다. 오죽했으면 그 젊은 나이에 오후에 의해 등용이 됐겠습니까? 굳이 비교하자면 주유와 비슷한 재주를 가지고 있습니다. 절대로 쉬운 상대가 아닙니다. 정신을 바짝 차려야 합니다."

유비는 그러나 마량의 충고를 한 귀로 흘려들었다. 심지어 얼굴에는 멸시의 표정도 어리고 있었다. 그의 감정은 말속에 그대로 녹아났다.

"짐은 이 나이가 되도록 싸움터만 누비고 살아왔습니다. 어찌 주둥이가 노란 어린아이보다 못하다는 말입니까?"

유비는 거침이 없었다. 그러나 그의 말은 자신감과는 거리가 멀었다. 누가 보더라도 교만이었다. 용병의 관건은 솔직히 나이와는 상관없다. 중요한 것은 시기라고 할 수 있다. 더 나아간다면 전쟁을 위한 모략역시 결정적이라고 해야 한다. 따라서 자신이 전투를 많이 치렀다는 유비의 말은 100퍼센트 수긍하기는 어려운 말이라고 할 수 있었다. 물론 경험은 중요하다. 그러나 그것보다 더 중요한 것은 상대를 정확하게 파악하는 눈과 전쟁에서 이기기 위한 모략이다. 유비도 물론 이 진리를 모르지는 않았다. 불행히도 이 진리는 육손을 너무 만만히 본 탓에 행동으로 옮겨지지 못했다. 모두가 그의 교만이 빚어낸 결과였다. 결국 그는 육손에게 처참하게 깨진 다음 촉의 운명을 풍전등화 속으로 몰아넣고 말았다.

"충동은 마귀다."라는 말이 있다. 유비는 원래 충동을 잘 억제하는 모범적인 인물이었다. 그럼에도 만년에는 충동을 억제하지 못하고 반면교사가 되어 버렸다.

유비가 처절하게 실패함으로써 보여 준 이 교훈은 우리에게 많은 깨달음을 준다. 지도자는 무슨 일이 있어도 자신의 입장에서 모든 것을 생각해서는 안 된다는 사실을. 만약 이렇게 되면 객관성을 상실하고 맹목적인 방향으로 달려갈 가능성이 높다. 또 문제를 전체적으로 볼 수 없다. 문제를 처리할 때 실수도 하게 된다. 유비는 마지막에 교만한 탓에 이런 결정적 실수를 저질렀다. 천추의 한도 남기게 되었다.

위문후(魏文侯)라는 인물은 선진(先秦) 시대의 군주였다. 그는 삼국 시대보다 훨씬 더 절대적인 권력을 향유하던 군주의 신분을 가지고 있었다. 그러나 거드름을 부리거나 교만하지 않았다. 늘 주변의 선비들을 친구처럼 대했다. 평판이 좋을 수밖에 없었다. 그래서 위성자(魏成子)라는 인물이 그에게 단간목(段干木)이라는 인재를 천거했다. 단간목은 진짜 걸출한 인재였다. 그러나 공명과 이익을 중요하게 생각하지 않았기 때문에 초야에 은거를 하고 있었다. 위문후는 그에 대한 얘기를 듣자마자 직접 수하들을 거느리고 단간목이 은거한 집으로 향했다. 이어 단간목의 집 문을 직접 두드렸다. 단간목은 하지만 벼슬이 하고 싶지 않았다. 조용히 담을 넘어 도망을 간 것은 확실히 그다운 선택이었다.

다음 날 위문후는 수레를 마을 밖에 세우고 단간목의 집으로 걸어갔다. 단간목은 다시 숨었다. 이후 한 달 동안 위문후는 매일 직접 단간목을 찾아갔다. 드디어 단간목의 마음을 흔들 수 있었다. 위문후는 궁으로 들어가는 길에 그와 같은 수레를 탄 채 국사를 논했다. 궁에 들어간 다음에도 스승의 예의로 단간목을 대해 줬다. 단간목 역시 최선을 다해 위문후를 보좌했다. 위문후가 교만하지 않았기 때문에 가능한 일이었다.

유비 역시 제갈량을 발탁할 때 위문후처럼 온갖 정성을 기울였다. 전혀 교만하지 않았다. 그러나 그는 마지막에 갑자기 초심을 잃었다. 교만이 자신감과는 다르고 백해무익하다는 사실을 보여 줬다. 확실히 어느 조직이나 개인의 비극은 어느 날 갑자기 찾아오는 게 아닌 것 같다.

제10장
『삼국지』, 「선주전」 원문

「선주전」

선주는 성이 유, 휘가 비(備)다. 자는 현덕(玄德)이다. 탁군(涿郡) 탁현(涿縣)
사람으로 경제(景帝)의 아들 중산정왕(中山靖王) 유승(劉勝)의 후예다.

원수(元狩) 6년(117년)에 유승의 아들 유정(劉貞)은 탁군의 육성정후(陸城亭侯)
에 봉해졌다. 그러나 주금(酎金, 제후왕에 대한 세금)을 조금 바쳤다는 이유로 작
위를 박탈당하고 집에 있었다.

선주의 조부 유웅(劉雄), 부친 유홍(劉弘)은 대대로 주군(州郡)에서 일을 했
다. 유웅은 효렴(孝廉)으로 천거돼 관직이 동군(東郡) 범(范)현의 현령까지 이
르렀다.

선주는 어려서 아버지를 여의고 어머니와 함께 짚신과 자리를 엮어
생계를 꾸려나갔다. 그의 집 동남쪽 모퉁이 울타리 옆에는 높이가 다섯

장쯤 되는 뽕나무가 있었다. 나뭇가지와 잎이 무성해 멀리서 바라보면 마치 작은 수레덮개와 같았다.

　그곳을 왕래하는 사람들은 모두 이 나무를 기이한 것으로 여겼다. 어떤 사람은 이 집에서 틀림없이 귀인이 나올 것이라 생각했다. 유비는 어릴 때 같은 종족(宗族)의 아이들과 이 나무 밑에서 놀면서 이렇게 말했다.

　"나는 반드시 깃털로 장식한 개거(蓋車, 천자의 수레)를 탈거야."

　그때 숙부 유자경(劉子敬)이 말했다.

　"제발 허튼소리하지 마라. 우리 가문을 멸망시킬 수도 있다고."

　유비의 나이 15세 때 어머니가 공부를 하도록 권했다. 유비는 같은 종족인 유덕연(劉德然), 요서군(遼西郡)의 공손찬과 함께 과거 구강(九江) 태수를 지낸 같은 군 출신인 노식(盧植)의 제자가 되었다. 유덕연의 부친 유원기는 항상 유비에게 학비를 지급해 주고 아들 덕연과 똑같이 대했다. 이에 원기의 부인이 말했다.

　"각각 따로 일가를 세워야 하는 아이들입니다. 왜 늘 이와 같을 수 있습니까!"

　유원기가 말했다.

　"우리 종중(宗中)에 있는 이 아이는 평범한 사람이 아니오."

　공손찬과 유비는 서로 우정을 쌓았다. 공손찬이 연장자인 탓에 유비는 그를 형으로 대우했다. 유비는 독서를 그다지 좋아하지 않았다. 대신 개, 말, 음악, 아름다운 옷을 좋아했다. 그는 신장이 7척 5촌이었다. 손을 아래로 내리면 무릎까지 닿았다. 또 눈을 돌려 자기 귀를 볼 수도 있었다. 평소 말수가 적고 아랫사람들에게 잘 대해 줬다. 기쁨이나 노여움을 얼굴에 나타내지 않았다. 의를 지닌 사람들과 사귀기를 좋아했기 때문에 젊은 사람들은 그에게 몰려들었다. 당시 중산(中山)의 큰 상인인 장세평과 소쌍 등은 천금의 재산을 모아 탁군 일대에서 말을 사려고 했다. 그러다 유비를 보고 걸출한 인물이라고 생각해 그에게 많은 돈을 기부했다. 유비는 이때부터 무리들을 모을 수 있게 되었다.

영제(靈帝) 말년에 황건적이 난을 일으켰다. 주군(州郡)에서는 각기 의병을 일으켰다. 유비는 부하들을 이끌고 교위 추정(鄒靖)을 따라가 황건적을 토벌해 공을 세웠다. 이로 인해 안희(安喜)현의 위(尉)에 임명되었다.

군의 독우(督郵)가 공적인 일로 현에 왔을 때였다. 유비는 만나기를 요청했다. 그러나 거절을 당했다. 그는 직접 안으로 들어가 독우를 묶고 곤장 200대를 때렸다. 이어 관인의 끈을 풀어 그의 목과 말뚝에 걸어두고 관직을 버리고 도망갔다. 오래지 않아 대장군 하진이 도위 관구의(毌丘毅)를 파견해 단양(丹陽)으로 가서 병사를 모집했다. 유비는 그와 함께 가서 하비현에 이르러 적을 만났다.

이때 힘껏 싸워 공을 세운 탓에 하밀(下密)현의 승(丞)에 임명되었다. 그러나 얼마 안 돼 다시 관직을 버렸다. 얼마 후 그는 다시 고당(高唐)현의 위(尉)가 되었다. 이어 승진해 영이 되었다. 그러다 현이 적에게 공략을 당하자 중랑장 공손찬이 있는 곳으로 달아났다. 공손찬은 표를 올려 유비를 별부사마(別部司馬)로 삼도록 했다. 또 청주 자사 전해(田楷)와 함께 기주목 원소에게 대항하도록 했다. 그는 여러 차례 공을 세웠다. 잠시 평원의 현령을 대행하기도 했다. 그러다 나중 평원의 상(相)에 임명되었다.

군의 백성인 유평은 평소 유비를 경시했다. 그의 통치를 받게 됨을 수치로 여기고 자객을 보내 죽이려고 했다. 하지만 자객은 차마 찌르지 못하고 유비에게 이 일을 말하고는 떠났다. 유비가 인심을 얻은 것은 이와 같다.

원소가 공손찬을 공격하자 유비는 전해와 함께 동쪽으로 가 제(青)에 주둔했다. 조조가 서주를 공격하자 서주목 도겸은 사자를 보내 전해에게 위급함을 알렸다. 전해는 유비와 함께 그를 구하러 갔다. 이 당시 유비는 사병 1,000여 명과 유주의 오환족에 속하는 부족의 기병이 있었다. 또 굶주린 백성 수천 명을 얻었다. 서주에 도착한 다음 도겸은 단양의 병사 4,000명을 유비에게 증원시켜 줬다. 유비는 그래서 전해를 떠나 도겸에게 귀의했다. 도겸은 표를 올려 유비를 예주 자사로 삼고 소패(小沛)에 주둔시켰다.

도겸은 질병이 악화되자 별가 미축(糜竺)에게 말했다.

"유비가 아니면 이 서주를 안정시킬 수 없소."

도겸이 죽자 미축은 주의 백성들을 인솔해 유비를 맞이하려 했다. 그러나 유비가 감히 받아들이지 않았다. 하비 사람 진등(陳登)이 유비에게 말했다.

"지금 한나라 왕실은 점차 쇠약해지고 천하는 엎어지려고 합니다. 공업을 세우기에는 오늘이 호기입니다. 이 주는 튼튼하고 풍요롭습니다. 인구도 100만입니다. 당신이 이 주를 맡아 주시기를 머리 숙여 원합니다."

유비가 대답했다.

"원공로(袁公路, 원술)가 가까운 곳인 수춘에 있습니다. 그의 집안은 4대에 걸쳐 공경 다섯 명을 배출했습니다. 지금 천하의 인심이 그에게 돌아가고 있습니다. 당신은 이 주를 그에게 부탁할 수 있습니다."

진등이 말했다.

"원공로는 교만하고 오만합니다. 혼란을 다스릴 만한 뛰어난 군주가 못 됩니다. 지금 서주에서는 당신을 위해 보병, 기병 10만 명을 모으려고 합니다. 이렇게 하면 위로는 천자를 돕고 아래로는 백성을 구제해 춘추시대의 오패(五霸)와 같은 위업을 이룰 수 있습니다. 또 영지를 나눠 받아 국경을 지키면서 공적을 대나무와 비단에 적을 수 있습니다. 만일 당신이 제 청을 들어주지 않는다면 저 역시 감히 당신의 뜻을 듣지 않겠습니다."

북해의 재상 공융(孔融)이 유비에게 말했다.

"원공로가 어찌 나라를 걱정하는 사람이겠습니까? 그는 살이 썩어 없어진 묘지 안의 송장의 뼈와 같습니다. 주목할 가치가 있습니까? 현재 상황은 백성이 유능한 인물 곁에 있어야 합니다. 하늘이 내려준 좋은 기회를 받지 않으면 나중에 후회해도 소용이 없습니다."

그래서 유비는 서주를 다스리게 되었다. 얼마 후 원술이 와서 유비를 공격했다. 유비는 우이(盱眙), 회음(淮陰)에서 저항했다.

건안 원년(196년)에 조조는 표를 올려 유비를 진동 장군으로 삼고 의성정후(宜城亭侯)에 봉했다.

유비와 원술이 한 달 넘게 서로 대치하는 동안 여포가 그 빈틈을 타서 하비를 습격했다. 하비의 수장 조표(曹豹)가 배반해 은밀히 여포를 영접했다. 여포는 유비의 처자식을 포로로 잡았다. 유비는 군대를 돌려 해서(海西)로 갔다. 양봉, 한섬이 서주와 양주 일대를 소란스럽게 하자 유비는 그들을 맞아 공격해 전부 머리를 베어 죽였다. 유비는 여포에게 화해를 요청했다. 여포는 즉각 유비의 처자식을 돌려보냈다. 유비는 관우를 파견해 하비를 지키도록 했다.

유비는 소패로 돌아와 다시 1만여 명의 병사를 얻었다. 여포는 이것을 꺼려 직접 병사를 이끌고 나와 유비를 공격했다. 유비는 싸움에서 지고 조조에게 몸을 의탁했다.

조조는 유비를 매우 은근하게 대하고 여주목으로 삼았다. 유비가 패 땅으로 가서 흩어진 병사들을 모집하려고 했으므로 조조는 그에게 건량미를 공급해 주고 병사를 증원시켜 주었다. 동쪽의 여포를 공격하도록 하기 위해서였다.

여포가 고순(高順)을 보내 유비를 공격했다. 그러자 조조는 하후돈을 보내 유비를 돕도록 했다. 하지만 구할 수 없었다. 고순에게 패했다. 고순은 다시 유비의 처자식을 포로로 잡아 여포에게 보냈다. 조조는 직접 동쪽으로 정벌을 나가 유비를 도와 하비에서 여포를 포위했다. 가볍게 여포를 사로잡았다.

유비는 다시 처자식을 얻어 조조를 따라 허도로 돌아왔다. 조조는 표를 올려 유비를 좌장군에 임명했다. 유비에 대한 예절이 갈수록 정중했다. 예컨대 밖으로 나갈 때는 똑같은 수레에 탔다. 앉을 때도 자리를 같이 했다. 원술이 서주를 지나 북쪽 원소가 있는 곳으로 가려고 하자 조조는 유비를 파견해 주령, 노초(路招)를 이끌고 원술을 맞아 공격하도록 했다. 서주에 도착하기 전 원술은 병으로 죽었다.

유비가 원술을 공격하러 출발하기 전이었다. 헌제의 장인이자 거기장군 동승(董承)이 궁궐을 나올 때 헌제의 허리띠에 쓴 밀조(密詔)를 주면서 조조를 죽이도록 했다. 유비는 그러나 행동으로 옮기지 않았다. 이때 조조가 유비에게 조용히 말했다.

"지금 천하에 영웅이 있다면 당신과 나뿐이오. 원술 같은 사람은 그

안에 들지 못하오."

유비는 마침 밥을 먹고 있었다. 이 말을 듣고 숟가락과 젓가락을 떨어뜨렸다. 그는 동승과 장수교위 충집(沖輯), 장군 오자란(吳子蘭), 왕자복(王子服) 등과 함께 대책을 상의했다. 마침 유비는 원술을 맞아 공격하라는 명령을 받았다. 그러나 역시 행동으로 옮기지 않았다. 이로 인해 일이 발각돼 동승 등은 모두 처형되었다.

유비는 조조를 떠나 하비를 근거지로 했다. 주령 등이 돌아오자 유비는 곧바로 서주자사 차주(車冑)를 죽이고 관우를 뒤에 남겨 하비를 수비하도록 했다. 자신은 소패로 돌아갔다.

건안 5년(200년) 조조는 동쪽으로 유비를 토벌해 그의 병력을 전부 손에 넣었다. 유비의 처자식도 포로로 잡았다. 아울러 관우를 사로잡아 돌아왔다.

유비는 청주로 도주했다. 청주자사 원담은 이전에 유비의 무재(茂才)였기 때문에 보병과 기병을 이끌고 유비를 맞이했다. 유비는 원담을 따라 평원에 도착했다. 원담은 사자를 보내 원소에게 보고했다. 원소는 부장을 보내 길에서 유비를 맞이해 받들도록 했다. 자신은 업성에서 200리 떨어진 곳까지 가서 유비와 만났다. 이곳에서 머문 지 한 달쯤 되자 뿔뿔이 달아났던 병사들이 점점 모여들었다.

조조가 원소와 관도에서 서로 대치하고 있을 때 여남의 황건적 유벽 등이 조조를 배반하고 원소에게 호응했다. 원소는 유비를 파견해 병사들을 지휘했다. 유벽 등과 허현의 주변을 탈취하도록 했다. 관우는 유비가 있는 곳으로 도망쳐 돌아왔다. 조조는 조인에게 병사를 지휘해 유비를 공격하도록 했다. 유비는 원소의 군대로 돌아갔으나 은밀히 원소에게서 떠나려는 생각을 하고 있었다. 그래서 원소에게 남쪽 형주목 유표와 연합할 것을 진언했다. 원소는 유비에게 부하들의 지휘를 맡기고 여남으로 가서 공도(龔都) 등과 합류했다. 그의 병력은 수천 명이나 되었다. 조조는 채양(蔡陽)을 보내 공격했다. 그러나 채양은 유비에게 살해되었다.

조조는 원소를 격파한 다음 직접 남쪽으로 내려와 유비를 공격했다. 유비는 미축, 손건을 보내 유표와 소식을 서로 알리도록 했다. 유표는 직접 교외까지 마중 나와 상객의 예절로 대접했다. 또 그의 병력을 늘려 신야(新野)에 주둔하도록 했다.

형주의 호걸들 중에서 유비에게 기탁하는 자가 갈수록 많아졌다. 그래서 유표는 유비의 마음을 의심하고 몰래 대비를 하기 시작했다. 하후돈과 우금 등을 박망(博望)에서 막도록 했다. 시간이 지나자 유비는 복병을 두고 하루아침에 직접 자기 군대의 진영을 불태우고 거짓으로 도주했다. 하후돈 등이 추격했으나 복병에게 격파되었다.

건안 12년(207년)에 조조가 북쪽으로 오환을 정벌하러 갔다. 유비는 유표에게 허창을 습격하라고 말했으나 유표는 받아들이지 않았다.

조조가 남쪽으로 내려와 유표를 정벌할 무렵 유표가 죽었다. 그의 아들 유종이 자리를 이었다. 유종은 조조에게 사자를 보내 항복을 청했다. 유비는 이때 번성에 주둔하고 있었으나 조조의 군대가 공격해 온다는 사실을 알지 못했다. 조조 군대가 완성에 이르러서야 그 소식을 듣고 병력을 인솔해 번성을 떠났다. 유종이 있는 양양을 지날 때 제갈량이 유비에게 유종을 공격하면 형주를 탈취할 수 있다고 말했다. 유비는 이렇게 말했다.

"나는 차마 그렇게 하지 못합니다."

유비는 곧이어 유종을 불렀다. 유종은 두려워 일어날 수 없었다. 유종의 측근과 형주 사람들 다수가 유비에게 귀의했다. 당양(當陽)에 도착할 무렵에는 병력이 10만여 명이나 되었다. 군수물자는 수천 대나 돼 하루에 10여 리밖에 가지 못했다. 그래서 따로 관우를 보내 수백 척의 배에 그들 중 일부를 태우도록 하고 강릉에서 만나기로 했다. 어떤 이가 유비에게 말했다.

"빨리 가서 강릉을 보존해야 합니다. 지금은 비록 사람들이 대단히 많으나 무장한 병력은 적습니다. 만일 조조 군대가 도착한다면 그들을 어떻게 막겠습니까?"

유비가 말했다.

"무릇 큰일을 이루는 데는 반드시 인심을 근본으로 해야 하오. 지금 백성들이 나에게 돌아왔는데, 내가 어떻게 차마 그들을 버리고 가겠소!"

조조는 강릉에 군수물자가 풍부하다고 생각했으므로 유비가 그곳을 점거하는 것이 두려웠다. 그래서 군수물자를 후방에 두고 날쌘 병력으로 양양에 도착했다. 유비가 이미 이곳을 지나갔다는 말을 듣고 조조는 정예 기병 5,000명을 이끌고 급히 추격해 하루 밤낮에 3백여 리를 가서 당양의 장판(長坂)까지 추격했다. 유비가 처자식을 버리고 제갈량, 장비, 조운 등 수십 기마와 달아나자 조조는 백성과 군수물자를 대량 포획했다. 유비는 한진(漢津)으로 달려가 마침 관우의 배와 만나 면하(沔河)를 건넜다. 그곳에서 유표의 장남인 강하태수 유기(劉琦)의 병력 만여 명을 만나 함께 하구(夏口)에 도착했다.

유비는 제갈량을 보내 손권과 손을 잡았다. 손권은 주유, 정보 등 수군 수만 명을 보내 유비와 힘을 합쳐 조조와 적벽에서 전투를 벌였다. 이 전투에서 손권은 조조의 대군을 격파하고 조조의 군선을 불태웠다. 유비와 오의 군대는 바다와 육지로 동시에 나아가 남군(南郡)까지 추격했다. 그 당시 역병이 발생해 북쪽의 조조 군대에 사망자가 많았다. 조조는 할 수 없이 병사들을 인솔해 돌아갔다.

유비는 표를 올려 유기를 형주자사로 임명하는 한편 남쪽의 사군(四郡)을 정벌하러 갔다. 무릉 태수 김선(金旋), 장사 태수 한현(韓玄), 계양(桂陽) 태수 조범(趙範), 영릉(零陵) 태수 유도(劉度)는 모두 항복했다. 여강(廬江)군의 뇌서(雷緖)는 부하 수만 명을 이끌고 투항했다. 유기가 병으로 죽자 부하들은 유비를 형주목으로 추대하고 공안(公安)현을 다스리도록 했다. 손권은 점점 유비를 두려워하기 시작했다. 급기야 여동생을 시집보내 우호관계를 공고히 했다. 유비는 경성으로 가서 손권을 만나 친밀한 관계를 맺었다.

손권이 사자를 보내 함께 촉을 취하자고 말했다. 어떤 사람이 오가 형주를 넘어 촉을 지배하는 것은 불가능하니, 촉 땅을 우리 것으로 할 수 있으므로 손권에게 승낙하겠다는 대답을 할 것을 주장했다. 형주주부 은관(殷觀)이 이에 나아가 말했다.

"만일 우리가 오의 선봉이 돼 나아가서는 촉을 이길 수 없습니다. 물러나서 오에게 기회를 준다면 큰일을 할 좋은 기회를 놓치게 됩니다. 지금은 다만 구두 상으로 촉을 토벌하는 일에 찬성하십시오. 이어 우리는 여러 군을 새로 점거했으므로 아직 행동할 수는 없다고 고충을 설명하십시오. 오는 틀림없이 감히 우리 영토를 넘어 혼자 촉을 취하지는 않을 것입니다. 이와 같이 나아가고 물러나는 계획이 있다면, 오와 촉의 이익을 얻을 수 있을 것입니다."

유비는 그의 말에 따랐다. 손권은 과연 자신의 계책을 중단시켰다. 유비는 은관을 별가종사로 승진시켰다.

건안 16년(211년) 익주목 유장은 조조가 종요 등을 보내 한중으로 가서 장로를 토벌할 것이라는 소문을 듣고 마음속으로 두려워했다. 별가종사인 촉(蜀)군의 장송이 유장에게 말했다.

"조조의 병력은 강성해 천하에서 대적할 자가 없습니다. 만일 그가 장로의 물자를 이용해 촉 땅을 취한다면 누가 그에게 대항할 수 있겠습니까?"

유장이 말했다.

"나는 본시 이 일을 걱정했지만 방법이 없었소."

장송이 말했다.

"유예주는 주군의 종족입니다. 또 조조의 철천지원수입니다. 그는 용병에도 뛰어나니 그를 시켜 장로를 토벌하게 한다면 장로는 반드시 격파될 것입니다. 장로가 격파되면 익주는 강성해질 것입니다. 비록 조조가 오더라도 할 수 있는 방법이 없을 것입니다."

유장은 그의 말이 옳다고 생각하고 법정을 보내 4,000명의 병사를 인솔해 유비를 영접하도록 했다. 그런 다음 앞뒤로 거액의 선물을 보냈다. 법정은 이 기회에 익주를 취할 수 있는 계책을 유비에게 진언했다.

유비는 제갈량과 관우 등을 남겨 형주를 지키게 하고 보병 수만 명을 이끌고 익주로 들어갔다. 부현에 도착했을 때 유장이 직접 나와 영접했으므로 서로 만나 매우 기뻐했다. 장송은 법정을 시켜 유비와 모신(謀臣) 방통에게 진언할 때 회담 장소에서 유장을 습격할 수 있다고 말하도록 했다. 유비가 말했다.

"이 일은 중대한 일이니, 조급하게 할 수 없소."

유장이 유비를 행대사마(行大司馬) 겸 사예교위로 추천했다. 유비 또한 유장을 행진서대장군(行鎭西大將軍) 겸 익주목으로 추천했다. 유장은 유비의 병력을 늘려 장로를 공격하도록 했다. 또 백수(白水)의 주둔군을 지휘하도록 했다. 유비는 전군 총 3만여 명을 모은 다음 수레, 갑옷, 무기, 자재 등을 매우 풍부하게 준비했다. 이 해 유장은 성도로 돌아갔다. 유비는 북쪽의 가맹에 도착해 즉시 장로를 토벌하지 않고 두터운 은덕을 베풀어 인심을 얻었다.

다음 해 조조가 손권을 정벌하려고 하자 손권은 유비를 불러 구원하도록 했다. 유비가 유장에게 사자를 보내 말했다.

"조조가 오를 정벌하려고 하자 오는 위급함을 걱정하게 됐습니다. 손씨와 저는 본래 입술과 이빨처럼 밀접한 관계였습니다. 또 악진이 청니(靑泥)에서 관우와 대치하고 있습니다. 지금 관우를 도우러 가지 않으면 악진은 반드시 크게 승리하고는 익주의 국경을 침범할 것입니다. 그렇게 되면 장로에 대한 근심보다 더 클 것입니다. 장로는 스스로를 지키고 있는 적이니 걱정할 필요 없습니다."

그리고 유장에게 1만 명의 병사와 군수물자를 빌려 동쪽으로 가려고 했다. 유장은 단지 병사 4,000명만을 주기로 하고 그 나머지는 모두 요구한 것의 절반만 줬다. 장송은 유비와 법정에게 편지를 보내 말했다.

"지금 큰일을 이루려고 하는데, 어찌하여 이것을 버리고 익주를 떠나십니까!"

장송의 형인 광한(廣漢) 태수 장숙(張肅)은 화가 자기에게까지 미칠까 두려워 유장에게 말해 그 계획을 폭로했다. 그래서 유장은 장송을 붙잡아 목을 베었다. 유비와 유장 사이에 처음으로 불화가 생기게 되었다. 유장은 관소를 지키는 장수들에게 문서를 보내 다시는 유비와 관계를 맺지 말도록 명령했다.

유비는 격노했다. 그래서 유장의 백수군 총독인 양회(楊懷)를 불러 무례함을 질책하고 그의 목을 베었다. 이어 황충(黃忠), 탁응(卓膺)에게 병사를 이끌고 유장에게 가도록 했다. 유비는 직접 관중에 도착해 장수들과 병사들의 처자식을 인질로 잡고 병사들을 인솔해 황중, 탁응 등과 부현까지 나아가 그 성을 점거했다.

유장은 유귀(劉貴), 냉포(冷苞), 장임(張任), 등현(鄧賢) 등을 보내 부현에서 유비에게 저항했다. 하지만 모두 패하고 물러나 면죽을 지켰다. 유장은 다시 이엄(李嚴)을 보내 면죽의 군사들을 지휘했다. 그러나 이엄은 병사들을 이끌고 유비에게 항복했다. 유비의 군대는 점점 강대해졌다. 각 장수들을 나눠 파견해 속현(屬縣) 등을 평정했다. 제갈량, 장비, 조운 등은 병사를 이끌고 역류해 백제, 강주(江州), 강양(江陽)을 평정했다. 그저 관우만이 형주에 남아 지켰다. 유비는 군사를 진군시켜 낙현을 포위했다. 그 당시 유장의 아들 유순(劉循)이 성을 지키고 있었다. 공격한 지 거의 1년이 되었다.

건안 19년(214년) 여름에 낙성이 공격을 받았다. 유비가 나아가 성도를 포위한 지 수십 일 만에 유장은 성에서 나와 항복했다. 촉은 풍요롭고 생산물이 풍부한 곳이었으므로 유비는 주연을 열어 병사들을 위로했다. 또 성 안에 있던 금과 은을 취해 장군들과 병사들에게 나눠줬다. 또 곡물과 비단은 원래 있던 곳으로 돌려보냈다.

유비는 이후 익주목을 겸임했다. 제갈량은 그를 보좌했고 법정은 꾀를 내는 상담역에 올랐다. 관우, 장비, 마초는 무장이 되었다. 허정, 미축, 간옹 등 역시 귀빈의 대우를 받았다. 이들 외에 동화, 황권, 이엄 등은 본래 유장의 임용을 받은 관리였다. 오일(吳壹), 비관(費觀) 등은 유장의 인척이었다. 또 팽양(彭恙)은 유장에게 배척당한 자, 유파(劉巴)는 옛날부터 한을 품었던 사람이었다. 유비는 이들을 모두 중요한 직책에 임명해 그들의 재능을 충분히 발휘하도록 했다. 뜻이 있는 선비치고 진력을 다하지 않는 자가 없었다.

건안 20년(215년) 손권은 유비가 이미 익주를 손에 넣었다고 생각하고 사자를 보내 형주를 돌려받으려는 생각을 말했다. 유비는 이에 대해 다음과 같이 말했다.

"양주(凉州)를 얻은 다음에 당연히 형주를 돌려주겠습니다."

손권은 격분했다. 곧 여몽을 보내 장사, 영릉, 계양 두 군을 습격해 빼앗도록 했다. 유비는 병력 5만 명을 인솔해 공안으로 내려왔다. 관우는 익양(益陽)으로 들어가도록 했다. 이해, 조조는 한중을 평정했다. 장로는 파서(巴西)로 달아났다. 유비는 이 소식을 듣고 손권과 동맹을 맺어 형주를 분할했다. 강하, 장사, 계양을 동쪽 오나라 소속으로 하고 남군, 영릉, 무릉을 서쪽 촉나라 소속으로 했다. 그런 다음 그는 병사들을 이끌고 강주로 돌아왔다. 이어 황권을 파견해 병사를 이끌고 가서 장로를 영접하도록 했다. 그러나 장로는 이미 조조에게 투항을 했다. 조조는 하후연, 장합을 한중에 주둔시키고 파의 경계를 자주 침범하면서 소란을 떨었다. 유비는 장비를 병사들과 함께 탕거(宕渠)로 나아가도록 했다. 와구(瓦口)에서 장합 등과 싸우도록 한 것이다. 장비는 장합을 격파했다. 장합은 병사를 추슬러 남정으로 돌아갔다. 유비 역시 성도로 돌아갔다.

건안 23년(218년)에 유비는 장수들을 인솔해 한중으로 나갔다. 장수 오란(吳蘭)과 뇌동(雷銅) 등을 나눠 보내 무도(武都)로 들어가게 했다. 그러나 모두 조조 군대에게 전멸했다. 유비는 양평관(陽平觀)에 주둔하고 하후연, 장합 등과 대치했다.

건안 24년(219년) 봄 유비는 양평관에서 남쪽으로 내려와 면수(沔水)를 건너 산을 따라 점점 앞으로 나아갔다. 이어 정군산에 진영을 구축했다. 하후연이 병사를 인솔해 왔다. 그 땅을 놓고 쟁탈전이 벌어졌다. 유비는 황충에게 명령해 높은 곳으로 올라가 북을 쳐서 공격하도록 했다. 황충은 하후연의 군대를 크게 격파했다. 하후연과 조조가 임명한 익주 자사 조옹 등을 참수했다. 조조는 장안에서부터 크게 일어나 남쪽으로 정벌에 나섰다. 유비는 다음과 같이 예언했다.

"조조가 비록 지금 온다고 해도 어찌할 수 없을 것이다. 나는 반드시 한천(漢川)을 지킬 것이다."

조조가 도착하자 유비는 병력을 집결시켜 요새에 의지한 채 끝까지 싸우지 않았다. 조조는 몇 달이 지나도록 함락시키지 못했다. 죽어가는 병사들만 나날이 늘어갔다. 여름이 되자 조조는 과연 군대를 이끌고 돌아갔다. 이렇게 해서 유비는 한중을 지켰다. 유비는 유봉, 맹달, 이평(李平) 등을 보내 상용군에서 신탐을 공격했다.

가을이 되자 신하들은 유비를 한중왕으로 추대하고는 한제(漢帝)에게 표를 올려 말했다.

(중략)

270

이어 면양에서 단장(壇場)을 설치하고 병사들을 정열시킨 다음 신하들을 배석시켜 상주문 읽기를 끝마쳤다. 유비는 곧 머리에 왕관을 썼다. 유비는 한제(漢帝 . 헌제)에게 상주문을 올려 말했다.

(중략)

유비는 얼마 후 성도로 돌아와 관소를 설치했다. 위연(魏延)을 발탁해 도독으로 삼고 한중을 진무하도록 했다.

이때 관우는 조조의 장수 조인을 공격했다. 번성에서 우금도 사로잡았다. 돌연 손권이 관우를 습격해 죽이고 형주를 취했다.

건안 25년(220년) 위문제(조비)가 황제의 칭호를 사용하고 연호를 바꿔 황초(黃初)라고 했다. 이어 어떤 이가 한제가 살해됐다고 전했다. 유비는 곧 국상을 발표하고 상복을 입었다. 황제의 시호를 효민황제로 추증했다. 이 이후 여러 가지의 상서로운 조짐이 줄을 이어 보고되었다. 태양과 달이 서로 속했기 때문에 양천후(陽泉侯) 유표(劉豹), 청의후(青衣侯) 상거(向擧), 편장군(偏將軍) 장예(張裔), 황권(黃權), 대사마속(大司馬屬) 은순(殷純), 익주별가종사 조작(趙筰), 치중종사 양홍(楊洪), 의조종사(議曹從事) 두경(杜瓊), 권학종사(勸學從事) 장상(張爽), 윤묵(尹默) 초주 등이 상주문을 올렸다.

(중략)

태부 허정, 안한(安漢) 장군 미축, 군사(軍師) 장군 제갈량, 태상(太常) 뇌공, 광록훈(光祿勳) 황주(黃柱), 소부(少府) 왕모(王謀) 등이 상서를 올려 말했다.

"조비는 군주를 죽이고 제위를 찬탈했습니다. 한나라 왕실을 멸망시키고 국가의 대권을 훔쳐 취했습니다. 충의롭고 선량한 신하들을 협박했습니다. 그야말로 잔혹하고 도가 없습니다. 지금 위로는 천자가 없고 천하는 불안합니다. 앙모할 만한 사람이 없습니다. 신하들 중에서 앞뒤로 상서를 올린 사람이 800여 명이나 되는데, 모두 좋은 징조를 서술했습니다. 『도참(圖讖)』에서도 분명한 징조를 나타냈습니다. 최근 무양현(武陽縣) 적수(赤水)에 황룡이 출현했다 9일 만에 사라졌습니다. 『효경원신계(孝經援神契)』에서는 '덕(德)이 깊은 냇물에 이르면 황룡이 나타난다.'고 했습니다. 용은 군주의 상징입니다. 『역경』의 건괘(乾卦) 95에서는 '날아가는 용이 하늘에 있다.'고 했습니다. 대왕에게 용이 승천하는 일은 제위에 오르는 것에 상당합니다. 또 이전에 관우가 번성 양양을 포위했을 때 양양의 남자 장가(張嘉)와 왕휴(王休)가 옥새를 바쳤습니다. 옥새는 한수(漢水)에 잠겨 깊은 샘에 엎드려 있었으므로 찬란한 빛을 발산했습니다. 신비한 광채는 하늘에까지 닿았습니다. 무릇 한나라는 고조가 일어나 천하를 평정시켰을 때의 국호입니다. 대왕은 선제의 자취를 답습했습니다. 또 한중(漢中)에서 일어났습니다. 지금 천자의 옥새에 신비스러운 광채가 미리 나타났습니다. 옥새는 양양에 있는 한수 하류에서 출현했습니다. 이것은 대왕께서 선제의 후대를 계승하고 천자의 지위를 대왕에게 주는 것을 설명하는 것입니다. 길상의 징조는 인사와 서로 합쳐진 것입니다. 인력으로 도달할 수 있는 것이 아닙니다. 옛날 주(周)나라에서 오어(烏漁)가 나타나는 징조가 있었습니다. 그런데 모두 좋은 징조라고 했습니다. 고조와 세조가 천명을 받을 때에도 『하도낙서(河圖洛書)』에 먼저 나타나 징조가 됐습니다. 지금 하늘은 징조를 말했습니다. (중략) 대왕께서는 효

272

경 황제의 아들 중산정왕(中山靖王)의 후예입니다. 본가와 분가의 백대를 지나게 됐습니다. 그런데 천지의 신이 복을 내렸습니다. 성스러운 자태는 아름답고 빼어납니다. 신 같은 무용을 몸에 갖추고 있고 인의는 천하를 덮고 은덕은 천하에 쌓였습니다. 사람을 사랑하고 선비를 좋아하기 때문에 사방 사람들이 마음을 의지하고 있습니다. (중략) 마땅히 제왕의 자리에 올라 이조(二祖)의 사업을 계승하고 종묘를 지속시켜야만 천하가 큰 행운을 얻게 될 것입니다. 신 등은 삼가 박사 허자(許慈), 의랑 맹광(孟光)과 함께 즉위 의식을 제정하고 길일을 선택해 존호(尊號)를 받듭니다."

유비는 성도 무담산(武擔山) 남쪽에서 제위에 올랐다. 그는 제문을 읽었다.

"건안 26년 황제 유비는 감히 현모(玄牡, 검정색소)를 써서 황천의 살재와 후토(后土)의 신지(神祇)에게 명백하게 보고합니다. 한은 천하를 끼고 있고 천명은 무궁합니다. 이전에 왕망(王莽)이 찬탈해 훔쳤을 때 광무제가 진노했습니다. 그를 토벌하고 멸망시켰습니다. 국가는 이로써 다시 존속하게 됐습니다. 지금 조조는 무력에 의지해 황제와 황후를 잔인하게 살해했습니다. 하늘을 업신여기면서 중원을 소란스럽게 하고 있습니다. 하늘의 밝은 도 역시 돌아보지 않고 있습니다. 조조의 아들 조비는 조조의 흉악무도함을 계승해 국가의 권력을 훔쳐 차지했습니다. 신하와 장군들은 국가를 멸망시키려고 하므로 저 유비가 응당 회복시켜 이조(二祖)의 사업을 잇고 하늘의 징벌을 집행할 것을 주장했습니다. 저는 덕행이 비루해 제위를 부끄럽게 할까 두렵습니다. 백성들에게 의견을 구하고 밖으로는 만이(蠻夷)의 군장(君長)에게 의견을 청취했습니다. 모두 '천명에는 대답하지 않을 수 없고, 선조의 사업은 오랜 기간 방치할 수 없다. 천하에는 군주가 없을 수 없다.'고 했습니다. 전국 선비들이 앙모하는 사람은 저 유비 한 사람뿐입니다.

저는 하늘이 명시한 뜻을 두려워하고 한 왕조의 황위가 장차 땅에 떨어질 것을 두려워합니다. 그래서 삼가 길일을 택해 백관들과 함께 제단에 올라 황제의 인새를 받게 됐습니다. 천지의 신들에게 예절을 차리고 그 일을 천신(天神)에게 보고합니다. 신께서 한 왕실에 복을 내려주시어 오랫동안 사해를 안정시켜 주시기를 바랍니다!"

유비는 장무 원년(221년) 여름 4월에 대사면을 실시하고 연호를 고쳤다. 제갈량을 승상, 허정을 사도로 임명했다. 백관을 두고 종묘를 세웠을 뿐 아니라 고황제(高皇帝) 이하의 선조에게 합동으로 제사를 지냈다. 5월 오씨(吳氏)를 황후로 세우고 아들 유선을 황태자로 삼았다. 6월 아들 유영을 노왕, 유리를 양왕으로 삼았다.

거기장군 장비가 측근에게 살해되었다. 당초 유비는 손권이 관우를 습격한 일에 분노해 동쪽 정벌에 나서려고 했었다. 7월에 군사들을 인솔해 오를 토벌했다. 손권이 편지를 보내 화해를 요청했으나 유비는 격노해 허락하지 않았다.

오나라 장군 육의(陸議), 이이(李異), 유아(劉阿) 등은 무(巫)현 자귀현에 주둔하고 있었다. 유계의 장군 오반(吳班), 풍습(馮習)이 무현으로부터 이이 등을 공격해 격파했다. 이어 군대를 자귀현에 주둔시켰다. 무릉(武陵) 오계(五谿)의 만족이 사자를 보내 병사를 요청했다.

장무 2년(222년) 정월에 유비의 군대는 자귀현으로 돌아왔다. 장군 오반, 진식(陳式)의 수군이 이릉(夷陵)에 주둔했다. 장강 동서쪽 해안에 진영을 설치했다. 유비는 자귀현으로부터 장군들을 인솔해 진군했다. 산을 따라 고개를 넘어 이도(夷道)의 효정에 진영을 뒀다. 흔산(痕山)으로부터 무릉을 지나 시중 마량(馬良)을 보내 오계의 만족을 위로하도록 했다. 만족은 모두 서로 이어서 호응해 행동을 했다. 진북장군 황권(黃權)이 강북의 군대들을 통솔해 이릉도에서 오나라 군대와 서로 대치했다.

6월 자귀현으로부터 10여 리쯤 되는 곳에 황색 기운이 나타났다. 넓이가 수십 장이나 되었다. 그 후 10여 일이 지났다. 육의가 효정에서 유비의 군대를 크게 격파했다. 장군 풍습, 장남(張南) 등은 모두 전사했다. 유비는 효정으로부터 자귀로 돌아와 흩어졌던 병사들을 모아 배를 버리고 육로로 어복(魚復)으로 돌아왔다. 어복현을 바꿔 영안(永安)이라고 불렀다. 오나라는 장군 이이, 유아 등을 파견해 유비의 군대를 추격하고 남산(南山)에 주둔했다.

8월에 유비는 병사를 모아 무현으로 돌아왔다. 사도 허정이 죽었다.

10월에 승상 제갈량에게 조서를 내려 성도에 남교(南郊, 동짓날 하늘에 제사 지냄) 북교(北郊, 하짓날 땅에 제사 지냄)의 제단을 세우도록 했다. 손권은 유비가 백제성(白帝城)에 주둔하고 있다는 소식을 듣고 매우 두려워했다. 다시 사자를 보내 화해를 요청했다. 유비는 그것을 허락하고 태중대부(太中大夫) 종위(宗瑋)를 보내 이 일을 해결하고 돌아오도록 했다.

12월에 한가(漢嘉)태수 황원(黃元)이 유비가 병들었다는 말을 듣고 병사를 일으켜 저항했다.

3년(223년) 2월에 승상 제갈량이 성도에서 영안으로 왔다. 3월 황원이 병사를 진군시켜 임공(臨邛)현을 공격했다. 유비는 장군 진홀(陳忽)을 파견해 황원을 토벌하도록 했다. 황원의 군대는 패하고 장강을 따라 내려갔다. 황원은 자신의 호위병에게 결박당해 그대로 성도로 보내졌다. 참수형에 처했다.

유비는 질병이 심해지자 승상 제갈량에게 아들을 부탁하고 상서령 이엄에게 보좌하도록 했다.

광무 3년(223년) 4월 계사일 유비는 영안궁에서 세상을 떠났다. 향년 63세였다.

제갈량은 후주에게 상주해 말했다.

"엎드려 생각해 보면 이미 고인이 된 황제께서는 인을 행하고 덕을 세웠습니다. 천하를 덮는 일이 끝이 없었습니다. 그러나 커다란 하늘은 이를 불쌍히 여기지 않고 중병을 오래 앓도록 했습니다. 이로 인해 이번 달 24일에 갑자기 세상을 떠나게 됐습니다. 신하들과 비빈(妃嬪)들은 소리를 내어 울고 슬퍼했습니다. 마치 부모를 잃은 것과 같았습니다. 남긴 조서를 돌아보면 일은 종사를 생각하고 행동은 손익을 용납했습니다. 백관이 애도를 할 경우는 사흘을 채우면 상복을 벗고 매장하는 날에 다시 장례 예절에 따르도록 했습니다. (중략) 신 제갈량은 직접 칙명을 받은 후부터는 선제의 신령을 두려워하면서 감히 위배된 행동을 하지 않았습니다. 신은 널리 알려 받들어 시행하도록 하기를 요청합니다."

5월에 영구가 영안에서 성도로 돌아왔다. 시호를 소열황제(昭烈皇帝)라고 했다.

8월 혜릉(惠陵)에 매장되었다.

유비의 주요 연표

161년 **신추(辛醜) 한(漢) 연희(延熹) 4년**

· 유비 출생.

190년 **경오(庚午) 한 헌제 초평 원년**

· 동탁을 몰아내기 위한 연합군 조조, 유비, 손견, 원소, 원술 등이 합류하였다.

· 조조는 형양, 변수(汴水, 형양 동북쪽)에 진출했으나 패주하고, 백요(白繞)를 쳐부순 다음 동군 태수를 제수받았다.

· 유비는 공손찬을 따르고 평원상을 제수받고, 관우, 장비, 조운을 장군으로 삼았다.

192년 **임신(壬申) 한 초평 3년**

· 조조는 제북에서 황건적을 추격해 제북(濟北)에 이르렀다. 항복한 병사는 30여만 명에 이르렀고, 이들 가운데 정예 부대 '청주병'을 조직하였다.

194년 **갑술(甲戌) 한 헌제 흥평 원년**

· 유비는 도겸을 구원하고 소패에 주둔하였다. 도겸은 상주를 올려 유비를 예주 자사로 천거하였다.

196년 | 병자(丙子) 한 헌제 건안 원년

· 여포는 원술과 함께 하비를 공략하여 서주를 점령하였다. 나중에 여포가 원술을 떠나 유비를 소비에 두었다. 헌제가 낙양에 돌아왔을 때, 조조는 헌제를 허창까지 호위하였다. 이에 황제 헌제는 조조를 무평후(武平候)로 책봉하였다.

· 유비는 조조에게 패한 여포를 받아들이다가 오히려 하비성을 빼앗기고 조조에게 의탁하였다.

198년 | 무인(戊寅) 건안 3년

· 조조와 유비는 여포를 공격해 하비를 포위하였다. 여기서 여포는 최후를 맞이하였다.

199년 | 기묘(己卯) 건안 4년

· 유비는 공손찬의 복수를 이유로 조조에게 병사를 받아 도주하였다. 서주를 공격해 빼앗고, 점차 세력이 강해져서 원소와 연맹했다.

200년 | 경신(庚辰) 건안 5년

· 동승은 한 헌제의 밀조를 받아 조조를 암살할 계획을 짰다. 계획이 누설돼 조조에게 죽임을 당한다.

· 조조는 유비를 공격해 서주를 되찾고 관우를 사로잡았다. 조조에게 패한 유비는 원소에게 합류하였다. 관우는 조조의 대적(大敵) 원소(袁紹)의 부하 안량(顔良)을 베어 조조에 보답한 다음 유비에게 돌아갔다.

201년 | 신사(辛巳) 건안 6년

· 유비는 또 다시 조조에게 패하고 유표에게 의탁하였다.

207년 | 하해(下亥) 건안 12년

· 유비가 삼고초려로 제갈량을 얻고, 제갈량은 삼분천하를 설파하였다.

208년 | 무자(戊子) 건안 13년

· 조조가 승상에 올라 권력을 장악한 뒤 남쪽 정벌을 위하여 군대를 움직인다.

· 유비는 장판파에서 쫓겨 대패한 뒤 제갈공명을 파견하여 손권과 동맹을 맺는다. 손권과 유비의 연합군은 적벽에서 조조에게 대승을 거둔다.

209년 | 기축(己醜) 건안 14년

· 유비는 손권의 여동생 손상향과 결혼한다.

278

210년	**경인**(庚寅) **건안 15년**
	· 노숙은 손권에게 형주를 빌려줘 함께 조조에 대항할 것을 권유하고, 이에 손권은 허락하였다.

211년	**신묘**(辛卯) **건안 16년**
	· 조조가 관서정벌을 하여 두려움을 느낀 유장이 장송의 말을 들어 유비를 촉으로 끌어들였다.

212년	**임신**(壬辰) **건안 17년**
	· 유비는 촉에서 부성을 탈취한 다음 유장과 충돌을 벌였다.

213년	**계사**(癸巳) **건안 18년**
	· 유비가 낙성을 포위하자, 촉의 장수 오의, 이엄 등이 투항하였다.

214년	**갑오**(甲午) **건안 19년**
	· 성도를 차지한 유비는 익주목(益州牧)이 되었다. 이번 일에 누구보다도 법정의 공로가 크다고 생각한 유비는 그를 촉군(蜀郡) 태수로 임명했다. 이리하여 성도 지역이 모두 법정의 관할 하에 들어갔다. 유비를 도와 익주를 다스리게 된 제갈량은 법을 엄하게 집행했고, 이는 권세 있는 가문 귀족들의 반발을 불러일으켰다. 제갈량은 유장이 나약한 것은 법을 엄격히 준행하지 않음에 있었다면서 그 때문에 법을 엄격하게 만들었다고 주장했다.

215년	**을미**(乙未) **건안 20년**
	· 유비가 익주를 장악하자 손권이 형주를 돌려달라고 했다. 유비는 형주 땅의 영유문제를 놓고 손권과 대립한다.

218년	**무술**(戊戌) **건안 23년**
	· 조홍이 유비의 장군 오란을 공격하였다. 유비는 양평관에 주둔한 다음 하후연, 장합, 서황 등과 대치하였다.

219년	**기해**(己亥) **건안 24년**
	· 한중을 두고 벌이는 조조와 유비군과의 치열한 전투에서 유비는 한중을 제압한 뒤 한중왕이 되었다. 예전부터 형주를 틈틈이 노려오던 오나라의 손권은 유비와 많은 장수들이 없고 관우와 관우의 아들만 지키고 있는 틈을 타 형주를 공격하였다. 관우는 제갈량의 오나라와는 화친하고 위나라와는 싸우라는 말을 듣지 않고 끝까지 오나라와 싸우지만 결국 패하고 관우는 손권에게 끝까지 굴복하지 않다가 죽임을 당한다.

221년 | **신추**(辛醜) **조위 황초 2년; 촉한 소열제**(昭烈帝) **장무 원년**

· 유비는 제위에 오르고 제갈량을 승상으로 임명하였다. 출정을 준비하던 장비가 부하에게 암살당하고, 유비는 친히 손권을 토벌하다가 자귀에서 육손의 계략에 속아 대패하였다.

222년 | **임인**(壬寅) **조위 황초 3년; 촉한 장무 2년; 오왕**(吳王) **황무**(黃武) **원년**

· 유비가 관우의 복수를 위해 75만 대군을 이끌고 오로 직접 출병했다. 공명과 조자룡이 간곡하게 막았지만 소용없었다. 초반엔 촉의 군대가 오의 국경에서 연전연승하며 기세를 올렸다. 그러나 오의 명장 육손에게 대패하여 유비는 뜻을 이루지 못하고 백제성으로 철군하였다.

223년 | **계묘**(癸卯) **조위 황초 4년; 촉한 장무 3년; 후주**(後主) **건흥 원년; 오왕 황무2년**

· 유비는 제갈량에게 후사를 부탁하고 영안궁에서 영원한 평안에 들어간다. 이후 태자 유선이 즉위하였으며 연호를 건흥 원년이라 하였다. 승상 제갈량이 무향후로 책봉되었다.

280